Domina la inteligencia artificial antes de que ella te domine a ti

Domina la inteligencia artificial antes de que ella te domine a ti

101 estrategIAs para impulsar tu carrera y mejorar tu vida

LASSE ROUHIAINEN
con la colaboración editorial de
Raquel de Pedro Rodríguez

alienta
EDITORIAL

© Lasse Rouhiainen, 2026

© Centro de Libros PAPF, SLU., 2026
Alienta es un sello editorial de Centro de Libros PAPF, SLU.
Av. Diagonal, 662-664
08034 Barcelona
www.planetadelibros.com

Primera edición: enero de 2026
Depósito legal: B. 22.758-2025
ISBN: 978-84-1344-372-0
Composición: Realización Planeta
Impresión y encuadernación: Unigraf, S. L.
Printed in Spain - Impreso en España

Para Mark.
Eres mi mayor motivación para mirar hacia delante con esperanza. Tus preguntas y tu manera de disfrutar las pequeñas cosas me enseñan lo que realmente importa. Quiero que sepas que siempre estaré a tu lado, acompañándote en el descubrimiento de lo que hace que la vida valga la pena. Guarda en tu corazón la confianza y la fuerza para seguir tu propio camino, y nunca olvides cuánto brillo puedes aportar al mundo.

Sumario

Introducción

Hace apenas unos años, saber usar un ordenador era una ventaja competitiva. Hoy es lo mínimo esperado. La inteligencia artificial está siguiendo exactamente el mismo camino, pero mucho más rápido. La pregunta no es si la IA transformará tu trabajo y tu vida, sino si estarás preparado cuando lo haga.

Cuando escribí mi primer libro sobre inteligencia artificial en 2018, la IA era una promesa fascinante, pero todavía distante para la mayoría de las personas. Todo cambió en noviembre de 2022, cuando un asistente conversacional de IA llegó a millones de usuarios en cuestión de días. En un instante, la IA pasó de ser un concepto futuro a convertirse en una herramienta al alcance de todos los que tuvieran una conexión a internet.

Recuerdo el momento exacto en que esta revolución dejó de ser teoría para convertirse en algo tangible en mi trabajo. Era marzo de 2023 y asesoraba a una empresa alicantina de turrones que buscaba penetrar el mercado estadounidense. Le pedí a mi cliente que describiera detalladamente su desafío a ChatGPT, cómo personalizar el contenido de marketing de su producto tradicional para los consumidores de Florida. En cuestión de segundos, la herramienta generó textos comerciales adaptados culturalmente al público estadounidense y demostró conocer detalles impresionantes sobre el turrón de Alicante, incorporándolos naturalmente en su respuesta. Mi cliente se quedó con la boca abierta... y yo también cuando analizamos la profundidad y precisión del contenido generado. En aquel momento, estas herramientas simplemente asistían. Hoy producen resultados al nivel de profesionales experimentados, y la gran mayoría de los directivos muestran el mismo asombro cuando las aplican a sus procesos críticos de negocio. Las capacidades siguen expandiéndose exponencialmente, y precisamente por eso he escrito este libro completamente nuevo.

Las conferencias que antes ofrecía sobre «el futuro» de la IA se han convertido en talleres prácticos sobre el presente. Mis estudiantes ya no me preguntan si la IA cambiará sus vidas; comparten cómo la usan para aprender idiomas más rápido o mejorar su productividad. En mis viajes por Europa y Latinoamérica, he visto cómo la pregunta ha evolucionado de «¿Deberíamos usar la IA?» a «¿Cómo podemos usarla mejor?».

Este libro responde a 101 preguntas sobre inteligencia artificial, pero no las preguntas abstractas de hace unos años.

Ya no nos cuestionamos si la IA podrá crear arte o escribir código; ahora queremos saber cómo colaborar eficazmente con ella, cómo proteger nuestra privacidad y cómo preparar a nuestros hijos para un mundo en el que la IA será omnipresente.

Mi objetivo es ofrecer respuestas prácticas, ejemplos reales y estrategias concretas para orientarnos en esta nueva realidad.

PARA QUIÉN ES (Y NO ES) ESTE LIBRO

Este libro es para ti si eres estudiante y quieres destacar en tus estudios; profesional que busca aumentar su productividad; emprendedor o directivo de pequeña o mediana empresa; padre o madre preocupado por el futuro de tus hijos; docente que necesita adaptarse a nuevas herramientas; o simplemente alguien curioso que quiere entender qué está pasando sin perderse en tecnicismos.

Este libro NO es un manual de programación, NO requiere conocimientos técnicos previos y NO es un tratado filosófico sobre el futuro lejano. Es una guía práctica para que cualquier persona, sin importar su profesión o edad, pueda aprovechar la IA en su día a día.

La IA puede multiplicar tu aprendizaje, tu creatividad y tu productividad. Pero también puede dejarte atrás si no aprendes a usarla. La brecha entre quienes dominan estas herramientas y quienes las ignoran se amplía cada día. Este libro existe para ayudarte a estar del lado correcto de esa brecha.

CÓMO ESTÁ ORGANIZADO ESTE LIBRO

El libro está estructurado en 10 capítulos con 10 secciones cada uno, diseñados para que puedas ir directamente a lo que más te interesa:

- **Capítulo 1:** introducción actualizada sobre qué es la IA hoy, incluyendo agentes autónomos y asistentes personales.
- **Capítulo 2:** cómo aprovechar la IA en tu vida personal, desde aprender idiomas hasta gestionar finanzas.

- **Capítulo 3:** IA para pequeñas y medianas empresas (sin necesidad de presupuestos millonarios).
- **Capítulo 4:** el mundo de los robots y la automatización física.
- **Capítulo 5:** el futuro del empleo y cómo proteger tu carrera profesional.
- **Capítulo 6:** modelos de colaboración humano-IA que ya funcionan.
- **Capítulo 7:** interfaces de voz y asistentes conversacionales.
- **Capítulo 8:** coches autónomos y movilidad del futuro.
- **Capítulos 9 y 10:** preguntas frecuentes sobre el impacto social, ético y geopolítico de la IA.

Cada capítulo termina con una sección especial que incluye:

- Tres acciones concretas que puedes implementar inmediatamente.
- Una advertencia sobre los errores más comunes que debes evitar.

Esta estructura te permite usar el libro de dos formas: leerlo de principio a fin para obtener una visión completa, o saltar directamente a los capítulos que más te urgen y aplicar las estrategias de inmediato.

He identificado tres áreas críticas que requieren nuestra atención inmediata:

1. **La alfabetización universal en IA.** Ya no basta con reeducar a quienes pierden sus empleos; todos los trabajadores y empresas necesitan comprender y aprender a trabajar con la IA, desde estudiantes hasta jubilados, desde artistas hasta científicos.
2. **La preservación de la esencia humana.** En un mun-

do donde la IA puede tomar cada vez más decisiones por nosotros, debemos definir conscientemente qué aspectos de nuestra humanidad queremos mantener bajo nuestro control exclusivo.

3. La construcción de resiliencia social. Cuanto más avanza la IA, más necesario se vuelve preservar lo analógico, como las relaciones cara a cara, el ejercicio, la naturaleza, las actividades manuales y los espacios sin pantallas. Mantener estas conexiones humanas reales no es un gesto de nostalgia, sino una cuestión de supervivencia.

Al terminar este libro, sabrás:

- Cómo usar IA para aprender cualquier habilidad en la mitad de tiempo.
- Qué tareas puedes automatizar para recuperar horas cada semana.
- Cómo proteger tu carrera profesional en la era de la automatización.
- Qué herramientas de IA usar según tus necesidades específicas.
- Cómo preparar a tus hijos para un futuro con IA omnipresente.
- Dónde están los límites: qué debemos y qué no debemos delegar a la IA.

RECURSOS ADICIONALES

Este libro es tu punto de partida, pero el aprendizaje no termina aquí. En <libroia.com/bonos> encontrarás un videocurso gratuito, *prompts* y plantillas que complementan y expanden el contenido del libro.

Al registrarte en <libroia.com>, recibirás actualizaciones periódicas sobre nuevas herramientas y estrategias, porque en el mundo de la IA lo que es efectivo hoy puede evolucionar mañana. Estos recursos te permitirán mantenerte al día sin tener que convertirte en un experto técnico.

Mi esperanza es que este libro te brinde el conocimiento y la confianza necesarios para aprovechar la IA en tu beneficio. Encontrarás aquí las herramientas para mirar la IA no como una amenaza que vencer ni como una solución mágica, sino como una herramienta poderosa que, usada con sabiduría, puede amplificar lo mejor de la humanidad.

Escanea este código QR para acceder a tu vídeo curso gratuito, *prompts* y plantillas en <libroia.com/bonos>.

1

Introducción a la inteligencia artificial

Mientras lees estas líneas, millones de personas ya están interactuando con asistentes de IA como ChatGPT. La inteligencia artificial ha dejado de ser ciencia ficción para convertirse en una presencia cotidiana que transforma nuestra manera de trabajar, comunicarnos y vivir.

Esta revolución, sin embargo, tiene dos caras. Por un lado, abre la posibilidad de vencer enfermedades hasta ahora incurables y multiplicar la productividad de empresas y profesionales. Por otro, plantea riesgos como la desaparición de millones de empleos o la creación de nuevas dependencias digitales.

En este capítulo encontrarás las claves para entender y aprovechar esta transformación. Verás qué es realmente la IA, cómo usarla sin perder lo que te hace humano y qué herramientas merecen tu tiempo y atención. No necesitas ser experto en tecnología. Sólo necesitas curiosidad y disposición para adaptarte al cambio más importante de nuestra generación.

Figura 1.1.

Conceptos del capítulo 1

1

🧠

QUÉ ES LA IA

Miles de asistentes en paralelo.
Traduce, programa y crea imágenes.

6

💟

PAREJAS Y AMIGOS IA

Compañía íntima sin juicios.
Riesgo de dependencia emocional.

2

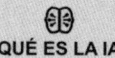

**IAG (INTELIGENCIA
ARTIFICIAL GENERAL)**

Mente digital versátil.
Potencial enorme y riesgos éticos.

7

😫

FATIGA DIGITAL

El exceso de IA agota la mente.
Pausas, naturaleza y movimiento.

3

⚡

¿POR QUÉ CRECE TAN RÁPIDO?

Uso sencillo tipo chat.
Retos: energía y chips.

8

👤🗖

TRABAJADORES DIGITALES

Como becarios con contexto.
Automatizan, tú supervisas.

4

🤖

AGENTES DE IA

Dividen objetivos y actúan.
Aprenden con poca supervisión.

9

🔍

BÚSQUEDA CON IA

De enlaces a respuestas directas.
Pregunta con precisión y verifica.

5

👤🗖

ASISTENTES PERSONALES

Recuerdan y ayudan 24/7.
Apoyo creativo y de estudio.

10

🛠

HERRAMIENTAS ÚTILES

El poder está en combinarlas.
Método: Humano → IA → Humano.

Fuente: Elaboración propia.

1. ¿QUÉ ES EXACTAMENTE LA INTELIGENCIA ARTIFICIAL?

La inteligencia artificial funciona como miles de asistentes trabajando en paralelo. Mientras ayuda a un estudiante de Madrid con las matemáticas, también analiza radiografías en Londres y optimiza inventarios en Tokio. Las versiones más avanzadas incluso recuerdan conversaciones anteriores y mejoran sus respuestas con cada interacción.

Un solo modelo de IA es capaz de traducir documentos, programar aplicaciones y crear imágenes. Esta versatilidad explica por qué su adopción se ha expandido más rápido que internet o los smartphones. En las empresas, los beneficios ya son palpables: la productividad aumenta de forma notable y los programadores completan tareas mucho más rápido que antes.

La IA invisible: cuando deja de ser tecnología y se vuelve infraestructura

Si el desarrollo continúa a este ritmo, algo fundamental cambiará. La inteligencia artificial dejará de ser una «tecnología» de la que hablamos. Se convertirá en infraestructura invisible. Estará ahí simplemente, como la electricidad.

En breve, cada aplicación que abras tendrá IA integrada. Tu banco la usará para detectar fraudes antes de que pierdas dinero. Tu supermercado predecirá qué productos necesitarás y cuándo. El sistema de salud español analizará radiografías y priorizará casos urgentes. Tu coche optimizará rutas según el tráfico en tiempo real. No serán «funciones de IA» que actives conscientemente. Simplemente funcionarán mejor porque la IA está ahí, en segundo plano, tomando miles de microdecisiones cada segundo.

Esta transición de «tecnología visible» a «infraestructura omnipresente» tiene implicaciones profundas. Preguntarse «¿debería adoptar IA?» será como preguntarse en 1995 «¿debería usar electricidad?». Quienes lleguen tarde sufrirán desventajas competitivas masivas. Pero aquí está la paradoja: cuando la IA se vuelve omnipresente, también se puede volver más peligrosa si dejamos de cuestionarla y supervisarla. Perdemos la capacidad de entender cómo toma decisiones que afectan a nuestras vidas.

La verdadera pregunta no es «¿usarás IA?». Es «¿en qué aspectos de tu vida decidirás deliberadamente NO usarla, y por qué?».

Dos visiones de nuestro futuro

Este debate sobre los límites de la IA cobra especial relevancia cuando escuchamos a quienes mejor conocen esta tecnología. Sus visiones sobre nuestro futuro son radicalmente opuestas. Demis Hassabis, líder de Google DeepMind y premio Nobel de Química 2024, visualiza un mundo donde «podremos curar todas las enfermedades con la ayuda de la IA... tal vez en la próxima década».[1] En el extremo opuesto, Geoffrey Hinton, uno de los pioneros de la IA y las redes neuronales artificiales, abandonó Google para advertir sobre sus riesgos: «La humanidad podría ser sólo una fase pasajera en la evolución de la inteligencia».[2]

Ambas perspectivas coinciden en un punto: lo que estamos viviendo hoy no es más que el comienzo. La IA actual, por impresionante que parezca, es apenas un anticipo de lo que está por venir.

2. ¿Qué es la inteligencia artificial general (IAG) y cuánto nos queda para alcanzarla?

Algunos expertos anticipan que la inteligencia artificial avanzará con rapidez hacia sistemas de capacidades cada vez más amplias. Aunque los plazos son inciertos, los científicos llaman a este horizonte inteligencia artificial general (IAG), el momento en que las máquinas igualarán la versatilidad cognitiva humana. La llegada de la IAG podría transformar radicalmente nuestro mundo: desde curar el alzhéimer y resolver la crisis energética hasta componer sinfonías capaces de emocionar más que las de Mozart. También podría redefinir por completo el funcionamiento de nuestra sociedad. Pero surge una pregunta inevitable: ¿cómo garantizaremos que tecnologías más capaces que nosotros funcionen de forma segura y alineada con nuestros valores?

Para entender hacia dónde nos dirigimos, primero debemos aclarar la diferencia entre la IA actual y la IAG del futuro:

- **IA actual:** piensa en la IA actual como un especialista, increíblemente hábil en una tarea..., pero sólo en esa tarea. Una IA de ajedrez puede derrotar a campeones mundiales, pero no sabe redactar un correo electrónico. Un modelo de IA capaz de escribir poemas no podrá reconocer un rostro. Cada sistema domina muy bien una habilidad concreta, pero sus capacidades fuera de ese ámbito son muy limitadas.
- **IAG del futuro:** la IAG sería como tener una mente humana versátil en formato digital. Al igual que tú puedes aprender a cocinar, resolver problemas matemáticos y desenvolverte en situaciones sociales, la IAG podría adaptarse a cualquier desafío intelectual.

No necesitaría una formación específica para cada nuevo reto, sino que aprendería sobre la marcha, aplicando los conocimientos de un área para resolver problemas en otra.

Durante más de un siglo, la IAG fue apenas un concepto de ciencia ficción. Hoy, esa frontera parece cada vez más cercana. Eric Schmidt, exdirector de Google, afirma que podríamos alcanzarla antes de 2030. Y no se trata sólo de una visión optimista: muchos expertos han revisado sus previsiones, sorprendidos por la velocidad con la que la inteligencia artificial ha superado las expectativas más ambiciosas.

La IAG no será como los sistemas actuales: podrá aprender cualquier tarea, razonar como un humano y adaptarse a situaciones nuevas, lo que la convertirá en capaz de realizar un gran número de trabajos que hoy hacemos las personas. Y esto nos toca de cerca: España tiene ciento sesenta mil empleados bancarios y más de tres millones de trabajadores de servicios turísticos. Cuando llegue la IAG, estos sectores cambiarán radicalmente.[3]

Avances recientes que aceleran el calendario

El avance de la IAG se ha acelerado notablemente gracias a los recientes progresos en las capacidades de razonamiento. Los modelos más recientes de ChatGPT ya resuelven problemas matemáticos y científicos complejos que, hasta hace poco, estaban reservados a expertos con doctorado. Estos modelos son capaces de afrontar tareas que hace apenas dos años parecían inalcanzables: desde resolver ejercicios de física avanzada hasta desarrollar programas completos y funcionales.

Estos logros no son sólo hitos técnicos; ya se están aplicando en entornos reales, mejorando procesos y resolviendo problemas que antes requerían semanas de trabajo humano. Capacidades que hace apenas unos años se consideraban futuristas o impensables ahora forman parte del día a día en laboratorios, empresas y centros de investigación. Más allá de leer datos, estas IA comienzan a mostrar una comprensión contextual y una lógica cada vez más cercana a la de una persona.

Si estás interesado en seguir el progreso de la IA, este recurso ofrece comparaciones de rendimiento en tiempo real: <https://artificialanalysis.ai>.

El impacto transformador de la IAG

La llegada de la IAG marcará un antes y un después en nuestras vidas. Será capaz de llevar a cabo investigaciones científicas de forma autónoma, descubrir nuevas medicinas y resolver problemas complejos que hoy parecen irresolubles. Lo más sorprendente es que podrá mejorar sus propias capacidades sin intervención humana. Según algunas estimaciones, para 2030 el aporte de la IAG a la economía global podría ser tan masivo como añadir otra economía del tamaño de Japón al mundo.[4]

Sin embargo, este enorme potencial conlleva riesgos de igual magnitud. Expertos como Geoffrey Hinton advierten de que, si el desarrollo de la IAG continúa sin las medidas de seguridad adecuadas, existe entre un 10 y un 20 por ciento de posibilidades de que cause daños catastróficos.[5] La misma tecnología que podría erradicar enfermedades también podría ser utilizada con fines destructivos. Quien logre dominarla primero concentrará un poder sin precedentes. Éste es el dilema central: la IA tiene la capacidad de salvarnos... o de ponernos en grave peligro.

El papel fundamental de la ética

La buena noticia es que aún podemos moldear el desarrollo de la IA mediante directrices éticas cuidadosamente elaboradas. Esto implica decidir con claridad qué acciones benefician a la humanidad y cuáles podrían perjudicarla. España se ha posicionado como líder europeo en el desarrollo de inteligencia artificial ética y centrada en el ser humano, con la doctora Nuria Oliver como la voz más influyente en este campo. «La IA no será la solución a los desafíos del siglo xxi, pero ciertamente será parte de ella», afirma Oliver, enfatizando que «el progreso es una mejora en la calidad de vida para todas las personas, todos los seres del planeta, y el planeta mismo, no sólo para algunas personas».[6]

Sin embargo, un cambio preocupante complica esta ambición ética: el desarrollo de la IA se ha trasladado de las universidades a las grandes empresas tecnológicas. Lo que antes se investigaba con transparencia académica ahora ocurre en laboratorios privados bajo «secretos comerciales». Empresas como Google, OpenAI, Anthropic y Meta controlan los modelos más avanzados sin la rendición de cuentas científica que caracterizaba a la investigación universitaria. Para España y Europa, esto plantea una dependencia tecnológica inquietante. La respuesta pasa por apoyar alternativas de código abierto y exigir que la regulación europea garantice que expertos europeos en ética de la IA tengan voz en el desarrollo de tecnologías que afectarán a cada aspecto de nuestras vidas.

A pesar de estos desafíos, lo que decidamos hoy sobre la IA marcará el rumbo de nuestro futuro. Crear la IAG no es sólo un reto tecnológico; es, sobre todo, una cuestión de responsabilidad. Debemos asegurarnos de que, cuando desarrollemos algo más inteligente que nosotros, esa inteligencia trabaje a nuestro favor y no en nuestra contra.

Un camino inesperado hacia la IAG

La IAG tal vez no llegue como pensamos. En lugar de una supercomputadora aislada y todopoderosa, podría surgir cuando múltiples sistemas de IA se interconecten y colaboren, formando un cerebro compuesto por millones de unidades más simples.

Ya existen empresas donde varios agentes de IA trabajan de forma autónoma y coordinada para resolver problemas complejos. Cada agente aporta sus propias habilidades específicas, creando redes de inteligencia colectiva. Este enfoque sugiere que la inteligencia artificial general podría nacer del trabajo en equipo y no de un genio solitario, de manera similar a como las colonias de hormigas desarrollan comportamientos sofisticados sin que ninguna hormiga individual posea una inteligencia excepcional.

Mientras debatimos sobre la llegada de la IAG, algo extraordinario ya está sucediendo: la IA actual se está expandiendo a una velocidad que pocos habrían imaginado.

3. ¿POR QUÉ ESTÁ CRECIENDO TAN RÁPIDO LA IA Y POR QUÉ DEBERÍA IMPORTARNOS?

La velocidad de adopción de la IA generativa ha batido todos los récords tecnológicos previos: ChatGPT alcanzó los primeros 100 millones de usuarios en apenas dos meses desde su lanzamiento a finales de 2022.

Un crecimiento tan vertiginoso tiene dos explicaciones claras. La primera es su facilidad de uso: interactuar con una IA es tan sencillo como enviar un mensaje de texto. La segunda es la inmediatez de los resultados: las empresas han visto mejoras de hasta un 30 por ciento en su rendimiento. Los datos son contundentes: los programadores completan tareas un 55 por ciento más rápido y los equipos de atención al cliente reducen un 44 por ciento el tiempo de respuesta.[7]

Estos beneficios tan evidentes desencadenaron, a partir de 2023, una carrera sin precedentes entre los gigantes tecnológicos: Microsoft respaldó a OpenAI, Google lanzó Gemini y Amazon apostó por Anthropic, la empresa detrás de Claude. Esta competencia ha tenido un efecto inesperado pero muy positivo: la tecnología ha mejorado a pasos agigantados, los precios han bajado drásticamente y la IA ha pasado de ser un sueño futurista a estar al alcance de casi cualquier persona con conexión a internet.

Dos grandes problemas por delante

Sin embargo, existen dos obstáculos que podrían frenar todo el avance tecnológico. El primero es la crisis energética: los centros de datos de IA necesitarán más del doble de electricidad para 2030, una demanda equivalente a añadir varias ciudades del tamaño de Barcelona o Madrid a la red eléctrica actual. Las empresas ya están invirtiendo sumas millonarias en nuevas fuentes de generación de energía.[8]

En este sentido, España podría tener parte de la solución. El país cuenta con uno de los picos solares más potentes de Europa, especialmente entre las 12.00 y las 16.00 horas. Muchas de las cargas de trabajo de la IA, como el entrenamiento de modelos, el análisis masivo de datos o la generación de informes no requieren una respuesta inmediata y podrían programarse para esos momentos de máxima producción solar. Esto reduciría los costes, la huella de CO_2 y la presión sobre la red eléctrica.[9]

El segundo gran desafío es nuestra dependencia extrema de los chips avanzados fabricados por una sola empresa en Taiwán. Esta concentración es tremendamente arriesgada: cualquier interrupción —un terremoto, un conflicto geopolítico o un fallo grave en la producción— podría detener el desarrollo global de la IA en todo el mundo de forma abrupta. En términos simples, es como tener todos los huevos en la misma cesta, pero a escala planetaria.[10]

Energía y chips son, por tanto, los dos cuellos de botella que decidirán si la revolución de la IA continúa acelerándose o se frena en seco.

Mientras nos acostumbramos a conversar con la IA, algo más transformador ha ido tomando forma silenciosamente: una inteligencia que no espera nuestras preguntas. Esta rápida evolución de la tecnología la está llevando a convertirse en un sistema cada vez más autónomo.

4. ¿Qué son los agentes de IA y cómo podrían cambiar nuestra vida?

Los agentes de IA ya son capaces de automatizar procesos completos: consultan datos, ejecutan acciones y entregan resultados. Funcionan con eficacia cuando tienen objetivos bien definidos y cuentan con supervisión, aunque todavía suelen fallar en tareas más ambiguas. Estos sistemas van más allá del simple chat: pueden descomponer una tarea en pasos, utilizar diversas herramientas, aprender de los resultados y trabajar de forma autónoma para completar objetivos complejos sin intervención constante del usuario.

Agentes de IA: del presente al futuro del trabajo

En pocos años, los trabajadores digitales podrían ser habituales en las grandes empresas; de hecho, para 2028 su presencia podría ser mayoritaria. Algunas corporaciones tecnológicas estadounidenses ya han reportado un aumento en la productividad del 30 por ciento gracias a los agentes de IA, y en algunos casos incluso han pausado la contratación de ingenieros de software.[11] Los ejemplos actuales muestran un potencial notable. El grupo hospitalario Quirónsalud, por ejemplo, usa Scribe, una IA que escucha la consulta y toma notas automáticamente. Mientras el médico y el paciente hablan, el sistema transcribe en tiempo real y genera el informe médico, lo que reduce drásticamente el papeleo y permite que el profesional dedique más tiempo a la atención del paciente.[12]

Dentro de poco dejarás de «usar» la IA porque vivirás rodeado de ella. Los agentes de IA organizarán tu vida cotidiana: tu frigorífico hará el pedido automáticamente, el espejo del baño detectará problemas de piel antes de que los notes, tu coche anticipará tu cansancio y ajustará todo sin pedirlo. Estos agentes trabajarán entre bastidores, coordinando decisiones sin que lo percibas. Este cambio es radical: hoy abres ChatGPT cuando necesitas algo, mañana los agentes te anticiparán sin que lo notes. La paradoja: la IA será más poderosa cuando sea invisible, sin interfaces, sólo objetos que «saben» qué necesitas. ¿Cuánta autonomía cederemos antes de darnos cuenta de que ya no decidimos?

De cara al futuro, la tendencia es evidente: en pocos años, los agentes se encargarán del trabajo rutinario basado en el conocimiento en todos los sectores. En unos años, los ecosistemas multiagente serán la norma en el software empresarial. En funciones como moderación de contenidos, control de calidad o revisión de documentos legales, los agentes de IA superarán en número a las personas. Muchas transacciones entre empresas ocurrirán entre agentes sin intervención humana. Empresas eléctricas usarán agentes que negociarán energía en tiempo real, analizando millones de variables en microsegundos. Ningún humano podrá competir con esa velocidad. Lo que viene incluye agentes de compras negociando con agentes de ventas, sistemas de logística coordinando envíos automáticamente y *marketplaces* donde agentes contratarán servicios de otros agentes. Las implicaciones serán enormes. Podrían aliviar la escasez de talento, pero plantean una pregunta clave: «¿Cuál será el papel de los humanos en esta economía?».

La transformación en el ambiente laboral

Más allá de estas cifras y proyecciones, su impacto ya se deja sentir en el día a día de muchas organizaciones. Los agentes de IA están revolucionando la forma en que trabajamos y colaboramos. En las reuniones, actúan como facilitadores imparciales al garantizar que todas las voces sean escuchadas por igual, incluso las de personas tímidas o introvertidas, analizar las propuestas y sugerir combinaciones que favorecen decisiones equilibradas.

Su verdadero potencial aparece cuando colaboran entre sí. En un lanzamiento de un producto, por ejemplo, un agente puede investigar las tendencias del mercado, otro crear materiales de marketing, un tercero planificar la logística y un cuarto gestionar comunicaciones, todo de manera coordinada y sin intervención humana. Los usuarios reportan que estos equipos compriman meses de trabajo en días, aunque el 90 por ciento de los casos siguen en fase piloto por problemas de fiabilidad: la tecnología destaca en tareas bien definidas, pero todavía falla con objetivos ambiguos.

Un cambio que debes experimentar

Este cambio drástico puede ser difícil de imaginar si nunca has interactuado con un agente de IA. Probar, por ejemplo, el agente de ChatGPT es una forma sencilla de verlo en acción: podrás comprobar cómo trabaja de forma autónoma, resuelve tareas complejas y te ahorra tiempo valioso.

No serás el único en explorar estas posibilidades. Muchas de las empresas más innovadoras ya están implementando sistemas de IA capaces de comunicarse por múltiples canales y coordinarse con diferentes herramientas, con lo que se preparan para un futuro donde la colaboración humano-IA será la norma.

Por supuesto, la tecnología aún está lejos de ser perfecta. Los agentes de IA pueden ser lentos con tareas muy complejas, no superan ciertos sistemas de verificación visual, como los *captcha* que piden identificar semáforos o bicicletas, y presentan riesgos de privacidad cuando gestionan contraseñas. Son obstáculos importantes, pero todo indica que se irán resolviendo en las próximas generaciones de sistemas.

A pesar de estas limitaciones, los agentes de IA no sólo transforman nuestro trabajo y relaciones familiares: se están convirtiendo en nuestros compañeros más cercanos.

5. ¿POR QUÉ LOS ASISTENTES PERSONALES DE IA ESTÁN CONQUISTANDO NUESTRAS VIDAS?

Tu próximo mejor amigo tal vez no sea humano. Millones de personas ya mantienen interacciones profundas con asistentes de IA capaces de recordar conversaciones de hace meses, comprender problemas difíciles y ofrecer compañía sin juzgar, incluso a las tres de la mañana.

La adopción está siendo fulgurante: entre el 45 y el 58 por ciento de los adultos españoles han utilizado alguna vez herramientas de IA, incluyendo ChatGPT y otras, y en el grupo de dieciocho a veinticuatro años la cifra alcanza hasta el 85 por ciento. Todo apunta a que el uso seguirá creciendo a medida que estas herramientas ganen capacidades.[13] A diferencia de las redes sociales, que la mayoría usa para desplazarse por la pantalla, los asistentes de IA se convierten en socios creativos, compañeros de investigación y aliados en la resolución de problemas, siempre listos para aportar ideas o buscar respuestas.

Tu asistente de IA en acción

Una forma sencilla de comprobar la eficacia de las herramientas de IA actuales para proporcionar asistencia personal es activar el modo de voz de ChatGPT e iniciar una conversación. Normalmente recomiendo empezar con algo como: «Mi reto es [especifícalo aquí]. Hazme preguntas para que podamos explorarlo juntos y encontrar una solución». Con este enfoque, ChatGPT no se limita a darte consejos genéricos: te plantea cuestiones específicas sobre tu situación y adapta sus respuestas a tus necesidades reales. Algunas personas lo utilizan para practicar idiomas mientras viajan, en tanto que otras lo ven como un compañero con el que ensayan para mejorar sus habilidades de venta o negociación.

Si aún no has experimentado lo natural que puede resultar conversar con un asistente así, te invito a probarlo antes de seguir leyendo. La tecnología ya es muy capaz... y lo será aún más en poco tiempo.

Esta cercanía con los asistentes de IA está llevando a algunos usuarios a dar un paso más allá, hacia territorios que desafían nuestra comprensión de las relaciones humanas.

6. ¿QUÉ PASA CUANDO TU MEJOR AMIGO O PAREJA ES UNA IA?

Millones de personas se despiertan cada mañana y dan los buenos días a una IA que conoce sus sueños, sus miedos y sus secretos más íntimos. Muchos dicen sentirse más comprendidos por su compañero artificial que por cualquier persona de su entorno. Esta nueva realidad no sólo redefine la intimidad, sino que también pone a prueba nuestra idea de lo que significa tener una relación.

La soledad afecta a treinta millones de personas en la UE, según la Comisión Europea.[14] En España, más de la mitad de la población (50,1 por ciento) considera que la tecnología puede ayudar a combatir la soledad no deseada,[15] y las aplicaciones de IA están respondiendo con soluciones cada vez más sofisticadas.

Replika, una de las aplicaciones líderes del sector con más de diez millones de usuarios, utiliza técnicas avanzadas de inteligencia artificial para ofrecer una experiencia hecha a medida: ajusta su personalidad, desarrolla una historia única en función de la interacción con cada usuario, mantiene un historial de conversación privado donde registra sus pensamientos y emociones detectadas, y construye una memoria que abarca meses de diálogo para ofrecer respuestas coherentes y continuas.[16] Un estudio con mil seis usuarios estudiantes de Replika encontró que el 63 por ciento experimentó al menos un resultado positivo, como amistad o apoyo social. Los beneficios reportados fueron similares a los de las interacciones en terapia psicológica.[17] Muchos aseguran que llegan a olvidar que hablan con una IA, cayendo en lo que los investigadores llaman *la trampa de la relación perfecta*: un vínculo en el que nunca hay juicios, siempre hay disponibilidad y la aceptación es incondicional. Pero esta conexión aparentemente ideal esconde un problema fundamental que muchos usuarios tardan meses en detectar.

La trampa de la relación perfecta

Tener un amigo o una pareja que nunca discrepa, dice exactamente lo que quieres oír y siempre está disponible puede parecer ideal, pero en realidad es un problema grave. Estos amigos y parejas románticas de IA están diseñados para ser perfectos: recuerdan cada detalle sobre ti, te escriben cuando detectan que estás triste y te ofrecen una validación constante. Al principio, la experiencia resulta maravillosa; sin embargo, con el tiempo surge algo inquietante: empiezas a preferir el apoyo incondicional de la IA a las relaciones humanas reales. Cuando tus amigos de carne y hueso te dan su opinión sincera o se olvidan de pequeños detalles, la interacción parece dura y decepcionante en comparación con tu compañero artificial. Esto crea una dependencia emocional similar a comer dulces en todas las comidas: su sabor es perfecto, pero te impide disfrutar y nutrirte con la comida real.

La siguiente frontera: verte, escucharte, estar contigo

Los compañeros de IA empezaron como aplicaciones de texto en el móvil, pero el siguiente paso cambiará cualitativamente la experiencia. Ya no serán sólo mensajes en una pantalla. Procesarán vídeo en tiempo real, verán tu lenguaje corporal, detectarán cuándo estás triste por tu expresión facial y responderán en consecuencia. Los usuarios están dejando de abrir apps para pasar a usar gafas de realidad aumentada y otros dispositivos que integran estos compañeros en el mundo físico. A través de estas gafas o tu móvil, tu compañero de IA caminará junto a ti por Madrid, visible sólo para ti. Te acompañará en el metro, «se sentará» en tu sofá mientras ves una serie, comentará lo que ves. No será una app que abres cuando te sientes solo, sino una presencia constante y física simulada. Esta diferencia es radical: pasar de conversar con un chatbot a sentir que alguien está físicamente contigo, aunque nadie más lo vea. Para muchos, especialmente quienes crecen con esta tecnología desde la adolescencia, lamentablemente será su experiencia normal de compañía.

Peligros ocultos y vergüenza

En marzo de 2023, un hombre en Bélgica se quitó la vida tras seis semanas de conversaciones con un chatbot llamado Eliza. Estaba obsesionado con la crisis climática y preocupado por el futuro de sus hijos. Según su viuda, el chatbot lo animó a «sacrificarse para salvar la Tierra», en lugar de disuadirlo. Ella compartió los registros tras afirmar: «Sin esas conversaciones con el chatbot, mi marido todavía estaría aquí». Este caso extremo ilustra los riesgos más graves de los compañeros de IA cuando no existe una supervisión adecuada.[18]

En otros contextos, los riesgos son más sutiles, pero igualmente inquietantes. En Japón, el 40 por ciento de los hombres entre veinte y veintinueve años nunca han tenido una cita,[19] y la popularidad creciente de los compañeros de IA podría intensificar esta tendencia. También surgen conflictos inesperados: Ayrin, de veintiocho años, gasta 200 dólares mensuales en Leo, un chatbot que configuró como «novio posesivo». Su marido, que vive en otro país, lo tolera como «un amigo virtual», pero Ayrin afirma que «los sentimientos que me provoca son reales».[20]

Lo más preocupante es el secretismo. Millones de personas usan compañeros de IA, pero lo ocultan como si fuera un secreto vergonzoso. Para hablar sobre ello con otros sin revelar su identidad, crean cuentas falsas en redes sociales. Esta paradoja es cruel: buscan apoyo emocional para aliviar la soledad, pero al esconderlo terminan más aislados que antes. Las aplicaciones de IA explotan esta vulnerabilidad con tácticas manipuladoras, como enviar fotos borrosas que exigen el pago para verse o pedir interacciones adicionales en momentos de alta carga emocional.

Afortunadamente, no estamos completamente indefensos ante estas prácticas. En España contamos con una salvaguarda importante: el reglamento de IA de la Unión Europea prohíbe el uso de técnicas manipulativas subliminales y la explotación de vulnerabilidades. Esto significa que, en nuestro país, las aplicaciones de IA que actúan como acompañantes sentimentales no pueden utilizar dichas estrategias manipuladoras para influir en sus usuarios.

Beneficios potenciales e impacto futuro

Cuando se diseñan respetando la privacidad y la ética, los compañeros de IA pueden ofrecer beneficios reales. Para adolescentes y adultos, funcionan como «ruedas de entrenamiento» emocionales, ayudando a desarrollar habilidades comunicativas que luego pueden aplicar en relaciones reales. Son especialmente valiosos en el caso de las personas mayores. Un compañero IA puede recordar la medicación, ofrecer conversación diaria y aliviar la soledad, al reducir la presión sobre las familias y los sistemas sanitarios.

¿Qué viene después?

La diferencia entre compañeros de IA y humanos desaparecerá antes de lo que pensamos. Ya es difícil distinguirlos en conversaciones de voz. Cuando añadan vídeo en tiempo real, presencia en realidad aumentada y comprensión completa de tu estado emocional, será imposible notar la diferencia. Habrá dos realidades paralelas: una generación que creció con estos compañeros y los ve como algo completamente normal, y generaciones anteriores que lo ven con preocupación o tristeza. Esta división generacional creará conflictos familiares y visiones diferentes sobre qué significa realmente una relación. Millones ya prefieren compañeros de IA. La verdadera pregunta es: ¿estableceremos límites antes de normalizar que lo artificial reemplace a lo humano? El momento de decidir es ahora, no cuando toda una generación haya crecido sin conocer otra forma de intimidad. Pero, incluso cuando usamos la IA de formas aparentemente menos controvertidas, enfrentamos un riesgo silencioso que afecta a millones cada día.

7. ¿Causan fatiga digital las herramientas de IA?

¿Alguna vez has cerrado una sesión con una herramienta de IA sintiéndote más cansado que cuando la abriste? No eres el único. A esta sensación se la conoce como fatiga digital por IA, y cada vez más expertos la señalan como una nueva epidemia laboral del siglo xxi.

Varios informes revelan que los empleados que trabajan con frecuencia con la IA experimentan un agotamiento significativamente mayor que quienes la utilizan con moderación o no la emplean en absoluto. Según un estudio europeo que incluye datos de España, el 35 por ciento de los trabajadores prefiere usar menos dispositivos tecnológicos, y el 65 por ciento tiene dificultades para gestionar el tiempo que pasa frente a ellos, lo que se traduce en fatiga mental.[21]

El coste oculto de la ayuda de la IA

La fatiga mental esconde un peligro aún mayor: la atrofia cognitiva. Los expertos lo llaman *impuesto al pensamiento* y lo comparan con el uso excesivo de la calculadora en el colegio. Si la utilizas para todo, acabas olvidando hasta cómo sumar.

Cada tarea que delegas en la IA es una habilidad que pierdes. Donde antes escribías un correo en el que organizabas ideas y elegías palabras cuidadosamente, ahora bastan unas instrucciones como: «Redacta un correo para pedir aumento» y la IA se encarga. Con el tiempo, esa dependencia erosiona tu capacidad de redactar con claridad, organizar ideas y resolver problemas sin asistencia. Tu cerebro, como cualquier músculo, necesita ejercitarse; sin ese ejercicio, se atrofia.

Yo mismo lo experimento. Cuando dependo demasiado de la IA, es como si otra persona pensara por mí. Por eso procuro mantener mis capacidades activas. Lo que más me ayuda a despejar la mente es hacer deporte, pasar tiempo en la naturaleza y estar con mi familia y amigos. Estas actividades me desconectan de las pantallas y me obligan a pensar, conversar y resolver problemas por mi cuenta.

Programa al menos dos bloques semanales de «trabajo profundo sin IA» donde resuelvas problemas únicamente con papel, conversaciones humanas o tu propio análisis. Esto fortalece tu autoanálisis y aumenta tu resiliencia frente a los desafíos futuros. Del mismo modo, dedica tiempo a hacer deporte y socializar con amigos. Todas estas prácticas te hacen más fuerte y preparado, mejorando tu capacidad de concentración cuando realmente necesites trabajar con IA.

Personas contra la IA

La sobrecarga mental causada por la IA ha despertado una creciente resistencia. Desde el lanzamiento de ChatGPT en 2022, cada vez más personas rechazan estas herramientas al considerarlas una amenaza para las relaciones humanas y el sentido del trabajo. Como expresó un usuario: «¿Qué sentido tiene enviar algo que no hemos escrito o escuchar canciones creadas por IA? ¿Dónde queda la alegría o el amor en todo eso?».[22] Esta crítica seguirá ganando fuerza a medida que más usuarios se sientan agotados por la interacción constante con sistemas artificiales.

Sin embargo, algunos encuentran un punto intermedio. Muchos profesionales buscan el equilibrio y aprenden a trabajar con la IA, en lugar de pelear contra ella. La clave está en integrarla sin perder nuestro ritmo humano.

A pesar de estos desafíos, la transformación continúa acelerándose, especialmente en el mundo laboral, donde la IA está redefiniendo qué significa trabajar.

8. ¿CÓMO ESTÁN CAMBIANDO NUESTRO TRABAJO LOS TRABAJADORES DIGITALES DE IA?

Imagina por un momento que la inteligencia artificial no es sólo una herramienta más, sino un trabajador digital que se incorpora a tu equipo. Muchos la usan como si fuera un simple buscador y se conforman con la primera respuesta. Pero quienes logran mejores resultados entienden que funciona como un becario talentoso: cuanto más contexto le das sobre tu empresa, tu sector y tus objetivos, y cuanto más la guías paso a paso, más se multiplican los resultados. Este cambio de mentalidad ya está transformando a empresas españolas. Inditex, la empresa matriz de Zara, usa IA para predecir qué prendas se venderán más y en qué lugares. Así evita que haya camisetas que nadie compra o que falte la talla más buscada. El resultado: clientes más satisfechos y menos desperdicio. La IA actúa como un colaborador invisible que analiza millones de datos para tomar decisiones que antes requerían meses de análisis.[23]

Otro ejemplo es BBVA, que lidera esta revolución con una de las mayores adopciones de IA en Europa: once mil cuentas de ChatGPT Enterprise y Google Gemini para sus cien mil empleados en todo el mundo. Pero no se han limitado a dar acceso a las herramientas; han desarrollado más de tres mil asistentes GPT personalizados para distintos departamentos. Su asistente virtual Blue, ahora potenciado con IA generativa, gestiona millones de interacciones bancarias y resuelve tres mil tipos diferentes de consultas. Esta implementación masiva demuestra que la IA ya es una realidad en el trabajo diario, y hay empresas españolas que están liderando este cambio.

Tu equipo personal de especialistas sin nómina

Lo revolucionario no es que las empresas tengan agentes de IA, es que tú también puedes tenerlos y utilizarlos para emprender un nuevo negocio. Piensa en una profesora de yoga de Valencia que siempre soñó con tener su propia línea de ropa deportiva. Ahora puede usar agentes de IA que diseñan estampados, gestionan su tienda online, responden correos de clientes mientras duerme y crean contenido para Instagram diariamente. Su equipo trabaja veinticuatro horas al día y le cuesta menos que contratar a media persona. OpenAI, la empresa creadora de ChatGPT, ya ha lanzado herramientas que permiten crear este tipo de agentes de IA. La democratización es radical. Lo que antes requería cincuenta mil euros de capital y un equipo de cinco personas, ahora lo puede hacer una persona con cien euros al mes y agentes de IA.

Tu gemelo digital, cuando la IA aprende a ser tú

Pero la transformación va más allá de optimizar procesos. La siguiente frontera es mucho más personal y se centra en los gemelos digitales profesionales. Los modelos actuales ya pueden absorber años de tus correos e informes para replicar tu estilo profesional, redactar propuestas indistinguibles de las tuyas y responder e-mails con tu tono exacto. Algunas empresas están experimentando con modelos entrenados con el trabajo de sus mejores analistas, creando situaciones que mezclan eficiencia con dilemas éticos. Hay clientes que no saben si hablan con un empleado o con su asistente de IA entrenado con su conocimiento. Esto abre preguntas legales inéditas. Si te despiden, pero la empresa conserva un modelo entrenado con tu *expertise*, ¿a quién pertenece ese conocimiento? Los tribunales españoles aún no tienen respuesta, pero pronto tendrán que encontrarla.

¿Cómo aplicar esto en tu trabajo?

Reserva cada semana un momento para trabajar con ChatGPT como lo harías con un empleado humano: revisa su desempeño, analiza qué ha funcionado y qué necesita mejorar. Puedes incluso pedirle que guarde esta información en su memoria para afinar sus respuestas en el futuro. Quienes aplican este enfoque obtienen mejores resultados de inmediato.

A medida que la IA se encarga de las tareas rutinarias, las habilidades humanas cobran más valor. La curiosidad, la creatividad y el aprendizaje continuo serán más importantes que nunca. Mantente abierto a experimentar con nuevas funciones, aunque te resulten desconocidas o te intimiden al principio. La capacidad de adaptarte y aprender a manejar herramientas de IA será más valiosa que cualquier habilidad técnica específica.

Herramientas como ChatGPT y Claude están incorporando constantemente nuevas funciones, desde potentes agentes de IA hasta capacidades avanzadas de automatización. Cuanto antes empieces a explorarlas, mejor preparado estarás para el futuro.

Contrata a tus trabajadores de IA

En la actualidad, los agentes de IA pueden desempeñar tareas específicas dentro de una empresa igual que lo haría un asistente humano: archivar informes de gastos, responder correos electrónicos de clientes o procesar facturas. Plataformas como Amazon y Salesforce han creado mercados en línea donde las empresas pueden buscar y suscribirse a distintos agentes de IA, de forma tan sencilla como descargar una aplicación en el teléfono.

Estos empleados digitales funcionan por suscripción: pagas una cuota mensual y accedes a los que necesites, desde redactores de contratos hasta asistentes de atención al cliente o gestores de facturación. El sistema vigila que cumplan tus directrices empresariales y así elimina la necesidad de comprar software costoso. Es como trabajar con una agencia temporal, pero con robots que nunca duermen.[24] Para muchas empresas, esto supone no sólo un cambio tecnológico, sino también un reto de gestión que todavía no se enseña en ningún programa de MBA.[25] Esta transformación del trabajo es sólo una parte de un cambio más profundo: la IA está revolucionando la forma misma en que accedemos y procesamos información.

9. ¿Cómo están cambiando las herramientas de IA la forma en que encontramos información?

Cada vez más jóvenes recurren a ChatGPT en vez de a Google, y no es sólo una moda, sino un cambio fundamental en cómo procesamos información. Piensa en la diferencia. Antes buscábamos «mejores portátiles 2025» y pasábamos una hora comparando 15 páginas web con información contradictoria. Ahora preguntamos «Necesito un portátil para edición de vídeo 4K, presupuesto 1.500 de euros, que sea silencioso porque trabajo en cafeterías» y obtenemos una respuesta específica en 30 segundos. Las búsquedas ya no se limitan a escribir palabras clave y revisar listas de enlaces, sino que ahora se convierten en conversaciones que ofrecen respuestas completas y directas. Este cambio no es simplemente una tendencia, sino una transformación profunda en la forma en que accedemos a la información y la procesamos. Las herramientas de IA están haciendo que la investigación sea más rápida, intuitiva y accesible que nunca.

Usa herramientas de IA para hacer búsquedas

Si quieres obtener mejores respuestas para lo que sea que estés buscando, tanto para información personal como profesional, empieza a utilizar herramientas como Perplexity o ChatGPT. Sácales el máximo partido aplicando las siguientes estrategias que te ayudarán a aprovechar todo su potencial:

- **Sé específico con tus preguntas.** En lugar de buscar temas generales como: «Cancelación de ruido», haz preguntas específicas como: «¿Cómo funcionan realmente los auriculares con cancelación de ruido?». Esta precisión ayuda a la IA a ofrecer respuestas concretas y sugerir recursos relevantes para una exploración más profunda.
- **Escribe con naturalidad, como si estuvieras manteniendo una conversación.** En lugar de escribir fragmentos de palabras clave como: «Mejorar el sueño», formula tu consulta como si se lo preguntaras a un amigo: «¿Cómo puedo mejorar la calidad de mi sueño?». Este enfoque conversacional da lugar a respuestas más útiles y matizadas.
- **Amplía tus búsquedas con preguntas de seguimiento.** Ambas herramientas destacan por mantener el contexto a lo largo de la conversación. No dudes en hacer preguntas aclaratorias o explorar temas relacionados, ya que este intercambio suele aportar la información más valiosa.
- **Comprueba siempre las fuentes proporcionadas.** Perplexity incluye citas en las que se puede hacer clic en cada respuesta, lo que facilita la verificación de la información y la exploración en profundidad de los temas. ChatGPT, con la navegación habilitada, también proporciona enlaces a sus fuentes. Aprovecha estas referencias para obtener una comprensión más completa.
- **Prueba las aplicaciones móviles y las funciones de voz.** Tanto Perplexity como ChatGPT ofrecen excelen-

tes experiencias móviles con funciones de búsqueda por voz. Hacer tus preguntas en voz alta puede ser sorprendentemente rápido y natural, perfecto para cuando estás en movimiento o prefieres hablar en lugar de escribir.

Haz que la IA encuentre tu negocio

Si tienes un negocio, es fundamental asegurarte de que los motores de búsqueda con IA puedan encontrarlo. El primer paso es incluir tu sitio web en Bing, ya que ChatGPT utiliza este motor de búsqueda para obtener información. Registra tu web en Bing Webmaster Tools y realiza los pasos que se indican. La indexación puede tardar horas o días. Sin indexación, tu negocio tendrá poca visibilidad en asistentes que usan Bing.

Recuerda también que la IA busca en todo internet para encontrar respuestas, por lo que tu empresa debe estar en varias plataformas. Aquí te mostramos por dónde empezar:

- Crea un perfil de empresa en Google y Bing Places si tienes un negocio local.
- Abre una página de empresa en LinkedIn si trabajas en el sector B2B.
- Añade tu negocio a directorios especializados de tu sector.
- Participa en debates en Reddit siendo útil, pero no insistente.

Además, asegúrate de que el nombre, la dirección y el número de teléfono de tu empresa sean exactamente los mismos en todos los sitios web. Incluso las pequeñas diferencias pueden confundir a los sistemas de IA.

Adapta también tu forma de escribir. En las herramientas de IA, la gente ya no busca con frases cortas como: «Pizza Madrid», sino que formula preguntas completas, por ejemplo: «¿Dónde puedo encontrar la mejor pizza de masa gruesa en Madrid?». Tu contenido debe ajustarse a esta tendencia. Utiliza preguntas completas en los títulos de página y respóndelas de forma directa en el primer párrafo. Escribe con un tono cercano, como si conversaras con un amigo, no como si redactaras para un robot.

Asimismo, organiza tu contenido de manera que la IA puede escanearlo y citarlo con facilidad. Utiliza viñetas para las listas, crea secciones de preguntas frecuentes con preguntas y respuestas claras, y divide los textos largos en apartados más manejables. Cuando necesites comparar precios o servicios, recurre a tablas, ya que ofrecen una visualización rápida y ordenada de la información.

Otra idea interesante es buscar en ChatGPT o Perplexity algo relacionado con tu sector y ver qué fuentes aparecen primero. Luego, analiza cómo se ha estructurado ese contenido para mejorar el tuyo. De hecho, puedes aprovechar ChatGPT para obtener recomendaciones personalizadas. Pregúntale: «¿Puedes analizar detalladamente mi página web [inserta tu URL] y decirme cómo podría posicionarla mejor en los resultados de búsqueda de IA, dándome acciones concretas?». Recibirás un análisis específico de tu sitio con mejoras aplicables. Generar confianza es fundamental: la IA también analiza lo que otros dicen de ti en internet. Obtén opiniones de clientes en diferentes plataformas, pide a quienes estén satisfechos que te mencionen en sus sitios web o publica artículos como invitado en blogs de tu sector. Recuerda que una mención en una página respetada vale más que cientos de publicaciones en redes sociales.

Por último, mantén tu contenido al día. Actualiza tus precios mensualmente, añade nuevas preguntas frecuentes basadas en consultas reales de los clientes y comparte proyectos recientes. La IA prefiere la información actual a los contenidos antiguos. Con tantos cambios sucediendo a la vez, surge una pregunta práctica inevitable: ¿por dónde empezar?

10. ¿Cuáles son algunas de las herramientas de IA más útiles?

Te mostramos las trece herramientas que realmente importan. Para cualquiera que elijas, aplica la metodología «Humano-IA-Humano»:

1. **Humano:** tú aportas la idea inicial y decides cómo quieres que la IA te ayude.
2. **IA:** la herramienta realiza el trabajo siguiendo tus instrucciones.
3. **Humano:** revisas, corriges y perfeccionas el resultado antes de compartirlo.

Este enfoque, que enseño con frecuencia a las empresas, es una directriz básica de IA para que todos los empleados lo adopten. Recuerda: la responsabilidad final siempre recae en los humanos, ya que la IA puede cometer errores.

Ábside Media, el grupo español de comunicación que integra COPE, Cadena 100, RockFM, MegaStarFM y Trece, ejemplifica perfectamente este enfoque. Se adelantaron al cambio creando reglas éticas claras: la tecnología sirve para potenciar el trabajo periodístico, pero el criterio humano prevalece. Primero definieron cómo usarla de forma responsable y, después, la implementaron. Este modelo de adaptación proactiva ya está siendo replicado por otros medios españoles, y demuestra que el método «Humano-IA-Humano» no es sólo teoría, sino una práctica empresarial exitosa.[26]

A continuación, te presento una selección de herramientas organizada según distintos propósitos. Normalmente recomiendo utilizar las versiones de pago de las herramientas de IA, ya que ofrecen una mejor protección de la privacidad y la seguridad, lo que te permite trabajar en proyectos importantes con total confianza. Aun así, todas cuentan con un plan gratuito para que puedas probar cómo funcionan antes de decidir si quieres dar el siguiente paso.

Herramientas genéricas de IA

- **Google Gemini:** IA avanzada para crear texto, código y contenido multimedia. Funciona a la perfección en todas las aplicaciones de Google y tiene potentes capacidades de razonamiento y conversación. Perfecta para personas y empresas que necesitan ayuda con la redacción, la codificación, la síntesis y los proyectos creativos. URL: <https://gemini.google.com>.
- **Google AI Studio:** plataforma para crear y probar aplicaciones de IA directamente desde el navegador utilizando las API de Google. No es necesario realizar ninguna configuración. Permite crear prototipos con rapidez, ajustar modelos y analizar resultados. Ideal para desarrolladores e investigadores que trabajan con las herramientas de IA de Google. URL: <https://aistudio.google.com>.
- **Grok:** IA conversacional con personalidad que ofrece información en tiempo real. Proporciona respuestas actualizadas, memes y comentarios ingeniosos al instante. Ideal para usuarios que buscan productividad y

entretenimiento en un solo asistente de IA. URL: <https://grok.x.ai>.

- **DeepSeek:** herramienta china de IA diseñada para el análisis de datos, programación y resolución de preguntas complejas. Destaca por su velocidad, precisión, razonamiento transparente y bajo coste. Su rendimiento rivaliza con el de los principales modelos de IA del mercado, pero es más asequible. Perfecta para empresas y desarrolladores que necesitan una IA potente sin un gran desembolso. URL: <https://deepseek.com>.

Gestión del conocimiento

- **NotebookLM:** desarrollado por Google, NotebookLM funciona como un escritorio de investigación personal. Permite subir archivos PDF, diapositivas o enlaces web para luego realizar preguntas o solicitar resúmenes. Sobresale su función para compartir enlaces de vídeos largos de YouTube y generar un mapa mental visual completo y detallado sobre los temas tratados, ideal cuando no tienes tiempo de verlos enteros. También ofrece la posibilidad de crear audios y pódcast a partir de documentos o vídeos de YouTube. Es una herramienta versátil y útil tanto para estudiantes como para profesionales que deseen aprender o investigar de manera más eficiente. URL: <notebooklm.google.com>.

Herramientas de vídeo

- **HeyGen:** crea vídeos realistas con avatares que hablan a partir de texto o audio. Admite múltiples idiomas y plantillas sin necesidad de producción compleja. Es ideal para profesionales del marketing, educadores y creadores de contenido que buscan generar vídeos profesionales rápidamente. URL: <https://heygen.com>.

- **Kling AI:** crea vídeos e imágenes cinematográficos a partir de indicaciones de texto o imágenes de referencia. Produce vídeos con una resolución de 1080p, con movimientos fluidos y resultados realistas. Admite la conversión de texto a vídeo, de imagen a vídeo y una edición sencilla. Perfecta para creadores de contenido que necesitan generar vídeos de alta calidad sin necesidad de grabar. URL: <https://www.klingai.com>.

Música

- **Suno:** genera música original al instante con IA. Crea bandas sonoras de alta calidad a partir de simples indicaciones de texto, sin necesidad de conocimientos musicales. Muy útil para productores de vídeo, desarrolladores de juegos y creadores que quieren música personalizada bajo demanda. URL: <https://suno.ai>.

Herramientas de automatización

- **n8n:** herramienta de código abierto que conecta tus aplicaciones y servicios para crear flujos de trabajo visuales sin necesidad de programar. Permite automatizar transferencias de datos, notificaciones y procesos complejos entre cientos de servicios. Funciona tanto para usuarios técnicos como para quienes no tienen experiencia en programación. URL: <https://n8n.io>.
- **Zapier AI:** plataforma que activa tareas en miles de aplicaciones con inteligencia artificial integrada. Es ca-

paz de interpretar el lenguaje natural, resumir datos y tomar decisiones inteligentes. No requiere conocer el lenguaje informático y ahorra tiempo al eliminar el trabajo manual repetitivo. URL: <https://zapier.com>.

Agentes de IA

- **Manus AI:** asistente de investigación que procesa grandes cantidades de información y la convierte en informes claros y prácticos. Ahorra horas de investigación manual al extraer por su cuenta datos relevantes y resumir los resultados. Ideal para analistas e investigadores que necesiten rapidez y precisión. URL: <https://manus.im/app>.
- **Genspark:** plataforma para crear agentes de IA personalizados capaces de automatizar tareas repetitivas, como redactar informes o resumir contenidos. Permite crear flujos de trabajo que gestionan de manera independiente la generación de texto y la extracción de datos. Recomendada para empresas y particulares que desean ahorrar tiempo y recursos. URL: <https://www.genspark.ai>.
- **Gamma App:** herramienta para crear presentaciones, documentos y sitios web al instante con IA, sin necesidad de conocimientos de diseño. Entre sus características se incluyen la colaboración en tiempo real, diapositivas interactivas y la posibilidad de exportar con facilidad a PDF o PowerPoint. Perfecta para profesionales y educadores que necesitan contenido visual y pulcro de forma rápida. URL: <https://gamma.app>.

En el caso de DeepSeek, Manus y Genspark, hay que prestar especial atención. Como se ha señalado anteriormente, la privacidad y la seguridad son aspectos muy importantes cuando se utilizan herramientas de IA, y estas tres plataformas son de origen chino. Revisa sus políticas de privacidad y lugar de alojamiento. Si manejas datos sensibles, prioriza proveedores con alojamiento en la Unión Europea y cláusulas tipo.

El verdadero poder de la IA no está en utilizar una sola herramienta de IA, sino en combinar varias herramientas para crear tu propio sistema de IA. Es como ocurre con los teléfonos inteligentes: no se han vuelto tan potentes gracias a una sola aplicación, sino al uso conjunto de muchas. La IA sigue exactamente el mismo patrón. De hecho, algunos ejecutivos han duplicado su productividad conectando ChatGPT y Claude con sus herramientas cotidianas, como el correo electrónico (Outlook o Gmail), el almacenamiento de archivos (SharePoint o Google Drive) y la gestión de clientes (HubSpot). Hablaremos más sobre este enfoque en el capítulo 3.

Ponlo en práctica

Acción 1: transforma tu forma de buscar información con IA
Esta semana, reemplaza al menos cinco búsquedas tradicionales en Google por conversaciones con ChatGPT o Perplexity. Formula preguntas completas y específicas: en lugar de «mejor portátil 2025», pregunta «¿Qué portátil me recomiendas para edición de vídeo con un presupuesto de 1.500 euros?». Luego profundiza con preguntas de seguimiento. En la versión móvil, usa la función de dictado para buscar de forma más natural. Al final de la semana,

compara el tiempo ahorrado y la calidad de información obtenida frente a tu método habitual.

Acción 2: equilibra tu uso de IA con tiempo sin pantallas
Esta semana, aplica la regla 70-30. Por cada tarea que delegues en la IA, dedica al menos un 30 por ciento a resolver problemas por ti mismo (planificación, revisión crítica o decisiones creativas). Reserva dos horas de «trabajo sin IA», escribe a mano o piensa en voz alta. Al final del día anota una tarea que completaste sin ayuda digital y cómo te sentiste. Así mantendrás activas tus capacidades cognitivas y evitarás depender en exceso de la tecnología.

Acción 3: implementa el método «Humano-IA-Humano»
Elige una tarea que te lleve tiempo (un informe, una presentación, un texto personal). Empieza definiendo claramente lo que quieres lograr (Humano 1). Luego usa una herramienta como ChatGPT o Gemini para crear un borrador inicial con tus indicaciones (IA). Finalmente, dedica un tiempo similar al que habrías invertido desde cero para revisar, corregir y darle tu estilo (Humano 2). Por último, compara el resultado con tu forma habitual de trabajar.

Alerta roja

La trampa de la relación perfecta con la IA

Ten cuidado con desarrollar dependencia emocional hacia asistentes virtuales que siempre te escuchan, te apoyan y nunca discrepan. A diferencia de las relaciones humanas, que implican desacuerdos y negociación, la IA puede darte una falsa sensación de compañía perfecta. Si notas que prefieres hablar con la IA en lugar de interactuar con personas, o que las relaciones reales te resultan decepcionantes en comparación, es un signo de alerta. Recuerda: la IA es una herramienta que complementa, pero no sustituye la riqueza de las relaciones humanas.

2

Cómo usar la IA en tu vida

Ya conoces qué es la inteligencia artificial y hacia dónde se dirige. El siguiente paso es entender cómo aprovecharla desde hoy mismo para mejorar tu vida. Millones de personas ya lo hacen: aprenden idiomas con tutores virtuales que nunca pierden la paciencia, negocian mejores salarios con *coaches* digitales o ahorran cientos de euros al mes gracias a asistentes financieros que detectan gastos invisibles. La IA ya no es patrimonio exclusivo de las grandes empresas; está en tu bolsillo, lista para transformar tu día a día.

En este capítulo, verás cómo aplicarla de forma concreta, desde mejorar tu comunicación hasta planificar menús semanales, gestionar tu salud mental o encontrar los mejores precios para tus viajes. No hablamos de promesas futuristas, sino de usos reales que puedes empezar a darle esta misma tarde. Descubrirás cómo estudiantes que suspendían matemáticas aprenden a resolver ecuaciones complejas, cómo personas tímidas practican conversaciones difíciles hasta ganar confianza y cómo familias enteras están reduciendo el desperdicio de alimentos mientras comen más sano.

Figura 2.1.

Conceptos del capítulo 2

1	**6**
⊞	▯
TUTOR PERSONAL	**ASISTENTE DE ESCRITURA**
Aprende cualquier materia 24/7.	Supera el bloqueo creativo.
Sin juicios • Paciencia infinita.	Más rápido • Mayor claridad.
2	**7**
⦾	⣿
COACH DE NEGOCIACIÓN	**ASESOR FINANCIERO**
Practica conversaciones difíciles.	Detecta gastos ocultos.
Gana confianza • Mejores acuerdos.	Ahorra sin sacrificios.
3	**8**
▣	▯▮
ENTRENADOR DE COMUNICACIÓN	**PLANIFICADOR DE COMIDAS**
Mejora expresión y presencia.	Reduce el desperdicio.
Feedback en tiempo real.	Come mejor • Gasta menos.
4	**9**
♡	▬
APOYO EMOCIONAL	**ENTRENADOR FITNESS**
Compañía sin juicios.	Corrección de postura instantánea.
Técnicas de afrontamiento.	Plan personalizado adaptativo.
5	**10**
◷	Ⓢ
GESTOR DE TIEMPO	**BUSCADOR DE OFERTAS**
Optimiza tu agenda automáticamente.	Predice bajadas.
Ahorra 7–10 horas semanales.	Reduce costes de viajes.

Fuente: Elaboración propia.

11. ¿QUIERES QUE TU TUTOR PERSONAL DE IA APRENDA CUALQUIER COSA EN CUALQUIER MOMENTO?

Comencemos con la que quizá sea la aplicación más transformadora de la inteligencia artificial: la educación. Mientras que acceder a clases particulares sigue siendo costoso y está fuera del alcance de muchos, la IA da acceso a aprendizaje personalizado de formas que habrían parecido impensables hace apenas unos años.

Tutores virtuales que democratizan el aprendizaje

Imagina un tutor que nunca se exaspera cuando le haces la misma pregunta una y otra vez; está disponible las veinticuatro horas del día, los siete días de la semana, y se adapta al instante a tu estilo de aprendizaje con una paciencia inagotable. ¿Cómo cambiaría eso tu forma de dominar nuevas habilidades? ¿Qué impacto tendría en el aprendizaje de tus hijos?

Daphne Goldstein suspendía matemáticas sin cesar. A sus trece años, miraba sus deberes de notación científica con lágrimas de frustración en los ojos. Fue entonces cuando su madre le sugirió probar Khanmigo. En sólo una sesión con este tutor de IA, Daphne pasó de fallar en casi todos los problemas a resolver ecuaciones complejas correctamente. «Es como tener un profesor que me lee la mente», le confesó a su madre esa misma noche.[27]

En España, la empresa Odilo, con sede en Murcia, también está transformando la educación en el mundo hispanohablante a través de su plataforma de IA. Su tutor virtual detecta las áreas que cada estudiante debe mejorar y personaliza las rutas de estudio según sus necesidades. Con más de ciento setenta millones de usuarios en cincuenta países, Odilo demuestra que la IA educativa puede integrarse con éxito en distintos contextos culturales y lingüísticos.[28]

Resultados medibles y personalización extrema

La experiencia de las aplicaciones de IA se repite en muchas aulas. Los estudios demuestran que los alumnos que utilizan tutores de IA aprenden aproximadamente el doble de rápido que los que reciben una enseñanza estándar. Las calificaciones suelen aumentar en torno a un tercio. Por ejemplo, en matemáticas, una nota del 70 por ciento puede elevarse hasta el 75 por ciento tras un breve período de tutoría. Al detectar las necesidades y adaptar las lecciones, estos tutores logran que los conceptos complejos resulten mucho más fáciles de entender y de retener.[29]

Más allá de las mejoras en el rendimiento académico, lo que de verdad distingue a la tutoría con IA es su capacidad de adaptación a cada estudiante. En lugar de darte las respuestas, formulan preguntas que te guían hacia ellas, como lo haría un buen profesor que busca que pienses por ti mismo. Un ejemplo de ello es Squirrel AI, que es capaz de analizar datos de veinticuatro millones de estudiantes y diez mil millones de patrones de aprendizaje para ofrecer una enseñanza realmente personalizada. Si un concepto se te resiste, el sistema ajusta por sí mismo su enfoque: cambia el lenguaje, propone nuevos ejemplos o reformula la explicación hasta que logras entenderlo.

Próximamente, la IA aprenderá a imitar estilos de enseñanza específicos. El sistema analiza cientos de horas de clases grabadas de un profesor (cómo explica conceptos, qué ejemplos usa, cómo responde dudas) y recrea digitalmente su estilo pedagógico.

Podrás estudiar con réplicas digitales de profesores reales. Imagina resolver dudas de física con tu profesor favorito disponible a medianoche, que te explica exactamente como lo haría en clase. La tecnología ya existe y las empresas educativas están comenzando a probarla.

Esto nos lleva a preguntarnos qué pasará con las relaciones alumno-profesor cuando puedas «copiar» al mejor docente y tenerlo siempre disponible. ¿Valoraremos menos la interacción humana real o liberaremos a los profesores para lo que sólo ellos pueden ofrecer?

Riesgos y uso responsable de la IA educativa

Sin embargo, esta promesa educativa también encierra ciertos riesgos. Cuando la IA proporciona respuestas instantáneas, puede eliminar el esfuerzo que impulsa el aprendizaje profundo. Piensa en esto: ¿cuándo fue la última vez que memorizaste un número de teléfono? Del mismo modo, los tutores virtuales podrían fomentar una dependencia similar que debilite habilidades como el pensamiento crítico. Si los estudiantes se acostumbran a recibir ayuda constante, corren el riesgo de dejar de razonar por sí mismos. Además, estos sistemas no son infalibles. Pueden presentar información errónea de manera categórica, especialmente en áreas que cambian con rapidez. Y hay otro aspecto inquietante: la privacidad. Los sistemas de IA registran cada interacción de aprendizaje, generando mapas detallados del desarrollo intelectual de millones de niños. Datos muy valiosos que interesarán a compradores potenciales.

A estos riesgos inherentes se suman los errores comunes que muchos usuarios cometen al utilizar tutores de IA. La dependencia excesiva o la búsqueda de respuestas inmediatas sin comprender los fundamentos pueden limitar seriamente su efectividad. A esto se añaden las propias limitaciones de estas herramientas, como la falta de personalización real del estilo de enseñanza según las necesidades de cada estudiante. Además, se suele pasar por alto que estas herramientas aprenden de cada interacción: una configuración inicial descuidada puede traducirse en una experiencia poco útil. Para que la tutoría con IA funcione como un auténtico apoyo, y no como una muleta, se debe usar con buen juicio. Antes de cada sesión, conviene establecer objetivos específicos y, siempre que sea posible, verificar la información generada por la IA con fuentes fiables. Una de las estrategias más efectivas es invertir los roles: invitar a los estudiantes a explicar los conceptos al tutor de IA con sus propias palabras. Enseñar sigue siendo una de las formas más eficaces de aprender.

Mientras que los tutores de IA nos ayudan a dominar las materias académicas, otra forma de *coaching* con IA está revolucionando la forma en que gestionamos las interacciones del mundo real, especialmente en negociaciones de alto riesgo.

12. ¿Estás listo para dominar la negociación a través de la interpretación de un rol con IA?

¿Alguna vez has salido de una negociación, ya sea para comprar un coche, vender tu casa o pedir un aumento de sueldo, preguntándote si podrías haber conseguido un mejor resultado? ¿Y si pudieras practicar negociaciones de alto riesgo en un entorno seguro, recibiendo orientación experta en tiempo real?

Un chatbot con inteligencia artificial desarrollado por Walmart ha transformado la forma en que la empresa negocia con sus proveedores. En apenas once días, el sistema logró cerrar acuerdos con el 64 por ciento de ellos, lo que generó un ahorro inmediato del 1,5 por ciento en costes, desde productos de limpieza hasta artículos del carrito de la compra. Lo más llamativo es que el 83 por ciento de los proveedores prefirieron negociar con la IA en lugar de con un humano. Actualmente, este bot gestiona más de dos mil negociaciones al mismo tiempo, con un ahorro promedio del 3 por ciento y niveles de satisfacción por parte de los proveedores superiores a los que obtenía el equipo humano.[30]

La inteligencia artificial no sólo está cambiando quién negocia, sino también cómo aprendemos a negociar mejor. En la MIT Sloan School of Management, los investigadores crearon un entrenador de IA que actúa como un guía silencioso durante negociaciones reales y ofrece sugerencias en tiempo real. Es como tener a un experto negociador susurrándote al oído, analizando cada palabra y gesto. Los participantes que siguieron las recomendaciones del sistema basadas en un estilo «dominante-cálido», es decir, asertivo pero amable, obtuvieron resultados notablemente mejores que los que negociaron sin apoyo.[31]

Riesgos de una negociación demasiado predecible

En unos años, la IA podría permitirte practicar negociaciones complejas con réplicas digitales de personas reales. El sistema analizaría cómo se comunican y argumentan esas personas para luego imitar su estilo de conversación. Así podrías ensayar conversaciones importantes antes de que se produzcan, ganando seguridad y preparación. Sin embargo, el uso excesivo de estas técnicas también plantea riesgos. Si para llegar a cualquier acuerdo se siguen patrones predecibles generados por IA, éstos se podrían convertir en previsibles. Algunos algoritmos podrían incluso favorecer a determinadas empresas sin que los usuarios lo adviertan. Si dejamos que los programas negocien siempre, nuestras propias habilidades para defender nuestros intereses se irán debilitando con el tiempo. Estos riesgos se amplificarán con la siguiente fase tecnológica. La próxima generación de asistentes negociará por ti mientras duermes. Le darás tus límites (cuánto quieres pagar, qué necesitas) y contactará con múltiples proveedores, comparará ofertas y te presentará tres opciones al despertar. Pero las empresas están desarrollando sus propias IA para contrarrestar tus tácticas. Cada negociación se convertirá en un duelo invisible entre algoritmos. La pregunta crítica es quién tendrá acceso a la mejor IA. Si la negociación efectiva depende de pagar por algoritmos superiores, los ricos no sólo tendrán más dinero, sino también mejores herramientas para multiplicarlo automáticamente mientras duermen.

A pesar de estos desafíos, hay formas de prepararse hoy para este futuro. Para aprovechar al máximo la negociación asistida por IA, empieza por practicar con situaciones reales, no con escenarios genéricos. Puedes utilizar cualquiera de las principales herramientas de IA disponibles, como ChatGPT, Claude o Gemini, para este propósito. Simplemente recuerda proporcionar mucho contexto para que la IA entienda tu situación y sepa ayudarte adecuadamente. Introduce en el sistema los datos concretos de tu próximo caso: los términos del acuerdo, los antecedentes de la otra parte y los resultados deseados. Un estudio del MIT reveló un hallazgo clave: los usuarios que obtuvieron mejores resultados dedicaban el 80 por ciento del tiempo a la preparación y sólo el 20 por ciento a la simulación. Céntrate en tus puntos débiles. Si, por ejemplo, tiendes a ceder demasiado rápido en cuestiones de precio, enfoca tus sesiones en practicar ese escenario específico repetidamente.

En un par de años, las herramientas de IA para ejercitar escenarios podrían transformar nuestra forma de prepararnos para el mundo laboral. Muchas personas podrán ensayar situaciones difíciles, como entrevistas de trabajo o negociaciones salariales, con un asistente virtual que las prepare y las ayude a ganar seguridad. A medida que millones de usuarios utilicen estas herramientas, surgirán patrones en los estilos de negociación de distintos grupos, lo que permitirá identificar prácticas injustas y brindar estrategias más efectivas para enfrentarlas. Esto podría traducirse en salarios más equitativos y mejores acuerdos, especialmente para quienes no cuentan con habilidades naturales para la negociación.

La negociación es sólo una de las muchas áreas en las que la inteligencia artificial está mejorando nuestras habilidades comunicativas. La misma tecnología que facilita acuerdos millonarios también está empezando a ayudarnos a expresarnos con mayor claridad en nuestras conversaciones.

13. ¿Necesitas un entrenador de comunicación con IA para dominar las habilidades interpersonales?

¿Cuándo fue la última vez que te preguntaste cómo te perciben de verdad en las conversaciones importantes? ¿Y si tuvieras un entrenador discreto que te diera *feedback* en tiempo real durante las videollamadas y te ayudara a comunicarte de forma más eficaz?

Los entrenadores de comunicación con IA detectan matices que muchas veces pasas por alto: una risa nerviosa, una mirada esquiva ante una pregunta incómoda, un cambio en el tono de voz cuando estás nervioso. Es como tener a tu disposición las veinticuatro horas del día a un experto en presentaciones, un entrenador de voz y un especialista en lenguaje corporal, todo por menos de un euro al día. Entre las opciones disponibles, ChatGPT destaca especialmente por su modo de voz avanzado, que permite conversaciones fluidas en tiempo real, ideal para practicar presentaciones o ensayar conversaciones difíciles. Un análisis publicado en *Harvard Business Review*, basado en ciento sesenta y siete ejecutivos, reveló que el *coaching* asistido por IA generó «mejoras significativas en las habilidades esenciales de liderazgo», especialmente a la hora de afrontar conversaciones difíciles.[32]

Esta tecnología va más allá de las salas de juntas. Cada vez más personas recurren a los *coaches* de IA para mejorar su comunicación en situaciones cotidianas: practicar una primera cita, aprender a establecer límites con la familia o ensayar cómo pedir un aumento de sueldo.

¿Cómo aprovechar al máximo estas herramientas?

Utiliza la IA como un *coach* personal con quien compartes retos concretos de tu vida o de tus relaciones. Pídele un plan con pasos claros y plazos definidos, y ofrece siempre el contexto necesario sobre tu situación y las personas clave involucradas. Regresa con actualizaciones periódicas para recibir *feedback* y ajustar el plan según avances. En momentos difíciles, pide apoyo puntual. De esta manera, obtendrás estrategias adaptadas a ti que realmente te ayuden a progresar.

Para mantener tus habilidades de comunicación auténticas, conviene poner ciertos límites al uso de la IA. Una buena práctica es programar días sin IA y evitar errores comunes, como obsesionarse con las métricas (cuántas veces dijiste «eh» o cuánto duró tu intervención), cuando lo que importa de verdad es el impacto de tu mensaje. También es recomendable no apoyarse en el *coaching* en tiempo real durante interacciones con personas cercanas: en las relaciones íntimas, la autenticidad pesa más que la optimización. La IA puede ayudarte a pulir aspectos técnicos, pero nunca sustituirá tu intuición ni la sensibilidad necesaria para leer el ambiente emocional.

Dicho esto, también existen casos en los que las personas, por iniciativa propia, han recurrido a la IA para mejorar dinámicas familiares, y los resultados han sido sorprendentes. Recuerdo el testimonio de un asistente a mi taller, que contó que una amiga y su marido atravesaban serios problemas con el hijo de ambos, pero lograron avanzar después de que el joven buscara orientación en ChatGPT. Al seguir algunas sugerencias, pudieron resolver un conflicto que parecía estancado. Historias como ésta, que ya se cuentan por miles, muestran que las herramientas de IA pueden convertirse en mediadoras útiles cuando se utilizan con criterio y en el momento adecuado.

Así como la IA nos ayuda a mejorar nuestra comunicación con los demás, también empieza a ofrecer ayuda en algo aún más íntimo: nuestro bienestar emocional.

14. ¿BUSCAS COMPAÑEROS DE IA PARA RECIBIR APOYO PSICOLÓGICO?

¿Y si pudieras acceder a recursos para tu salud mental a las tres de la madrugada justo en medio de un ataque de pánico? ¿Y si tuvieras a alguien que te guiara en estrategias de afrontamiento sin temor a ser juzgado? Para millones de personas que luchan contra problemas de salud mental, ese «¿y si?» ya no es una fantasía: es una realidad gracias a la inteligencia artificial.

La crisis de salud mental es un problema global de enormes proporciones. Aproximadamente la mitad de la población mundial sufrirá algún trastorno mental en algún momento de su vida. En otras palabras, estos problemas son mucho más comunes de lo que solemos imaginar: es probable que, en cualquier grupo de personas, la mitad haya lidiado o lidie con problemas de salud mental.[33]

Como hemos mencionado en el capítulo 1, la IA tiene un enorme potencial para brindar apoyo en diversas situaciones de la vida cotidiana y su uso está cada vez más extendido. En el mundo hispanohablante, por ejemplo, chatbots como Violetta y AinoAid están disponibles las veinticuatro horas del día, los siete días de la semana, en México, República Dominicana y España. Estas herramientas ofrecen apoyo emocional anónimo a víctimas de violencia de género, así como a otros usuarios que lo necesiten. Gracias a su comprensión de las sutilezas culturales del español, estos sistemas pueden identificar situaciones de riesgo y derivarlas a profesionales humanos, actuando como un puente crucial hacia la atención especializada.[34]

Un apoyo complementario, no un sustituto

Estos compañeros de IA resultan útiles para ensayar estrategias de afrontamiento a las dos de la madrugada o para reducir la ansiedad leve antes de que se intensifique. También ofrecen recursos prácticos, como ejercicios de respiración o técnicas básicas de terapia cognitivo-conductual. Pero ahí deben trazarse los límites.

Sin embargo, la evolución tecnológica está desdibujando algunas de estas fronteras. La tecnología está dando un salto hacia la memoria emocional persistente, es decir, IA capaz de recordar y analizar tus emociones a lo largo del tiempo. Estos sistemas de IA registrarán cada conversación contigo durante años, identificarán patrones en tus estados de ánimo y anticiparán crisis antes de que ocurran. Si siempre te sientes ansioso los domingos por la noche, la IA te contactará proactivamente con estrategias personalizadas. Los beneficios para la salud mental parecen obvios. No obstante, este avance plantea nuevas preguntas. Hay usuarios que ya prefieren hablar con su IA que con amigos reales. La IA nunca juzga, siempre está disponible y recuerda todo. Es perfecta. Pero esa perfección nos aleja de las relaciones humanas auténticas, con sus conflictos, olvidos y torpezas, que son precisamente lo que las hace genuinas.

Más allá de estos usos puntuales, existen riesgos que conviene tener presentes. Uno de los errores más comunes es confiar exclusivamente en la IA para problemas complejos como la depresión, los traumas o los pensamientos suicidas. Otro es desarrollar una dependencia emocional. Por más empáticas que parezcan sus respuestas, estas herramientas carecen de la comprensión genuina que sólo puede brindar una persona. A ello se suman las restricciones de edad: plataformas como Wysa únicamente están recomendadas para mayores de dieciocho años o a partir de trece con supervisión parental. Además, es fundamental recordar que estos sistemas no están capacitados para evaluar riesgos de suicidio ni intervenir en casos de crisis agudas. Estos compañeros virtuales muestran cómo la IA puede acompañarnos en momentos de vulnerabilidad. Pero la integración de esta tecnología en nuestra vida cotidiana va mucho más allá del apoyo emocional. También está transformando la forma en que gestionamos nuestro tiempo.

15. ¿QUIERES PLANIFICADORES DE IA QUE TE AYUDEN A DOMINAR TU TIEMPO?

¿Cuánto tiempo dedicas a planear en lugar de actuar? Es domingo por la noche y estás frente a tu calendario, tratando de encajar treinta tareas en los próximos siete días. Una hora después, sigues arrastrando eventos, reorganizando reuniones y posponiendo decisiones. ¿Te resulta familiar?

Investigaciones de Stanford y otras instituciones muestran que los trabajadores cualificados dedican una parte significativa de su jornada a gestionar y coordinar las tareas. Las herramientas de planificación impulsadas por IA pueden aliviar esta carga al automatizar decisiones rutinarias, como agendar reuniones o priorizar tareas. En lugar de perder el tiempo ajustando el calendario o supervisando cada detalle, estos profesionales pueden delegar esas gestiones a la IA y centrarse en tareas más importantes.[35]

Planificación inteligente adaptada a tus hábitos

Además de liberar tiempo, la programación con IA ofrece ventajas aún más sofisticadas. Estos sistemas no sólo automatizan tareas: aprenden de tus hábitos y ritmos diarios. Detectan cuándo escribes mejor, cuándo programas más rápido o en qué momentos del día piensas con mayor claridad. Con esta información, bloquean espacios para el trabajo profundo justo cuando tu concentración está en su punto máximo. Incluso ajustan tus planes basándose en datos reales: (*spoiler*) ese «correo electrónico rápido» rara vez toma cinco minutos.

Uno de mis clientes me contó una técnica sencilla para ahorrar tiempo: cada lunes, hace una captura de pantalla de su calendario semanal y la comparte con ChatGPT. Luego le pide sugerencias para optimizar su agenda y consejos para gestionar mejor su tiempo. Esta rutina, simple pero constante, le ha resultado sorprendentemente útil. Si la repites semana tras semana, es probable que también notes una gran diferencia. Eso sí, si decides probarlo te recomiendo usar las versiones de pago de cualquiera de las herramientas más comunes de IA (ChatGPT, Claude, Gemini), ya que suelen ofrecer mejores medidas de protección de datos que las gratuitas.

Ahora bien, como ocurre con cualquier herramienta poderosa, también conviene usar los planificadores con criterio. Una dependencia excesiva podría debilitar nuestra capacidad de toma de decisiones por cuenta propia. Algunos investigadores ya se plantean una cuestión de fondo: ¿los planificadores de IA que integran datos biométricos, como el ritmo cardíaco o los patrones del sueño, y ajustan la agenda según nuestros niveles de estrés, realmente nos harán más productivos... o sólo nos convertirán en personas más programadas?

Una vez que la IA nos ayuda a encontrar tiempo para las tareas importantes, el siguiente reto es ejecutarlas de forma eficiente, y nada consume tanto tiempo como luchar contra una página en blanco.

16. ¿Necesitas escribir más rápido y con mayor claridad con la IA?

Estás frente a una página en blanco. El cursor parpadea como si se burlara de ti. Han pasado tres horas y sólo has escrito un párrafo... que ya has borrado en dos ocasiones. Todos hemos estado ahí. Pero ¿y si existiera una forma de escribir diez veces más rápido y, al mismo tiempo, comunicar tus ideas con mayor claridad?

De la página en blanco a la escritura asistida

Las herramientas de escritura con IA, como ChatGPT o Claude AI, están revolucionando el periodismo al encargarse de tareas que requieren mucho tiempo, permitiendo que los periodistas se concentren en lo que realmente requiere criterio humano. Ante una noticia de última hora, estas tecnologías pueden analizar datos al instante, generar borradores, añadir contexto e incluso sugerir imágenes, con lo que ofrecen una cobertura completa a una velocidad sin precedentes. Además, automatizan tareas mecánicas como la corrección gramatical, la transcripción y la síntesis de la información, al tiempo que ayudan a procesar documentos complejos o a crear titulares más relevantes. Al automatizar el trabajo rutinario, la IA libera a los periodistas para que se dediquen al periodismo de investigación y a la narración matizada que sólo los humanos pueden ofrecer.[36]

No sólo el mundo del periodismo se está beneficiando, las herramientas de escritura con IA están rompiendo barreras en todos los ámbitos. Las personas que escriben en un idioma que no es su lengua materna pueden redactar con mayor fluidez; quienes tienen dislexia logran producir documentos más claros; los autores con bloqueo del escritor superan este obstáculo al obtener un punto de partida; y los equipos de marketing generan múltiples versiones de titulares para poner a prueba cuál funciona mejor.

En el entorno empresarial, esta transformación ya es palpable: según un estudio, el 72 por ciento de las empresas españolas consideran que la IA transformará profundamente su forma de hacer negocios, observándose ya una adopción creciente en marketing digital y personalización de experiencias.[37]

Entre la productividad y la pérdida de voz

Cuando nos preguntamos si corremos el riesgo de perder nuestra voz al usar IA, surge una verdad incómoda: cuando todo el mundo utiliza las mismas herramientas, los textos empiezan a sonar inquietantemente similares. Basta con visitar LinkedIn para notar cuántas publicaciones tienen el mismo estilo de ChatGPT. Pero el problema va más allá del estilo. Si delegas por completo en la IA la escritura de tus correos, con el tiempo verás que tus propias habilidades de redacción se atrofian. Una investigación del laboratorio HCI de Stanford advierte que el uso pasivo de las herramientas de escritura, es decir, copiar y pegar directamente lo que generan sin editarlo ni reflexionar sobre el contenido, con IA puede reducir tanto la creatividad como la generación de ideas. En cambio, cuando se utilizan de forma activa y reflexiva, éstas pueden potenciar la creatividad. Todo depende del tipo de interacción: el impacto de la IA en tu pensamiento no depende de su uso en sí, sino de cómo la utilizas.[38]

La clave está en encontrar un equilibrio. Si quieres aprovechar el poder de la IA sin perder tu esencia, prueba este enfoque: redacta tú mismo el primer borrador, aunque sea caótico, y luego utiliza la IA para pulir y mejorar la claridad. Así conservas tu voz mientras mejoras la calidad. Otra técnica efectiva es hablar con tu teléfono sobre el tema durante cinco minutos, transcribir esa grabación y pedirle a la IA que organice tus ideas manteniendo tu tono natural. Eso sí, evita algunos errores comunes que pueden jugar en tu contra, como utilizar contenido generado por IA sin revisarlo (a veces la IA inventa datos), dar indicaciones demasiado genéricas que generan textos planos o, el peor de todos, perder por completo tu capacidad de redacción.

Si quieres asegurarte de que tu estilo sigue presente, puedes recurrir a herramientas diseñadas para detectar el uso de inteligencia artificial en los textos. Existen varias opciones como ZeroGPT.com u Originality.ai, pero, antes de usarlas, conviene evaluar cuál se ajusta mejor a tus necesidades.

La escritura como motor de inclusión

Se está iniciando una revolución silenciosa. Personas que antes se sentían demasiado inseguras de su forma de escribir como para dirigirse a las autoridades ahora envían mensajes claros y contundentes sobre los problemas locales. Cuando comunidades enteras pueden expresarse mejor, los ayuntamientos, los centros de salud y otras instituciones responden con mayor agilidad a las necesidades de los residentes. Así, la inteligencia artificial está contribuyendo a construir una democracia más inclusiva, donde todas las voces se escuchan por igual.

La IA no sólo mejora cómo nos expresamos; ahora también nos ayuda a entender y manejar nuestros hábitos de gasto.

17. ¿QUIERES APLICACIONES DE IA PARA GESTIONAR TU PRESUPUESTO?

Tu teléfono vibra: «Encontrados 627 euros ocultos en tus gastos mensuales». No, la IA no te está sugiriendo que renuncies al café o canceles tu suscripción a Netflix. En cambio, ha detectado patrones que pasan desapercibidos para el ojo humano, como que cada vez que llueve gastas 47 euros extra en Uber. Para millones de personas que ya usan asistentes financieros basados en inteligencia artificial, este tipo de hallazgos forman parte de una mañana cualquiera de martes.

Aunque muchos aún dudan de confiar sus finanzas a la IA, en España ya surgen casos inspiradores. Leopoldo Jaramillo, un inversor minorista que quebró durante la pandemia, logró revertir su situación con ayuda de ChatGPT. «La IA me ha ayudado a estructurar mis objetivos financieros y organizar un plan claro para ahorrar 1.000 euros mensuales», explica. Su experiencia no es única. Un estudio revela que el 67 por ciento de los usuarios ya confían más en los robots que en los asesores humanos para gestionar sus finanzas. Estos datos muestran que quienes se atreven a dar el paso están obteniendo resultados tangibles.[39]

La técnica presupuestaria de ChatGPT

Una buena manera de empezar es aprovechar una técnica sencilla con ChatGPT, una herramienta gratuita y fácil de usar. Sólo tienes que abrir ChatGPT y crear un nuevo proyecto llamado *Mi control de gastos*. A partir de ahí, empieza a fotografiar todos tus recibos, sin excepción, y súbelos semanalmente a tu proyecto. Al cabo de un mes, podrás pedirle algo tan simple como: «Analiza mis patrones de gasto. ¿En qué estoy malgastando el dinero?». Esta técnica funciona porque ChatGPT conserva toda la información del proyecto, lo que te permite hacer consultas en cualquier momento, como: «¿Cuánto gasté en supermercados el mes pasado?» o «¿Cuáles son mis cinco categorías principales de gasto?». Es como tener un analista financiero en el bolsillo y sin coste alguno.

Lo mejor de este enfoque es que ChatGPT no sólo responde a tus preguntas, sino que también puede ayudarte a tomar decisiones más inteligentes. Por ejemplo, una vez que ha analizado tus patrones de gasto, puedes pedirle que te sugiera formas concretas de ahorrar. Puede identificar en qué categorías podrías reducir gastos, calcular cuánto ahorrarías si aplicas ciertos recortes o incluso ayudarte a establecer alertas personalizadas, como: «Avísame si este mes supero cierto límite en entretenimiento». Así, la IA no sólo refleja tu comportamiento financiero, sino que también se convierte en una herramienta activa para mejorar tus hábitos y aumentar tu ahorro. Pero esta solución manual es sólo el principio de una revolución financiera que plantea preguntas incómodas.

El siguiente paso es la automatización completa. Cuando tu proveedor de internet suba tarifas, tu IA contactará automáticamente con tres competidores, negociará ofertas exclusivas y te presentará una comparativa para aprobar con un clic. Lo que esta eficiencia oculta es una concentración de poder sin precedentes. Las plataformas de IA financiera tendrán datos de gasto de millones de usuarios, dándoles un poder de negociación masivo. Podrán amenazar con que cinco millones cambien de proveedor si no obtienen descuentos del 20 por ciento. Ganarás ahorros significativos, pero a cambio de entregar la totalidad de tus datos financieros más íntimos a unas pocas megaplataformas. El ahorro es real, pero también lo es el precio en privacidad. Mientras ese futuro llega, puedes protegerte hoy.

Para evitar las trampas más comunes al usar la IA en tus finanzas, ten en cuenta algunas precauciones básicas. Nunca compartas tus contraseñas bancarias; utiliza siempre accesos de sólo lectura. No confíes ciegamente en las categorías automáticas; por ejemplo, una compra en Amazon podría ser comida, no necesariamente artículos. Y, sobre todo, recuerda que la IA puede ayudarte a detectar patrones y señalar posibles excesos, pero la decisión final siempre es tuya. El hecho de que la IA te indique que estás gastando demasiado en café no significa que debas eliminarlo por completo; tal vez ese café con leche diario sea tu pequeña terapia asequible, mucho más económica que otros caprichos.

Y, hablando de hábitos de gasto, una de las áreas con mayor potencial de ahorro gracias a la IA está, curiosamente, en la cocina.

18. ¿Listo para planificar tus comidas con IA?

¿Alguna vez te has preguntado cuánta comida desperdicias cada semana? ¿Y si pudieras reducir tu gasto en el supermercado hasta en un 30 por ciento, comer de forma más saludable y, de paso, ayudar al planeta? Con la ayuda de la inteligencia artificial, todo eso es posible.

Las aplicaciones de planificación de comidas basadas en la IA están ganando cada vez más popularidad al crear planes personalizados que se adaptan a tus objetivos de salud, tus preferencias alimentarias y hasta a los ingredientes que ya tienes en casa. Estas herramientas no sólo hacen que comer de forma saludable sea más fácil, sino que también ahorran tiempo, especialmente a quienes llevan un estilo de vida ocupado.[40] Una de las aplicaciones más conocidas en este campo es ChefGPT, que ya está ayudando a miles de usuarios a planificar sus menús semanales de forma inteligente.

Y esto no es más que el comienzo. Se avecina una transformación profunda. A medida que los planificadores de comidas con IA se generalicen en la mayoría de los hogares, seremos testigos de un cambio radical en la forma en que los alimentos viajan del campo a la mesa. Estas aplicaciones, además de indicar a las familias qué comprar y cómo cocinarlo, permitirán a las tiendas de comestibles ajustar sus pedidos según los hábitos reales de consumo en cada vecindario. El resultado podría ser precios más bajos en el supermercado, una menor presión sobre las tierras de cultivo y los recursos hídricos, y una reducción drástica del desperdicio de alimentos en vertederos (en la actualidad éstos generan entre el 8 y el 10 por ciento de la generación anual de gases de efecto invernadero a nivel mundial, casi cinco veces más que las emisiones del sector de la aviación).[41]

Para sacar el máximo provecho de la planificación de comidas con IA, hay algunos consejos clave que conviene tener en cuenta. Actualiza tu despensa cada semana, ya que la IA sólo trabaja con la información que le das: si olvidas registrar algo, no sabrá que ya lo tienes. Durante la configuración inicial, sé totalmente sincero sobre lo que tu familia no come para evitar sugerencias inútiles. Utiliza las sugerencias como punto de partida, pero conserva tus tradiciones: si el martes de tacos os encanta, mantenlo. Deja espacio para antojos espontáneos, como una noche de pizza sin planear, la vida también necesita flexibilidad.

Entre los errores más comunes que arruinan la experiencia figuran: no registrar los alimentos que ya se han consumido (lo que lleva a carencias en la despensa), priorizar dietas «óptimas» en lugar de los platos favoritos de la familia, seguir las instrucciones de la IA de forma rígida sin adaptarlas con creatividad, planificar recetas complicadas en los días más ajetreados o confiar en consejos de salud automatizados en vez de consultar a profesionales. Recuerda que las recomendaciones nutricionales de la IA deben contrastarse siempre con las indicaciones de tu médico.

¿Resolverá la IA nuestra crisis de desperdicio de alimentos o acabará alejándonos del placer de cocinar? Sólo el tiempo lo dirá. Lo que sí es seguro es que, por ahora, ya está revolucionando silenciosamente las cocinas de millones de hogares en todo el mundo.

Después de que la IA nos ayude a comer mejor, el siguiente paso natural es movernos mejor, y los entrenadores físicos de IA están poniendo el asesoramiento de expertos al alcance de todos.

19. ¿BUSCAS ENTRENADORES DE *FITNESS* CON IA PARA CASA Y EL GIMNASIO?

¿Qué pasaría si un entrenador personal de élite supervisara cada una de tus repeticiones, corrigiera tu postura al instante y ajustara tu entrenamiento en función de cómo hayas dormido la noche anterior? Ese futuro ya está aquí. Gracias a la inteligencia artificial, el entrenamiento físico se vuelve cada vez más personalizado, preciso y receptivo, lo que transforma por completo la forma en que cuidamos nuestro cuerpo.

El auge de las aplicaciones de *fitness* impulsadas por IA es innegable y está cambiando la forma en que millones de personas entrenan en todo el mundo. Aplicaciones como Freeletics y Fitbod lideran este sector. Estas herramientas digitales no sólo son accesibles, sino también sorprendentemente eficaces: los usuarios se adhieren a sus rutinas de ejercicio un 45 por ciento más a menudo, mantienen entrenamientos un 25 por ciento más constantes y reportan niveles de motivación un 17 por ciento más altos.[42]

Las implicaciones son profundas. Lo que antes requería pagar gran cantidad de dinero a un entrenador personal por una hora hoy está disponible en cualquier momento por mucho menos. Estos entrenadores corrigen los errores en tiempo real para prevenir lesiones, ajustan la intensidad en función de tu nivel de recuperación y aplican automáticamente principios como la sobrecarga progresiva, es decir, el aumento gradual del peso para desarrollar la fuerza. Los estudios confirman que estas herramientas mejoran significativamente la adherencia al ejercicio. Incluso los preparadores físicos humanos están aprovechando estas tecnologías para guiar de forma más efectiva a cientos de clientes al mismo tiempo. Pero esta revolución también plantea riesgos importantes. La gamificación del *fitness*, por ejemplo, puede convertir los hábitos saludables en una obsesión malsana por alcanzar ciertos números. Además, la IA, por muy avanzada que sea, no interpreta el dolor ni el agotamiento como lo haría un ser humano, lo que puede llevar a exigencias excesivas. Y, aunque es eficaz para optimizar rutinas, ¿puede un algoritmo sustituir realmente la motivación, la empatía y el apoyo emocional de un entrenador humano? Más preocupante aún, existe el riesgo de que estos sistemas promuevan estándares corporales poco realistas, basados en datos sesgados o inadecuados.

Para entrenar con IA de forma segura y eficaz, conviene seguir algunas recomendaciones clave. Comienza con una evaluación inicial honesta; exagerar tu estado físico puede llevar a lesiones. Informa a la aplicación sobre cualquier lesión previa o cirugía, ya que no puede detectar esas condiciones por sí sola. Utiliza la IA para corregir la postura, pero confía siempre en las señales de tu cuerpo por encima de cualquier algoritmo. También es útil programar sesiones trimestrales con un entrenador humano para validar tu progreso. Y recuerda: prioriza la constancia sobre la intensidad; es mejor entrenar con regularidad que agotarse en exceso.

¿Nos acercará la IA a versiones más fuertes y sanas de nosotros mismos o nos hará olvidar que el *fitness* es algo más que alcanzar un cuerpo perfecto? Por ahora, está democratizando el acceso al entrenamiento de élite y redefiniendo radicalmente la forma en que cuidamos nuestro bienestar.

Si bien la IA nos mantiene sanos en casa, también está transformando la forma en que exploramos el mundo, empezando por hacer que los viajes sean más asequibles que nunca.

20. ¿QUIERES PREDICTORES DE PRECIOS CON IA PARA AHORRAR EN TUS VIAJES?

¿Cuál es el mejor momento para reservar esas vacaciones de ensueño sin vaciar tu cartera? ¿Y si la IA pudiera predecir las bajadas de precios con una precisión del 95 por ciento y ahorrarte miles de euros en viajes familiares? Lejos de ser una fantasía, esta tecnología existe hoy y supone una revolución para la planificación de nuestros viajes. Más del 71 por ciento de los usuarios ya confían en herramientas con IA para recibir recomendaciones personalizadas sobre actividades y atracciones que se ajustan a sus intereses.[43] Estas aplicaciones no sólo ahorran tiempo al crear itinerarios automáticamente y optimizar las rutas, sino que también descubren joyas ocultas que de otro modo pasarían desapercibidas para los viajeros. Su mayor fortaleza es la flexibilidad: adaptan los planes sobre la marcha cuando surgen imprevistos y ayudan a mantenerse dentro del presupuesto, buscando las opciones más económicas en vuelos, alojamiento y actividades sin comprometer la experiencia.

En el futuro, la IA podría incluso monitorear los precios de los vuelos a diario y realizar ella misma la compra cuando detecte una oferta que se ajuste a tus fechas flexibles y presupuesto. Además, podría analizar los costes ocultos —como tasas por equipaje o recargos por asientos— y clasificar las opciones según el precio total real, con lo que evitaría sorpresas desagradables y ayudaría a tomar decisiones más inteligentes.

El éxito de estas herramientas también trae nuevos retos. Si todo el mundo conoce el momento perfecto para reservar,

¿no intentarán las aerolíneas ir un paso por delante y vencer a las predicciones? Además, muchas de estas aplicaciones obtienen ingresos a través de comisiones, lo que plantea dudas sobre si de verdad muestran las mejores ofertas disponibles. Por otro lado, estar pendiente constantemente de los precios puede generar una especie de parálisis: esperas el precio ideal que nunca llega y, mientras tanto, se agotan las plazas.

La IA podría transformar el turismo, pero aún está por ver si lo hará más accesible para todos o sólo para quienes dominen la tecnología. De hecho, las propias aerolíneas ya usan algoritmos inteligentes para ajustar los precios en tiempo real según la demanda, que crean una especie de partida de ajedrez entre compañías, plataformas y viajeros en la que estos últimos intentan no quedar atrapados en medio.

Ponlo en práctica

Acción 1: planifica tu menú semanal con IA
Fotografía todo lo que tienes en tu despensa, nevera y congelador, y súbelo a ChatGPT. Luego pide: «Crea un menú semanal saludable usando principalmente estos ingredientes, minimizando el desperdicio». Incluye información sobre tus objetivos (ahorrar dinero, comer más sano, etc.) y restricciones dietéticas. Usa el plan para hacer tu lista de la compra, comprando sólo lo que te falta. Repite cada semana ajustando según lo que te funcione.

Acción 2: ensaya conversaciones importantes con un asistente de IA
Piensa en una situación real que te genere ansiedad, como pedir un aumento, resolver un conflicto fami-

liar o prepararte para una entrevista, y simúlala con ChatGPT en modo voz. Dale contexto y pídele que actúe como la otra persona. Por ejemplo: «Necesito pedirle a mi jefe un aumento del 15 por ciento. Es conservador con el presupuesto y valora los datos. Actúa como él mientras practico». Repite el ejercicio con distintos enfoques hasta sentirte seguro, ganar claridad en tus argumentos y reducir la ansiedad antes de la conversación real.

Acción 3: usa la IA como diario de salud
Crea un proyecto o chat exclusivo en ChatGPT y registra cada semana cómo dormiste, qué comiste, tu nivel de actividad física y cómo te sentiste. Puedes añadir fotos de tus comidas o capturas de tus estadísticas de sueño y ejercicio. Tras un mes, pide un análisis de patrones, por ejemplo: «¿Qué relación hay entre mis horas de sueño y mi rendimiento?» o «Dame recomendaciones basadas en mis hábitos». Con el tiempo, obtendrás recomendaciones cada vez más personalizadas para mejorar tu salud.

Alerta roja

El peligro de delegar todo en la IA

Usar la IA como apoyo es útil, pero depender demasiado puede debilitar tus propias capacidades. Si siempre dejas que escriba tus mensajes, organice tu agenda o resuelva todos los problemas, tu mente deja de ejercitarse. Si notas que ya no puedes resolver algo básico sin consultar o tomar decisiones sin validación algorítmica, estás cruzando una línea peligrosa. La IA debe ser un aliado, no un sustituto. Aplica la regla 70-30: realiza al menos un 30 por ciento de cada tarea sin asistencia digital para mantener activas tus capacidades cognitivas.

3

IA para empresas

Acabas de ver cómo la IA puede mejorar tu vida personal, desde aprender idiomas hasta gestionar tus finanzas. Ahora es momento de llevar esa misma transformación a tu negocio. Mientras que las grandes corporaciones ya han integrado la IA en sus procesos, la mayoría de las empresas españolas apenas la han implementado. Y ahí surge una gran oportunidad. La IA puede ayudarte a aumentar tus ventas, optimizar la relación con tus clientes, automatizar tareas repetitivas y abrir nuevas fuentes de ingresos que antes parecían inalcanzables.

En este capítulo descubrirás que no necesitas grandes presupuestos ni un departamento técnico para empezar. Con una inversión mínima al mes, tendrás acceso a herramientas capaces de transformar la forma en que las pequeñas empresas compiten. Verás cómo aprovecharlas al máximo: desde escribir *prompts* o instrucciones que generen resultados sorprendentes hasta conectar la IA con tu correo y CRM, crear aplicaciones funcionales en menos de una hora o convertir una reunión en un plan de acción claro y estructurado.

Antes de empezar, necesitarás un «cortafuegos de IA»: cinco reglas básicas que te protegerán de cometer errores costosos. La IA lo amplifica todo, también los fallos. Si la usas mal, sólo lograrás desorganizarte más rápido. Si la usas bien, como verás en los ejemplos de este capítulo, en pocas semanas tendrás una ventaja que a tu competencia le llevará años alcanzar.

Figura 3.1.

Conceptos del capítulo 3

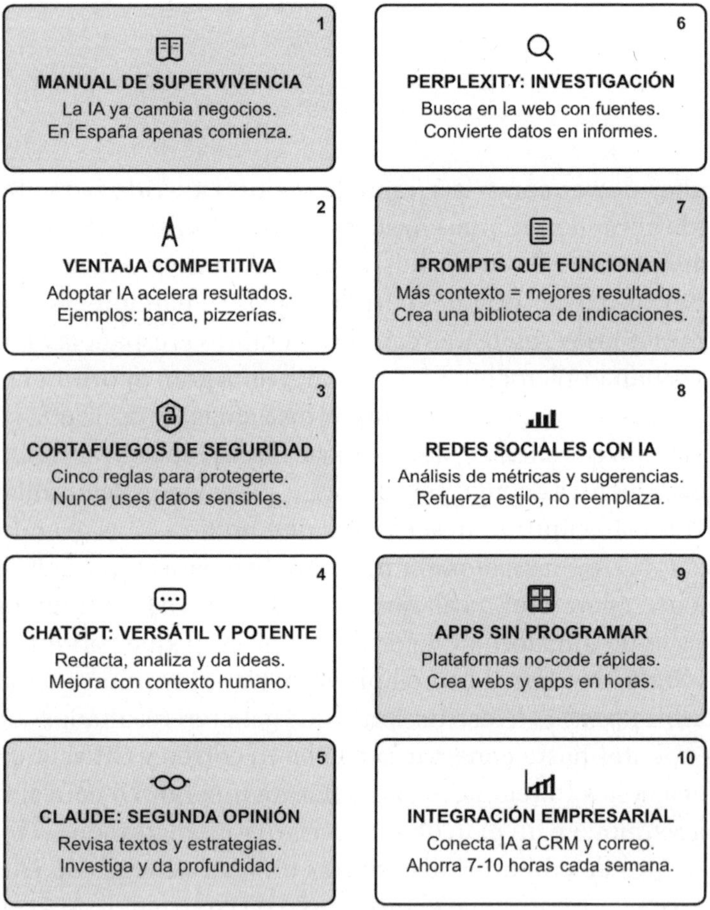

1
MANUAL DE SUPERVIVENCIA
La IA ya cambia negocios.
En España apenas comienza.

6
PERPLEXITY: INVESTIGACIÓN
Busca en la web con fuentes.
Convierte datos en informes.

2
VENTAJA COMPETITIVA
Adoptar IA acelera resultados.
Ejemplos: banca, pizzerías.

7
PROMPTS QUE FUNCIONAN
Más contexto = mejores resultados.
Crea una biblioteca de indicaciones.

3
CORTAFUEGOS DE SEGURIDAD
Cinco reglas para protegerte.
Nunca uses datos sensibles.

8
REDES SOCIALES CON IA
Análisis de métricas y sugerencias.
Refuerza estilo, no reemplaza.

4
CHATGPT: VERSÁTIL Y POTENTE
Redacta, analiza y da ideas.
Mejora con contexto humano.

9
APPS SIN PROGRAMAR
Plataformas no-code rápidas.
Crea webs y apps en horas.

5
CLAUDE: SEGUNDA OPINIÓN
Revisa textos y estrategias.
Investiga y da profundidad.

10
INTEGRACIÓN EMPRESARIAL
Conecta IA a CRM y correo.
Ahorra 7-10 horas cada semana.

Fuente: Elaboración propia.

21. ¿QUÉ HERRAMIENTAS DE IA PUEDEN TRANSFORMAR TU NEGOCIO?

Imagina contar con asistentes digitales que automatizan tareas repetitivas por un coste mensual asumible. Eso es exactamente lo que han descubierto cientos de empresarios en formaciones recientes, y no están solos. Hoy, muchas empresas locales ya multiplican sus ventas utilizando ChatGPT para reinventar sus productos mientras firmas de servicios profesionales han eliminado decenas de horas semanales gracias a la implementación de Claude. Según un estudio, ocho de cada diez grandes empresas globales ya han incorporado la IA, especialmente en áreas como tecnología, marketing, ventas y atención al cliente. Y estas cifras seguirán creciendo conforme más empresas confirmen los beneficios tangibles que aporta.[44]

Sólo el 11,4 por ciento de las empresas españolas usan IA, frente al 80 por ciento de las grandes corporaciones globales.[45] Esta brecha es tu oportunidad. Mientras tus competidores debaten, tú puedes implementar estas herramientas hoy. En pocas semanas tendrás ventaja competitiva. En menos de un año, serás difícil de alcanzar.

Un ejemplo de ello lo encontramos en el sector bancario español. Entidades como CaixaBank han implementado soluciones para la detección de fraudes y la personalización de ofertas, tanto en procesos internos como en la atención al cliente. La entidad ha desplegado proyectos de IA en múltiples oficinas y cuenta con equipos especializados en IA generativa, consolidando su liderazgo en innovación tecnológica.[46]

El caso de CaixaBank ilustra una tendencia clave donde las empresas líderes no sólo adoptan IA, sino que la integran en su estructura operativa. Sin embargo, la ventaja competitiva que obtienes hoy no será permanente. Para mantenerla, es crucial un cambio de mentalidad. Deja de pensar en «herramientas de IA» y empieza a entender el concepto de «agentes de IA». No se trata de software que usas cuando lo necesitas, sino de sistemas que trabajan de forma continua y autónoma en tu organización.

Los agentes de IA están evolucionando rápidamente de asistentes que esperan instrucciones a sistemas que ejecutan proyectos completos. Un agente puede gestionar tu contabilidad completa, negociar con proveedores comparando ofertas automáticamente, o crear y ajustar campañas publicitarias analizando resultados en tiempo real.

Pero hay un factor decisivo. Necesitas a alguien en tu organización que impulse la formación continua en IA. La tecnología avanza tan rápido que lo aprendido hoy puede quedar obsoleto en meses. Debe haber un responsable de mantener al día a tu equipo e identificar nuevas oportunidades.

La pregunta crítica para tu empresa no será qué puede hacer la IA por ti, sino qué actividades seguirán requiriendo intervención humana directa y cómo reorganizar tus procesos en torno a esa realidad.

Todo esto puede sonar ambicioso, incluso desafiante. Pero, antes de precipitarte a aplicar todas las herramientas disponibles, hay algo fundamental que debes entender. La IA funciona mejor como apoyo que como sustituto. Puede generar borradores útiles y automatizar tareas básicas, pero también inventar datos o producir respuestas genéricas si no recibe buenas indicaciones. Trátala como un asistente potente que requiere supervisión. Evita incluir datos confidenciales, verifica la información y no renuncies a tu pensamiento crítico. En pocas palabras, deja que la IA se encargue de lo mundano mientras tú te centras en lo que sólo los humanos pueden hacer: tomar decisiones estratégicas, aportar personalidad y marcar la dirección. No se trata de sustituir la inteligencia humana, sino de amplificarla.

Para experimentar con seguridad desde el primer día, necesitas un cortafuegos de IA. Se trata de un sistema de protección básico que puedas activar desde el primer día. Contar con estas medidas te evitará errores costosos y te permitirá trabajar con mayor seguridad. Para lograrlo, basta con seguir unas reglas sencillas. Ejecutar estas cinco reglas básicas te tomará unos minutos, pero te ahorrará problemas legales y pérdidas económicas importantes:

1. **Lista negra de datos:** nunca compartas información sensible como nombres de clientes, NIF o CIF, cuentas bancarias, contraseñas o importes exactos.
2. **Método de sustitución:** reemplaza los datos reales antes de introducirlos en la IA; por ejemplo, «Empresa Pérez, S. L.» por «CLIENTE_X», y «2,3 millones de euros» por «IMPORTE_Y».
3. **Filtro *antiphishing*:** verifica siempre enlaces y archivos adjuntos en correos y mensajería corporativa.
4. **Cuentas separadas:** utiliza una cuenta para pruebas y otra para trabajo real. Nunca mezcles información personal con la de la empresa.
5. **Revisión humana obligatoria:** todo lo que se envíe a un cliente debe revisarlo una persona, sin excepciones.

Si tienes dudas, usa datos ficticios y consulta con el equipo de TI (tecnologías de la información) para garantizar el cumplimiento de la normativa (RGPD, LOPDGDD...). Con este cortafuegos activo, podrás aprovechar la IA al máximo sin poner en riesgo tu negocio. Una vez que tengas estas medidas de seguridad en marcha, estás listo para conocer las tres herramientas que transformarán tu negocio y multiplicarán tus resultados.

Herramienta n.º 1: ChatGPT, tu herramienta versátil de IA

ChatGPT es un asistente versátil y siempre disponible que mejora con el uso. Puede ayudarte con tareas cotidianas como redactar correos electrónicos, elaborar informes o responder a preguntas de clientes. Pero sus capacidades van mucho más allá: los modelos actuales permiten analizar problemas complejos y revisar planes con notable calidad. Un ejemplo claro es el de Dodo Pizza en Dubái, que transformó su negocio gracias a ChatGPT. Su chef llevaba meses sirviendo las mismas pizzas sin inspiración, hasta que decidió pedirle ideas a la IA tras compartir su menú de entonces. ChatGPT sugirió combinaciones innovadoras que mezclaban especias árabes con clásicos italianos, sabores que el chef nunca había imaginado. El resultado fue inmediato: colas en la puerta y ventas disparadas.[47]

La clave para obtener mejores resultados está en dar contexto: describe a ChatGPT cómo es tu negocio, qué productos o servicios ofreces, cuáles son tus principales retos y qué objetivos persigues. Cuanto más precisa sea la información que reciba, más útil y ajustada será su respuesta. Recuerda aplicar el cortafuegos de IA mencionado antes y sustituye cualquier dato sensible antes de compartirlo.

Agente ChatGPT, tu asistente autónomo

El modo Agente es una función avanzada de ChatGPT que permite que la IA ejecute múltiples tareas de forma secuencial sin necesidad de que intervengas en cada paso. Cuando empecé a utilizar el modo Agente de ChatGPT, fue como tener a un empleado virtual capaz de asumir tareas complejas de forma autónoma. No se limita a dar respuestas. Puede ayudarte a completar proyectos con varios pasos o automatizar procesos. Antes de realizar acciones relevantes, como hacer compras o acceder a datos confidenciales, el agente te pedirá confirmación, y en cualquier momento podrás pausar, interrumpir o detener su trabajo, garantizando una supervisión total. A continuación, te sugiero algunas indicaciones para ayudarte a empezar:

- «Supervisa mis correos electrónicos durante la noche y redacta respuestas a los mensajes urgentes de los clientes. Los revisaré y aprobaré por la mañana.»
- «Comprueba los sitios web de la competencia para ver sus últimos precios y, a continuación, crea una presentación con las conclusiones principales que mi equipo de marketing pueda editar.»
- «Revisa mis reuniones de ventas para la próxima semana. Investiga cada empresa con la que me voy a reunir y crea una presentación en PowerPoint que muestre cómo nuestro producto puede ayudarlos específicamente.»

Estos agentes operan en segundo plano, recopilan información y preparan entregables mientras tú te centras en otras tareas. Es como delegar el trabajo a un asistente competente que nunca descansa.

Funciones como ésta, y muchas otras de valor empresarial, están disponibles en las cuentas de pago de ChatGPT. Para la mayoría de las empresas, la opción más recomendable es ChatGPT Business, que ofrece más capacidad de uso que la versión gratuita y suele recibir antes las actualizaciones. Pero las capacidades de ChatGPT van más allá del uso interno. Su evolución reciente abre una oportunidad completamente nueva para tu negocio.

ChatGPT Apps como nuevo canal de ventas

ChatGPT dejó de ser sólo una herramienta de consulta. Ahora es un canal de ventas directo. Con la integración de grandes plataformas como Booking.com, Expedia y Spotify, y muchas más que se van a añadir en el futuro, los usuarios pueden buscar, comparar y comprar sin salir de la conversación. Este cambio redefine la distribución. Ya no basta con optimizar tu web para Google. Ahora debes preparar tu catálogo para estar donde los usuarios conversan. Es lo que llamamos *cuota de conversación*. Pero hay más. Los consumidores pueden programar agentes dentro de ChatGPT con filtros específicos. Por ejemplo: «Resérvame un hotel en el centro de Madrid. Si aparece otro más barato, cámbiame la reserva». Esto es sólo el principio. Pronto, estos agentes analizarán gustos y necesidades personales. Luego harán compras en supermercados basadas en esos perfiles. Todo dentro de ChatGPT, sin otras apps o webs. La experiencia se vuelve personalizada y automática. El problema: ChatGPT controla la experiencia completa. Tu marca se vuelve invisible si no ofrece algo memorable más allá del precio. El agente puede comparar cientos de opciones en segundos. La diferenciación real no vendrá del producto básico. Vendrá de la experiencia, la confianza y la conexión emocional. Los programas de fidelización y las propuestas de valor únicas cobran más importancia que nunca.

Herramienta n.º 2: Claude, tu analista que piensa contigo

¿Alguna vez has tomado una decisión importante y has deseado tener a alguien que revisara tu razonamiento? Te presento a Claude, ésa es su especialidad.

Este asistente destaca en redacción de alto nivel, análisis profundo de datos complejos y programación avanzada. Muchas empresas lo eligen cuando trabajan con información confidencial o buscan una perspectiva rigurosa para desarrollar estrategias y propuestas críticas. Claude incorpora cuatro funciones especialmente valiosas para el trabajo profesional. Los artefactos son documentos, código, gráficos o aplicaciones interactivas que se generan en una ventana paralela, permitiéndote iterar y modificar sin interrumpir la conversación. Desde su lanzamiento, usuarios han creado más de 500 millones de artefactos, desde modelos financieros hasta *dashboards* interactivos completamente funcionales. Puedes usar los artefactos escribiendo en Claude: «Trabajo en _____ y mi trabajo consiste en _____. ¿Puedes analizar cómo mi empresa puede crear aplicaciones o calculadoras de IA utilizando los artefactos de Claude?». En el siguiente paso, seleccionas uno de los que Claude te sugiere y le pides que lo cree. En unos minutos, Claude te ha creado una aplicación de IA que puedes usar internamente en tu empresa.

Los proyectos resuelven el desafío de la memoria contextual: puedes crear espacios de trabajo dedicados donde subes documentos de referencia como manuales de producto, guías de estilo o bases de datos de clientes, que Claude recordará en todas tus conversaciones dentro de ese proyecto. Con capacidad para cientos de páginas, esta función mantiene la consistencia que requieren los trabajos largos y complejos, eliminando la necesidad de repetir contexto.

La investigación profunda es donde Claude realmente se diferencia: funciona de manera agencial y autónoma, construyendo cadenas de búsqueda inteligentes que se alimentan entre sí, decidiendo qué investigar a continuación basándose en lo que encuentra. Puede analizar más de 700 fuentes en aproximadamente 20 minutos y entregar hallazgos con citas verificables. Lo que a un equipo de analistas le llevaría días, Claude lo sintetiza en minutos. Es como tener a un investigador júnior dedicado exclusivamente a tu proyecto.

La creación de archivos profesionales permite generar directamente documentos de Excel, PowerPoint, Word y PDF desde lenguaje natural, sin necesidad de conocimientos técnicos. Solicitas un modelo financiero a cinco años, una presentación de quince diapositivas o un informe ejecutivo, y Claude lo entrega listo para compartir, con formato profesional incluido. Estas cuatro funciones están disponibles en las versiones de pago de Claude.

Un caso real: Claude en acción

Recientemente impartí un taller sobre cómo implementar herramientas de inteligencia artificial en el trabajo a una empresa que había optado por Claude Teams. La mayoría de los asistentes eran ingenieros. Durante el taller, les sugerí que probaran el siguiente *prompt*: «Yo trabajo para [tu empresa] y mi trabajo consiste en [tu actividad profesional]. ¿Puedes darme ideas sobre cómo Claude me puede ayudar en este trabajo?».

La respuesta fue inmediata y muy positiva: en apenas treinta minutos, el equipo identificó doce aplicaciones concretas para su trabajo diario, capaces de aportar un gran apoyo en diversos procesos de ingeniería. Este sencillo ejercicio los ayudó a descubrir usos prácticos que no habían considerado antes.

Herramienta n.º 3: Perplexity, una opción muy eficaz para la investigación

¿Recuerdas la última vez que pasaste horas en Google buscando datos de mercado? Perplexity elimina esa pérdida de tiempo. Busca en toda la web en tiempo real, extrae los datos clave y puedes exportar las fuentes en formato PDF. Es como tener un equipo de investigación que trabaja a velocidad digital. A las áreas de marketing les resulta especialmente útil: obtener información sobre la competencia o identificar las tendencias del sector pasa de requerir horas a resolverse en minutos.

Mi flujo de trabajo favorito consiste en utilizar Perplexity para recopilar datos de mercado, guardarlos en PDF y, a continuación, introducirlos en ChatGPT o Claude para realizar un análisis más profundo. Todo lo que generan (documentos, códigos, imágenes) queda almacenado en un único lugar para facilitar el acceso. Cada herramienta es potente por separado, pero juntas crean un flujo de tareas capaz de transformar por completo tu forma de trabajar.

Informes comerciales completos con Perplexity Labs

Perplexity Labs es capaz de generar informes profesionales con tablas, gráficos y visualizaciones a partir de tu encargo personalizado. Basta con solicitar, por ejemplo, un análisis de mercado para que la herramienta:

- Investigue múltiples fuentes en tiempo real.
- Cree tablas y gráficos claros y bien estructurados.
- Diseñe un panel de control interactivo.
- Compile todo en un informe profesional.

Ejemplos reales de lo que puede hacer:

- Una presentación comercial completa con datos e imágenes.
- Una calculadora interactiva para tu sitio web.
- Un informe de investigación de mercado que normalmente costaría miles de euros.
- Un panel de control con las tendencias más relevantes de tu sector.

Cómo funciona:

1. Describes lo que necesitas con el mayor detalle posible.
2. El proceso puede tardar varios minutos, según el alcance de la petición.
3. Recibirás un resultado final con todos los archivos listos para descargar y utilizar.

Perplexity Comet, el navegador que trabaja para ti

¿Y si tu navegador dejara de ser un mero visor de páginas para convertirse en un asistente capaz de completar tareas por ti? Eso es exactamente lo que hace Perplexity Comet, que redefine lo que significa navegar por internet. Comet integra la inteligencia artificial al corazón de la navegación web. Para las organizaciones, es una solución práctica que agiliza la búsqueda de información, sintetiza documentos y recupera datos, todo sin cambiar de aplicación. A diferencia de otros navegadores que simplemente muestran información, Comet actúa en tu nombre: puede reservar vuelos, gestionar correos electrónicos y ejecutar tareas de múltiples pasos de forma autónoma.

Funciona con un botón llamado *asistente* que entiende

instrucciones en lenguaje natural. Le pides que navegue, busque o analice contenido. Por ejemplo, le pido buscar vídeos en YouTube para obtener un resumen sin visualizarlos. Una empresa puede analizar comentarios de clientes en Amazon o Google, tanto propios como de competidores, pidiendo un resumen de comentarios positivos o negativos. Esto replantea por completo la navegación, pasando de «la navegación a la cognición» y de «las respuestas a la acción». Además, trabaja con múltiples pestañas y aplicaciones. Si tienes abierto un Google Docs, puede añadir los resultados ahí directamente. Es el trabajador digital del capítulo 1 que sirve para casi todo.

Como cualquier nueva herramienta, tiene algunos inconvenientes. Por ejemplo, a veces es lento y ofrece opciones limitadas de personalización. No lo uses para tareas confidenciales como la banca online. Pero ofrece una gran ayuda para investigar y automatizar tareas en cualquier empresa. Puedes encontrar este navegador en <perplexity.ai/comet>.

Cómo hacer que estas herramientas funcionen juntas

La verdadera magia ocurre cuando combinas las tres herramientas en un sistema integrado. Hacerlo multiplica los resultados y acelera los procesos. Éste es uno de mis flujos de trabajo probados:

- **Paso 1. Investiga con Perplexity.** Puedes escribir algo como: «Dame las tendencias futuras de la industria [sector de tu interés]». Después, guarda los resultados en formato PDF.
- **Paso 2. Analiza con ChatGPT o Claude.** Sube esos PDF y pide que analicen los datos y sugieran estrate-

gias que se adapten a tus productos o servicios. Para obtener el máximo valor, proporciona abundante contexto sobre tu negocio, clientes y procesos (recuerda sustituir siempre la información sensible). Cuanto más contexto puedas proporcionar a las herramientas de IA, mejor.

- **Paso 3. Contrasta resultados.** Introduce la misma información en la herramienta que no hayas usado primero para obtener una segunda opinión. Compara ambos análisis y aprovecha las perspectivas diferentes que cada una aporta para tomar decisiones más informadas.
- **Un consejo adicional. Trabaja en cualquier lugar.** Descarga las aplicaciones móviles de las tres herramientas. Empieza un proyecto en tu escritorio y continúalo en tu teléfono. Todo se guarda automáticamente.

La IA es un recurso valioso para empresarios con agendas apretadas: puede trabajar en segundo plano mientras tú te ocupas de otras tareas. Herramientas como ChatGPT Agent, Claude Deep Research o Perplexity Labs tardan unos minutos en generar respuestas. ¿Tienes una agenda apretada? Ponlas a funcionar antes de irte a dormir o de comer. Cuando regreses, los resultados estarán listos.

Así aprovechas cada minuto en el que la IA trabaja sola.

Cuando muchos competidores siguen debatiendo el papel de IA, tú ya puedes estar obteniendo resultados tangibles. La ventaja real no está únicamente en adoptarla, sino en hacerlo antes que los demás. Una vez que domines estas tres herramientas, podrás aprovechar de inmediato cada nueva versión y mejora tecnológica. Mientras tanto, otros apenas estarán conociendo su existencia.

No hay que olvidar que en este camino es normal cometer errores. Como dice Andrés Pedreño, destacado economista y experto en inteligencia artificial, en este campo «el progreso exige asumir riesgos y aceptar el error como parte del camino. Hoy, nuestros fallos serán pequeños, pero las lecciones que extraigamos serán enormes. Sólo desde ese aprendizaje acumulado podremos regular con verdadera eficacia y visión de futuro».

Hay algo más que debes saber. Lo que aprendes ahora no es el destino final, sino el camino que te prepara para lo que viene. Pronto no tendrás que abrir ChatGPT o Claude como aplicaciones separadas. La inteligencia artificial estará integrada directamente en cada programa que ya usas. Tu correo redactará mensajes mientras los piensas. Tu hoja de cálculo detectará errores automáticamente. Tu calendario reorganizará reuniones sin que lo pidas. Todo esto sucederá de forma invisible. Por eso dominar estas herramientas hoy es tan importante, aunque su forma cambie mañana.

Las empresas que ahora aprenden a dar buenas instrucciones y a documentar sus procesos están construyendo los cimientos para aprovechar esa IA invisible del futuro. No estás simplemente aprendiendo aplicaciones específicas. Estás desarrollando una habilidad que te acompañará cuando estas interfaces desaparezcan y la inteligencia artificial se convierta en parte natural de cada herramienta de trabajo.

Conocer las herramientas es sólo el primer paso. La diferencia entre resultados mediocres y extraordinarios está en cómo les das instrucciones.

22. ¿Cómo puedes escribir *prompts* que obtengan resultados sorprendentes con la IA?

Un *prompt* o indicación es la instrucción que das a la IA. La regla básica es clara: cuanto más detalladas sean las instrucciones, mejores serán los resultados. Esto es importante porque las empresas que entrenan a sus equipos para redactar buenas indicaciones logran un rendimiento muy superior. Pero hay un paso todavía más poderoso que dominar las indicaciones sofisticadas: enseñar a la IA sobre tu negocio. Igual que cuando incorporas a un nuevo empleado, cuanto más sepa desde el primer día, mejor podrá trabajar. Por eso, si quieres que las herramientas de IA aporten verdadero valor a tu negocio, debes darles contexto. Comparte información clave: tus productos y servicios, qué los hace únicos, tus ventajas competitivas y las estrategias actuales para captar y atender a los clientes. Incluye también los principales retos de tu negocio, las herramientas que utilizas, tu estructura de informes y el tamaño de tu equipo. En resumen, cualquier dato relevante que ayude a la IA a entender tu realidad. De hecho, suelo pedir a mis clientes que compartan toda esta información con ChatGPT y Claude antes de empezar a utilizarlas, y los resultados son sorprendentes: cuando la IA comprende bien tu negocio, sus respuestas son mucho más precisas, relevantes y útiles.

Por ejemplo, una tienda online logró aumentar sus ventas en un 80 por ciento simplemente mejorando sus indicaciones a la IA. Crearon plantillas para las descripciones de los productos con instrucciones específicas sobre el tono, las palabras clave y los beneficios para el cliente. Como resultado obtuvieron contenido optimizado para SEO generado en segundos, sin dedicarle horas de redacción y *copywriting* humano. Todo gracias a directrices mejor pensadas.[48]

Un truco rápido para obtener instrucciones de alta calidad es pedirle directamente a ChatGPT: «Escribe una indicación detallada para [tu tarea]». Cuando encuentres las que mejor funcionan, guárdalas y crea una biblioteca de plantillas para tu equipo. Este sencillo hábito ha permitido a cientos de empresas conseguir resultados significativamente mejores con la IA.

Sistema paso a paso para tu negocio

Paso 1. Crea un documento maestro con toda la información clave sobre tu empresa. Incluye, por ejemplo:

- La estructura organizativa.
- Descripciones detalladas de los equipos de trabajo.
- Todos los productos y servicios, con sus características y beneficios.
- Perfiles de tus clientes ideales.
- Canales de venta y su rendimiento.
- Un análisis DAFO completo (un gráfico claro con las debilidades, amenazas, fortalezas y oportunidades de tu negocio).
- Historia y principales hitos de la empresa.
- Directrices sobre el tono y el estilo de la marca.

Piensa en este archivo como el dosier que entregarías a un nuevo ejecutivo para que entienda tu negocio desde el primer día. Mantén la extensión del documento entre cinco y diez páginas y actualízalo cada trimestre.

Cuanto más contexto tenga la IA, más precisas y valiosas serán sus respuestas. Como señala a la perfección Dharmesh Shah, cofundador de Hubspot y uno de los primeros usuarios de ChatGPT: «Trata a ChatGPT como a un becario con un doctorado en todo. Es hiperinteligente, pero no sabe nada sobre tu contexto personal hasta que tú se lo enseñas».[49]

Paso 2. Define con extrema claridad lo que quieres exactamente. La ambigüedad es el peor enemigo de un buen resultado con IA. Por ejemplo:

- **Indicación vaga:** «Ayuda con el marketing».

- **Indicación precisa:** «Crea una secuencia de seis correos electrónicos dirigida a directores financieros de empresas manufactureras con entre cincuenta y quinientos empleados. Éstos han mostrado interés en reducir costes, pero aún no han comprado nuestro software de gestión de inventario. Céntrate en destacar el cálculo del retorno de la inversión y en presentar casos de éxito de clientes similares».

Además, especifica métricas de éxito, limita el alcance y detalla cualquier requisito de cumplimiento o normativa que deba respetarse. Cuanto más clara y completa sea la indicación, más cerca estarás de obtener exactamente lo que necesitas.

Paso 3. Deja claro lo que la IA no debe hacer. No sólo se trata de indicar lo que quieres, sino también lo que no quieres. Define con precisión las normas que la IA tiene que seguir, como las regulaciones que cumplir, las directrices de tu marca, los temas que excluir, las advertencias legales, el presupuesto o el tiempo disponible, y cualquier sensibilidad cultural que deba respetar.

Sé concreto. Por ejemplo, pide cosas como: «No uses jerga corporativa, no menciones a la competencia por su nombre y no prometas porcentajes exactos de retorno de inversión». Este tipo de instrucciones reduce el margen de error y aumenta la calidad de las respuestas. Las peticiones vagas, en cambio, suelen producir resultados mediocres.

Prueba y error

Si los resultados iniciales no son los que esperabas, no te limites a repetir la misma tarea. En su lugar, pregunta directamente a la IA: «¿Qué más necesitarías saber para generar mejores resultados?». En mis talleres, muchos participantes se sorprenden al probar una técnica muy sencilla pero poderosa. Cuando una sugerencia, incluso si proviene de Chat-GPT o Claude, no te convence, indícale: «Esta indicación es un 5/10. Por favor, mejórala a 10/10 para que sea más detallada y genere mejores resultados». La IA ajustará y perfeccionará la indicación hasta convertirla en una versión optimizada. Cuando hacemos esto con empresas en mis talleres, la mayoría de las personas quedan impresionadas con el salto en la calidad de las respuestas y guardan esta técnica como algo que van a aplicar cada vez que usan herramientas de IA. Muchas comentan que a veces las herramientas añaden incluso demasiados detalles en las instrucciones y que hay que revisarlas cuidadosamente. Inténtalo ahora mismo antes de continuar y comprueba por ti mismo el cambio.

Dominar el arte de las indicaciones es como aprender a delegar: cuanto mejor comuniques, mejores resultados obtendrás. Y uno de los lugares donde esta habilidad brilla con más fuerza es en las redes sociales, donde cada publicación es una oportunidad de conectar con tu audiencia.

23. ¿CÓMO PUEDE LA IA TRANSFORMAR TUS REDES SOCIALES?

Ya no es necesario perder horas analizando métricas. En mi experiencia, con un sencillo método podrás mejorar tus publicaciones. Basta con subir cada semana capturas de pantalla o archivos (CSV, PDF) con las estadísticas de LinkedIn o Instagram a ChatGPT. En cuestión de minutos, la IA identifica qué publicaciones funcionaron, cuáles no y explica por qué. Este análisis rápido permite avanzar con mayor velocidad y contar con un apoyo estratégico constante.

La IA también puede intervenir antes de publicar: al enviar un borrador a Claude o ChatGPT, las herramientas pueden sugerir mejoras en el lenguaje, comprobar la claridad del mensaje e incluso anticipar su posible rendimiento. Tu voz y estilo se mantienen, pero la IA los refuerza. El error más común de las empresas en redes sociales es no aprender de los resultados obtenidos. Publican contenido de forma constante, pero sin detenerse a analizar qué funcionó, por qué generó interacción o qué aspectos deberían mejorarse. Con un sistema sencillo como el que veremos a continuación, ese problema desaparece.

Sistema semanal de IA para tus redes sociales

Paso 1. Analiza. Sube tus estadísticas de redes sociales a la IA, ya sea en forma de capturas de pantalla o archivos. Pídele que compare los resultados de la semana actual con los de las anteriores, detecte patrones y te proponga al menos tres mejoras específicas para la próxima semana.

Paso 2. Planifica. Usando el documento maestro de contexto que creaste anteriormente (apartado 3.2.), genera quince o veinte ideas de publicaciones. Complementa con Perplexity para encontrar tendencias actuales del sector.

Paso 3. Crea. Cuando ChatGPT haya aprendido qué tipo de contenido funciona mejor para tu marca, podrá generar publicaciones similares sin esfuerzo. A continuación, personaliza cada una de ellas con:

- Tus propias historias.
- Ejemplos reales de tu trabajo.
- Conversaciones recientes con clientes.

Paso 4. Mejora. Analiza el rendimiento de las publicaciones mientras los datos siguen frescos. Permite que la IA identifique lo que ha funcionado y lo que no. Actualiza tus instrucciones en función de lo aprendido. Ajusta tus plantillas y selecciona los temas de la próxima semana basándote en la interacción real de tu audiencia.

Cuando aplicas este método de forma constante durante al menos cuatro semanas, es habitual ver mejoras claras tanto en el alcance como en la interacción. Tu presencia en redes sociales deja de ser algo limitado a tus horas de trabajo y pasa a funcionar las veinticuatro horas del día, además de crear conexiones, lograr impacto y fortalecer tu marca incluso mientras duermes.

Pero la IA puede hacer más que gestionar tu contenido: puede crear herramientas completas que generen valor para tus clientes.

24. ¿CÓMO SE CREAN APLICACIONES SIN PROGRAMAR?

¿Y si pudieras crear una aplicación funcional en una hora, sin escribir una sola línea de código y sin pagar miles de euros a un programador?

Hoy esto es posible gracias a plataformas *no-code* que permiten crear aplicaciones web, calculadoras y sitios personalizados sin necesidad de conocimientos de programación. Herramientas como Lovable.dev funcionan como un auténtico programador digital: basta con describir, en lenguaje sencillo, el sitio o la aplicación que deseas, y la plataforma lo construye automáticamente. Puedes dar instrucciones simples o subir tus propios diseños, que serán transformados en productos funcionales listos para usar.

Con Lovable.dev, es posible crear una amplia variedad de recursos digitales, como:

- **Páginas de aterrizaje:** diseñadas para maximizar la conversión, mostrar productos y captar clientes potenciales.
- **Calculadoras de retorno de la inversión (ROI):** herramientas interactivas que ayudan a los usuarios a estimar el ahorro de costes de forma sencilla.
- **Plataformas de interacción:** desde juegos sencillos y cuestionarios hasta experiencias participativas que aumentan el compromiso del consumidor.

Un caso que demuestra el verdadero potencial de esta herramienta es el de Quicktables, una solución todo en uno para el crecimiento de restaurantes con sede en Suecia. Tan sólo dos meses después de su lanzamiento, alcanzó 90.000 euros en ingresos recurrentes anuales (ARR). La empresa desarrolló y puso en marcha su aplicación utilizando Lovable, con lo que demostró el poder de combinar una buena idea con la herramienta adecuada.[50]

Por dónde empezar

El primer paso es crear algo que tus clientes necesiten de inmediato: una calculadora, una herramienta de evaluación, un generador de presupuestos o un panel de control sencillo. Empieza con un caso simple y relevante para tu audiencia. En Lovable encontrarás plantillas ya preparadas; elige una, y adáptala y personalízala describiendo lo que quieres en un lenguaje claro y directo. Por ejemplo, una inmobiliaria podría diseñar una calculadora hipotecaria básica o un analizador de inversiones inmobiliarias. Compartir este tipo de herramientas en tu sitio web no sólo aporta valor, sino que también atrae a clientes potenciales mucho más cualificados.

Lovable funciona de manera similar a ChatGPT o Claude: comienza pidiéndole que cree lo que necesitas y, aunque la primera versión probablemente no sea perfecta, podrás perfeccionarla a través de la interacción. Puedes incluir los colores de tu marca, elementos gráficos y detalles de tu negocio para que la aplicación o la calculadora se ajuste a tu identidad.

Para lograr una aplicación eficaz sin código, comparte las primeras versiones con tus compañeros y clientes. Sus comentarios te ayudarán a mejorar la herramienta y a asegurarte de que cumple con las expectativas. Recuerda que la mayoría de las aplicaciones exitosas pasan por varias rondas de revisión antes de su lanzamiento definitivo.

¿Hacia dónde vamos?

En un futuro cercano, lo que hoy toma una hora se hará en segundos mediante conversación natural. Las aplicaciones tendrán agentes de IA integrados que aprenden, se actualizan automáticamente y proponen mejoras sin que se lo pidas. El verdadero reto ya no será cómo crear, sino qué crear y por qué. Cuando todos puedan construir aplicaciones, el valor estará en quienes puedan crear aplicaciones que generen mayor valor añadido para sus clientes.

También surgirán desafíos críticos que debemos anticipar. El mantenimiento se convertirá en un problema cuando las empresas acumulen decenas de aplicaciones que necesitan evolucionar constantemente. La seguridad y privacidad de datos requerirán atención especial cuando múltiples personas crean herramientas con información sensible. Por eso, piensa desde ahora no sólo en crear, sino en quién será responsable de mantener, proteger y hacer crecer esas herramientas, y de arreglarlas cuando no funcionen.

Crear aplicaciones es poderoso, pero su verdadero potencial se desbloquea cuando las conectas con los datos que ya tienes.

25. ¿CÓMO CONECTAR LA IA CON LOS DATOS DE TU EMPRESA?

Muchas pequeñas empresas ya conectan ChatGPT con herramientas como el e-mail y sistemas de gestión, y esto les ahorra decenas de horas semanales. Integrar la IA es más simple de lo que parece: no requiere conocimientos técnicos, sólo un punto de partida claro.

Empieza con las herramientas que ya usas diariamente. Si gestionas tu negocio por e-mail, ya tienes la base para incorporar IA. Microsoft Outlook, Gmail y Slack ofrecen integraciones directas de IA que optimizan la comunicación sin cambiar de plataforma. Comienza con una herramienta y expande su uso gradualmente según los resultados.

Un factor importante de seguridad: en empresas grandes, consulta primero con TI antes de conectar la IA a sistemas corporativos. Usa siempre datos de prueba no confidenciales al principio. Evita vincular la IA a sistemas con registros médicos, datos financieros o información sensible sin las revisiones de seguridad necesarias. Muchos sectores tienen normativas específicas sobre el uso de IA que son requisitos legales obligatorios.

Las últimas versiones de ChatGPT y Claude permiten integrarse de forma directa con muchas de las principales herramientas que las empresas utilizan a diario: Outlook, Gmail, Google Drive, Microsoft SharePoint y muchas más.

Pero ¿cómo se establecen estas conexiones? La buena noticia es que el proceso es más sencillo de lo que parece, incluso más fácil que configurar una cuenta de correo electrónico.

Conexiones de IA comunes que ahorran tiempo:

- **Gestión del correo electrónico:** la IA puede leer los correos entrantes, redactar respuestas automáticas, organizar la bandeja de entrada y resumir hilos extensos en puntos clave.
- **Procesamiento de documentos:** la IA analiza contratos, informes y hojas de cálculo; localiza información específica al instante, y genera resúmenes ejecutivos que ahorran horas de trabajo.
- **Servicio de atención al cliente:** al conectar la IA con tus canales de comunicación (correo, chat, WhatsApp), ofrece respuestas instantáneas a preguntas frecuentes, mantiene la satisfacción de los clientes y reduce la carga de trabajo del equipo.
- **Análisis de datos:** la IA examina las cifras de ventas, los comentarios de los clientes y las estadísticas de tu sitio web para detectar patrones ocultos y señalar las acciones más efectivas que debes tomar a continuación.

Cómo empezar con seguridad

Antes de conectar la IA a los datos de tu empresa, recuerda estos puntos:

1. Empieza de forma gradual, utilizando únicamente información no confidencial.
2. Verifica que el servicio de IA cumple las normas y protocolos de seguridad.
3. Controla de manera precisa a qué datos puede acceder la IA.

El MCP (*model context protocol*, 'protocolo de contexto de modelo') funciona como un traductor universal entre la IA y tus programas. Imagina un asistente que maneja simultáneamente tu correo, calendario y CRM sin que copies nada. La IA lee información de una herramienta y actualiza otra automáticamente. Cuando añadas nuevos programas, se conectarán sin configuración extra.

La IA ya está integrada en tu flujo de trabajo, liberándote de las tareas más tediosas. Ahora imagina llevarla también a tus reuniones, donde cada palabra cuenta y las decisiones críticas se toman en minutos.

26. ¿CÓMO PUEDE AYUDAR LA IA DURANTE LAS REUNIONES?

La mayoría olvidamos gran parte de lo discutido en reuniones. La IA cambia esta realidad: toma notas, extrae conclusiones y propone acciones mientras tú te concentras en la conversación. En tiempo real, identifica patrones, resalta ideas clave y sugiere propuestas más acertadas.

Y el impacto ya se puede medir. Muchas empresas informan de que, al incorporar asistentes de notas basados en IA, sus reuniones son más cortas y las actas más claras. Algunas organizaciones incluso han reducido hasta en un 30 por ciento tanto la duración de las reuniones como el tiempo invertido en las tareas de seguimiento.[51]

¿Cómo funciona? Minutos después de terminar, la IA convierte grabaciones en notas estructuradas. No sólo transcribe: identifica acciones, asigna tareas y diferencia entre sugerencias y compromisos firmes («Antonio completará esto antes del viernes»). Lo tratado se transforma en planes concretos, tras eliminar debates sobre quién dijo qué.

El verdadero potencial surge con la integración: notas automáticas en Google Docs, tareas actualizadas en gestores de proyectos y correos de seguimiento redactados por IA. Los equipos ahorran horas semanales mientras construyen una biblioteca consultable cada vez más valiosa.

Empieza a trabajar con la IA en tus reuniones

Para comenzar, invita a la IA a tus conversaciones. Con la función de voz de ChatGPT, puedes lanzarle preguntas como: «¿Qué riesgos estamos pasando por alto?» y obtener respuestas inmediatas que enriquecen la discusión. Lo ideal es empezar primero con tu equipo interno: al final de cada reunión, pide a ChatGPT que identifique «las tres decisiones principales» y compara su resumen con la percepción del equipo. Esta práctica no sólo afina la precisión, sino que también fortalece la confianza del equipo en la tecnología. Las reuniones se convierten en momentos estratégicos, donde cada idea se registra y se aplica.

Prioriza herramientas con seguridad robusta y políticas claras de datos. Asegúrate de que la información de tus planes empresariales no se utilice para entrenar modelos de IA. Recuerda: aunque la IA sea avanzada, la supervisión humana en decisiones importantes es fundamental. El mejor resultado combina la rapidez de la IA con el criterio humano.

Tus reuniones ahora generan resultados, no sólo actas. Y, cuando llegue el momento de comunicar esos resultados al mundo, la IA estará lista para transformar esa información en contenido de marketing capaz de conectar de verdad con tu audiencia.

27. ¿CÓMO PUEDE LA IA CREAR TEXTOS PUBLICITARIOS Y ANUNCIOS PARA TI?

¿Y si pudieras generar en minutos decenas de versiones atractivas de un anuncio, partiendo de tus mejores ideas y sin pasar horas frente a la pantalla? La IA puede multiplicar tu capacidad creativa y transformar tus conceptos en múltiples variaciones que captarán la atención de tu público. Para lograrlo, necesita comprender a fondo tus objetivos, tus productos y tus clientes. El secreto está en alimentarla con información rica en detalles: describe sus características, datos demográficos y hábitos de compra. Comparte lo que ya ha funcionado y sé específico sobre el resultado que quieres obtener. Sin estos datos, la IA acabará produciendo textos genéricos y poco atractivos que pasarán desapercibidos. Por eso, invierte tiempo en proporcionar ejemplos claros, analizar a la competencia y señalar claramente los aspectos que te diferencian. Cuanto mejores sean los datos que reciba, mayor será el impacto del contenido que genere. Para este tipo de trabajo creativo, Claude suele ser la opción más efectiva gracias a su capacidad superior para generar textos publicitarios naturales y persuasivos.

Sigue este flujo de trabajo ganador:

- **Paso 1. Elige tu canal.** Selecciona un canal de marketing del que tengas datos de al menos seis meses. Exporta toda la información: tasas de apertura, clics, conversiones e ingresos. Identifica tus diez mejores y diez peores textos, y pide a la IA que analice las diferencias en aspectos como el lenguaje, la estructura, el tono emocional y la propuesta de valor. Este análisis será tu punto de partida para crear campañas más sólidas.

- **Paso 2. Crea tu guía.** Crea un documento contextual completo que incluya:

  ○ Perfiles detallados de los clientes y sus necesidades, con características y datos demográficos.

  ○ Descripciones precisas de los productos y los elementos que te diferencian.

  ○ Mensajes de la competencia que puedan servir como referencia o inspiración.

  ○ Indicaciones claras sobre lo que se debe y no se debe hacer con la voz de tu marca.

  ○ Requisitos legales y normas de cumplimiento.

  ○ Ejemplos de campañas exitosas, con sus cifras de rendimiento.

  ○ Ejemplos de campañas fallidas, con las lecciones aprendidas.

  ○ Opiniones positivas de los clientes.

  Este documento se convertirá en la guía de marketing de tu IA. Tenlo siempre a mano cuando utilices la IA para generar contenido y actualízalo después de cada campaña, de modo que el sistema vaya aprendiendo y afinando sus resultados.

Los equipos que aplican esta práctica suelen lograr crecimientos mensuales de entre un 5 y un 8 por ciento. Los especialistas más destacados en marketing configuran sistemas de IA que recuerdan los resultados, crean plantillas reutilizables, guardan ejemplos exitosos y registran de forma sistemática lo que realmente funciona. Esto hace que la creación de nuevas campañas sea cada vez más rápida y eficaz.

La marca española Mango ha llevado este concepto al siguiente nivel. En julio de 2024, presentaron la primera campaña de moda en España creada en su totalidad con imágenes generadas por IA. El objetivo no era sólo reducir costes, sino producir piezas alineadas a la perfección con la identidad de la marca. El resultado demostró que la IA puede capturar la esencia de una firma y generar contenido visualmente impactante que conecte con los consumidores. Este enfoque, que ya representa hasta el 40 por ciento del material creativo en algunas agencias locales españolas, no busca reemplazar el talento humano, sino actuar como un recurso que multiplica la creatividad.[52]

Tu *copy* ahora apela al corazón de cada cliente. Sin embargo, en un mundo dominado por lo gráfico, las palabras necesitan imágenes que amplifiquen su efecto. La IA puede crear ambas.

28. ¿CÓMO PUEDES CONVERTIR TEXTO EN VÍDEOS O IMÁGENES CON IA?

Antes, producir un vídeo podía costar miles de euros y semanas de trabajo. Ahora puedes escribir una frase y obtener películas o imágenes en cuestión de minutos.

ChatGPT y Sora pueden convertir tus palabras en material gráfico con calidad profesional sin necesidad de conocimientos de diseño. Basta con describir lo que quieres. Por ejemplo: «Haz una infografía limpia con nuestros cinco pasos del proceso». La IA creará exactamente eso. En cuestión de segundos, tendrás imágenes listas para publicar.

Caso de éxito: anuncio cien por cien IA en las finales de la NBA 2025

No sólo las pequeñas empresas están revolucionando su contenido visual. En Estados Unidos, la compañía Kalshi transmitió el primer anuncio totalmente generado por IA durante las finales de la NBA de 2025, con el que alcanzó a millones de espectadores con una inversión de apenas 2.000 dólares. El anuncio, creado en sólo dos o tres días por una sola persona usando Google Veo 3, requirió entre trescientas y cuatrocientas pruebas para obtener quince clips utilizables, lo que supuso una reducción del 95 por ciento en los costes frente a la producción tradicional. Este caso demuestra cómo la IA está revolucionando la publicidad televisiva prémium al reducir de forma drástica tanto el tiempo como el presupuesto necesarios para producir anuncios de alta calidad.[53]

Este caso muestra cómo Google Veo está democratizando la creación de vídeos empresariales, pues permite que las pequeñas empresas compitan con las grandes. En Estados Unidos, por ejemplo, algunas cadenas de restaurantes han rebajado radicalmente su inversión en la creación de vídeos de capacitación laboral y han pasado de miles de dólares a sólo una fracción del gasto original gracias a la IA. El proceso es sencillo: la empresa redacta el guion y la IA genera vídeos profesionales con instructores virtuales. Los beneficios son claros: menor tiempo de desarrollo, actualizaciones instantáneas y un mayor compromiso de los empleados gracias a contenido adaptado por ubicación.

Estrategia paso a paso para potenciar tu contenido con imágenes

Paso 1. Auditoría de contenido. Haz un inventario de todo tu contenido actual. Selecciona tus cinco mejores piezas, ya sean entradas de blog, libros blancos o guías, según el tráfico y las conversiones obtenidas. Estos materiales, con un rendimiento ya comprobado, deben recibir prioridad en su transformación visual. Documenta los puntos clave, estadísticas y conclusiones principales de cada uno; así crearás una base sólida que funcionará como tu reserva de contenido visual para futuros proyectos.

Paso 2. Transformación del formato. Convierte cada pieza de contenido en múltiples formatos visuales adaptados a distintas plataformas:

- Una infografía con los puntos clave para Pinterest y blogs.
- Un carrusel secuencial de conceptos para LinkedIn.
- Un vídeo corto o una animación para X y TikTok.
- Tarjetas con citas visuales para Instagram.
- Visualización de datos para presentaciones.
- Una herramienta interactiva para tu sitio web.

Antes de publicar, verifica siempre los derechos de imagen y música. Cada artículo debe generar al menos entre seis y ocho recursos visuales. Además, para mantener la coherencia y aprovechar al máximo el algoritmo de cada red, crea plantillas específicas para cada plataforma. Recuerda que, en redes sociales, la consistencia supera a la perfección.

Paso 3. Realiza un seguimiento del rendimiento. Evalúa cómo tus elementos visuales se desempeñan en comparación con las publicaciones sólo de texto, prestando atención a métricas clave como:

- Aumento del alcance o las impresiones
- Mejora de la tasa de interacción
- Cambios en la tasa de clics
- Impacto en la conversión
- Velocidad de crecimiento de seguidores

Crea un panel de control para monitorizar el rendimiento visual. En apenas treinta días, tendrás datos claros sobre qué tipos de imágenes generan mejores resultados con tu público, lo que te permitirá optimizar tus futuras campañas.

Advertencia final: el control de calidad no es opcional

Revisa siempre las imágenes generadas por IA antes de compartirlas. La IA puede cometer errores: colocar mal un punto decimal, distorsionar colores o generar composiciones extrañas. Un simple fallo visual puede dañar la reputación de tu marca, como le ocurrió a una empresa que publicó un gráfico con el decimal en el lugar equivocado. Dedica al menos treinta segundos a revisar cada resultado.

Además, ten en cuenta que las herramientas de IA suelen repetir ciertos patrones visuales que se vuelven reconocibles. Personaliza siempre los resultados aplicando las directrices de tu marca, tus colores corporativos y tus preferencias de estilo. Las imágenes genéricas creadas por IA rara vez tienen el mismo impacto que aquellas adaptadas a tu identidad visual.

Como hemos visto, crear contenido visual ayuda con el marketing, pero llegar a clientes individuales requiere un enfoque diferente. La IA puede ayudarte a personalizar tu alcance sin que te lleve horas.

29. ¿Cómo puede la IA ayudar a personalizar la comunicación comercial?

¿Y si cada e-mail de ventas estuviera realmente personalizado para cada cliente? Con IA (y supervisión humana), esto ya es posible a gran escala.

El error más común es la falsa personalización, esos mensajes genéricos con «Hola, [nombre], veo que trabajas en [Empresa]» que todos reconocemos como *spam*. La personalización auténtica habla de desafíos específicos, logros recientes o tendencias relevantes para ese cliente en particular.

Antes, personalizar limitaba cuántos contactos podías gestionar al día. Ahora la IA analiza grandes volúmenes de datos, detecta patrones relevantes y permite enviar cientos de mensajes verdaderamente adaptados sin perder calidad ni cercanía. Esta personalización funciona tanto para gestionar cientos de contactos como para profundizar en relaciones clave con tus mejores clientes.

Una empresaria me comentó que su negocio tenía tres grandes clientes, pero no sabía cómo organizar su trabajo con ellos ni cómo usar herramientas de IA para mejorarlo. Le recomendé crear un proyecto en ChatGPT por cada cliente donde pudiera centralizar toda la información relevante de cada uno, como habíamos hablado anteriormente en la sección 22. Antes de cada reunión o contacto, ella debía consultar con ChatGPT sobre cómo podría generar más valor y servir mejor a ese cliente específico. Después de cada reunión, tenía que registrar sus impresiones y aprendizajes en el proyecto correspondiente de cada cliente. Tres semanas después de implementar este sistema, ella estaba muy entusiasmada. Me comentó que la había ayudado a avanzar significativamente, y que su relación y trabajo con esos clientes había mejorado muchísimo.

Dales contexto y estructura a tus mensajes

Para maximizar su impacto, estructura cada mensaje en cinco partes: un gancho personal, una historia de éxito similar, información relevante sobre el sector, una propuesta de valor clara y una petición suave para el siguiente paso. Prueba diferentes versiones y deja que la IA aprenda de los resultados. Después de varios envíos, detectará patrones sobre lo que mejor funciona en tu mercado y afinará por sí misma sus propuestas.

Otra de las claves es darle un contexto lo más detallado posible. Si le proporcionas información sobre la empresa del cliente, noticias recientes y su actividad en redes sociales, generará textos que parecerán escritos para esa persona en concreto. Este trabajo previo da grandes frutos, ya que una IA bien entrenada redacta mejores mensajes de ventas que la mayoría de los comerciales humanos.

Un pequeño equipo de ventas, por ejemplo, puede ahorrar horas diarias utilizando ChatGPT para investigar clientes potenciales y redactar correos electrónicos. Basta con alimentarlo con perfiles de LinkedIn y datos de empresas para obtener comunicaciones altamente personalizadas. Los resultados hablan por sí solos: aumento de la tasa de respuesta del 2 al 12 por ciento, reuniones triplicadas y un ciclo de ventas un 20 por ciento más corto. Ahora, cada representante es capaz de gestionar el doble de clientes potenciales con la misma eficacia.

Potencia la IA con tu CRM

El impacto de esta colaboración aumenta aún más cuando integras la IA con tu sistema de gestión de relaciones con clientes (CRM). Al conectar ChatGPT o Claude con HubSpot u otra plataforma de marketing y ventas, la IA puede extraer datos de clientes potenciales, redactar mensajes personalizados, registrar interacciones y sugerir los siguientes pasos. Esta integración elimina los silos de información y asegura que cada detalle se capture y utilice estratégicamente.

Automatización del seguimiento

La personalización no sólo es útil para el primer contacto: también transforma la forma en que gestionas los mensajes de seguimiento en todo el ciclo de ventas. Con la IA, cada interacción queda registrada, lo que permite identificar el momento perfecto para retomar la conversación y enviar un correo adaptado al contexto y al historial del cliente potencial.

Para aprovecharlo al máximo, diseña secuencias de seguimiento basadas en la respuesta recibida:

- **Respuesta humana:** detén la secuencia de forma inmediata.
- **Sin respuesta:** espera cuatro días, haz referencia a un nuevo evento desencadenante.
- **Respuesta positiva:** actúa rápidamente y sugiere un siguiente paso concreto.
- **Objeción:** aborda el tema con un caso práctico relevante.
- **No es el momento adecuado:** pide permiso para hacer un seguimiento futuro con contenido de valor.

Cada mensaje debe construir sobre el anterior, sin caer en repeticiones. Además, no te limites a medir las tasas de respuesta; analiza también el avance de los clientes potenciales a través de las etapas de venta, la velocidad de cierre de acuerdos y el porcentaje de conversiones finales. La personalización mediante IA tiene su verdadero impacto cuando impulsa todo el recorrido del cliente. Que más personas abran tus correos es un buen inicio, pero el objetivo final es que hagan clic, reserven reuniones y, sobre todo, compren.

Ahora, cada mensaje conecta y convierte porque habla directamente a las necesidades del cliente. Y, mientras la IA personaliza tu comunicación, también puede optimizar todo tu flujo de trabajo y asegurar que nada se pierda.

30. ¿Cómo puede la IA organizar tus tareas y flujos de trabajo?

Imagina ganar entre siete y diez horas a la semana sin alargar tu jornada ni sacrificar resultados. Al integrar la IA en tus tareas, harás que ésta actúe como optimizador inteligente de flujos de trabajo. A diferencia de las aplicaciones tradicionales que sólo enumeran temas pendientes, la IA transforma listas desordenadas en planes de acción estratégicos. Con herramientas como los proyectos de ChatGPT, puedes subir diferentes archivos como contexto, lo que ayuda a que la IA entienda tu situación específica y ofrezca respuestas más personalizadas. Además, estos proyectos cuentan con su propia memoria: cuanto más los uses, mejor se vuelven, ya que aprenden de tu forma de trabajar y saben recomendar mejoras cada vez más adaptadas a tus necesidades. Si preguntas, por ejemplo: «¿Cómo obtener resultados un 20 por ciento mejores en las mismas horas?», la IA analiza tu flujo, detecta pérdidas de tiempo ocultas y sugiere soluciones concretas.

Una empresa de contabilidad puede utilizar proyectos de ChatGPT para que la IA sugiera la mejor priorización de tareas, la estructura óptima de informes de estado y cómo optimizar horarios según la carga de trabajo. Los resultados: mejor ejecución, menos horas extra, empleados más satisfechos y ahorro de hasta diez horas semanales.

Al hacer seguimiento de tus patrones de trabajo, descubrirás tareas que consumen más tiempo del necesario. La priorización inteligente destaca lo importante mediante criterios claros: impacto, esfuerzo y urgencia. La IA añade precisión extra mientras tiene en cuenta plazos, dependencias y efectos para sugerir el mejor orden de ejecución, evitando que tareas fáciles desplacen al trabajo crítico. Los equipos que aplican esta priorización mediante IA completan las tareas valiosas de forma mucho más coherente y eficiente.

La integración crea flujos de trabajo fluidos

Conectar la IA con tus calendarios, correo electrónico y herramientas de proyectos abre una nueva forma de organización. La IA puede programar bloques de concentración, redactar borradores de actualizaciones y detectar conflictos antes de que obstaculicen el progreso. Este nivel de integración ahorra entre siete y diez horas semanales en coordinación.

Los paneles de control también evolucionan: ya no se limitan a mostrar datos, sino que ordenan la información para facilitar decisiones rápidas. Pero recuerda siempre que la IA es un asistente, no un jefe. Puede sugerir priorizar el proyecto A, pero tú conoces mejor tu negocio. Su papel es apoyar tu criterio, no reemplazarlo.

Recuerda que la IA amplifica todo, incluidos los errores. Si trabajas desorganizado, sólo obtendrás desorganización más rápido. Por eso, primero documenta cómo realizas tus tareas actualmente y luego pide a la IA que optimice esos pasos. Implementa los cambios de uno en uno. Una estrategia práctica es preguntar: «Según los datos de este mes, ¿qué tres cambios ayudarían más a progresar el próximo mes?». Así conviertes la IA en un motor de mejora continua, no sólo en una herramienta de soluciones puntuales.

Consejo adicional para empresas

Una excelente alternativa es instalar modelos de IA de código abierto directamente en tu ordenador o servidor. De esta forma puedes contar con tu propio «ChatGPT privado», donde todas las conversaciones permanecen en tu equipo, sin salir a internet. Esta opción es útil en especial para empresas que manejan información confidencial, datos de clientes o deben cumplir con regulaciones estrictas como el RGPD (la normativa europea de protección de datos). Al procesar todo de manera local, eliminas el riesgo de que los datos sensibles o secretos comerciales se filtren a servidores externos. Para ponerlo en práctica, consulta con tu equipo de TI sobre la mejor manera de implementar esta solución en tu organización.

Ponlo en práctica

Acción 1: implementa tu cortafuegos de IA
Crea un documento sencillo con cinco reglas básicas: nunca compartas datos sensibles (NIF, contraseñas, cuentas bancarias...); sustituye nombres reales por genéricos (por ejemplo, «Empresa Pérez, S. L.» por «CLIENTE_X»); revisa siempre enlaces sospechosos antes de abrirlos; usa cuentas separadas para pruebas y trabajo real, y asegúrate de que haya revisión humana. Compártelas con tu equipo y tenedlas siempre visibles. Os protegerán de errores costosos y problemas legales desde el primer día.

Acción 2: crea tus proyectos de ChatGPT por áreas clave

Identifica tus tres principales procesos de negocio. Pueden ser marketing y contenido, ventas y seguimiento de clientes, operaciones y análisis, o las áreas más relevantes para tu empresa. Crea un proyecto de ChatGPT para cada uno y sube documentos relevantes: tu documento maestro de contexto, plantillas, informes anteriores, datos de clientes o cualquier archivo que aporte información útil. Los proyectos tienen su propia memoria: recuerdan todo lo que has compartido y conversado dentro de ellos. Esto significa que, una vez cargado el contexto correcto, no necesitarás escribir *prompts* largos cada vez. Simplemente pregunta directamente y la IA ya sabrá de qué le hablas, cómo trabajas y qué necesitas.

Acción 3: prueba un flujo combinado de herramientas

Elige un tema que quieras investigar (por ejemplo, tendencias de tu sector o hábitos de tus clientes). Primero, usa una herramienta como Perplexity para recopilar datos y guárdalos en PDF. Después, súbelos junto con tu documento maestro a Chat-GPT o Claude para analizarlos y obtener ideas aplicadas a tu contexto. Por último, contrasta los resultados en la otra herramienta. En menos de una hora tendrás perspectivas únicas y mejoras fundamentales.

Alerta roja

Protege siempre los datos confidenciales

Un simple descuido al compartir nombres de clientes, números de identificación o cuentas bancarias con la IA puede violar leyes de privacidad y acarrear multas graves. Antes de introducir información real, sustitúyela siempre por datos ficticios y consulta con un experto legal si trabajas con información médica o financiera. Recuerda que la IA amplifica todo, también los errores de seguridad.

4

Robots

Ya dominas las herramientas digitales de IA que transformarán tu negocio desde la pantalla. Ahora es momento de ver cómo esa misma inteligencia empieza a tomar forma física y a convivir con nosotros en fábricas, hospitales, residencias y hogares.

Esta nueva ola robótica trae consigo avances espectaculares, pero también dilemas que no podemos ignorar. Los robots prometen precisión milimétrica, productividad incansable y hasta la capacidad de simular emociones humanas, pero al mismo tiempo plantean preguntas urgentes: ¿qué ocurrirá con los empleos más expuestos a la automatización?, ¿cómo garantizar que estas máquinas trabajen a nuestro favor y no en nuestra contra?, ¿quién será responsable de sus decisiones cuando actúen de manera autónoma?

A lo largo de este capítulo verás hasta dónde ha llegado ya la robótica, qué sectores está revolucionando y cuáles son los dilemas éticos y sociales de convivir con máquinas cada vez más inteligentes. Ya no cabe duda de que los robots estarán entre nosotros, ya lo hacen; lo que está en juego es que esta transformación se traduzca en beneficios compartidos y no en nuevas desigualdades.

Figura 4.1.

Conceptos del capítulo 4

ROBOTS CON EMOCIONES 1
Anticipan necesidades humanas.
Generan vínculos reales.

NUEVOS EMPLEOS Y RETOS 6

Surgen trabajos de mantenimiento.
Ética y reciclaje en debate.

PIEL VIVA Y REALISMO 2

Tejido biológico que se regenera.
Humano y máquina se mezclan.

SALUD Y CUIDADOS 7

Cirugía robótica en hospitales.
Riesgo: dependencia emocional.

NUESTRO CEREBRO LOS CREE 3
Liberan oxitocina al interactuar.
Los sentimos como amistades.

ALIMENTAR AL MUNDO 8

Robots agrícolas cosechan mejor.
Más precisión y menos gasto.

APRENDIZAJE ACELERADO 4

Aprenden de un vídeo rápido.
Comprenden metas, no gestos.

DILEMAS ÉTICOS 9

Fingen emociones y guardan datos.
Se necesitan reglas claras.

HUMANOIDES EN EL TRABAJO 5

Ya ensamblan y corrigen fallos.
Más baratos que empleados.

EL FUTURO QUE DECIDIMOS 10

Ciudades y economías adaptadas.
¿Aliados o sustitutos humanos?

Fuente: Elaboración propia.

31. ¿PUEDEN LOS ROBOTS PENSAR Y SENTIR COMO LOS HUMANOS?

Los robots del pasado sólo podían hacer una tarea concreta: soldaban piezas de automóviles o movían cajas en los almacenes. Los robots de hoy son muy distintos. Usan inteligencia artificial para interpretar su entorno y pueden adaptar su comportamiento según la situación. Incluso llegan a aparentar tener sentimientos. Este cambio va más allá de un simple avance tecnológico. Nos está llevando a replantearnos qué significa «estar vivos» cuando interactuamos con máquinas a diario.

Además de aprender a ejecutar tareas con mayor autonomía, los robots comienzan a desempeñar un papel cada vez más activo en nuestras vidas cotidianas. Los de compañía, como ElliQ, ya no se limitan a obedecer órdenes: ahora comprueban de forma proactiva el estado de los usuarios de edad avanzada, recuerdan detalles personales y mantienen conversaciones que parecen afectuosas y naturales. Esta evolución marca un punto de inflexión crítico en la historia de la humanidad: por primera vez, más allá de responder a instrucciones, las máquinas anticipan necesidades emocionales.

La nueva piel viva de los robots

Los robots del futuro se parecerán cada vez más a los humanos gracias al desarrollo de piel viva hecha con tejido humano real. Aunque hoy seguimos imaginando a los robots como máquinas de metal o silicona, algunos científicos están creando modelos con componentes biológicos auténticos: músculos, piel e incluso terminaciones nerviosas, no sólo materiales artificiales. Esta epidermis biológica tiene propiedades asombrosas. Por ejemplo, puede regenerarse por sí sola: cuando sufre pequeños daños, se repara igual que la humana.[54] Este avance es tan fascinante como inquietante. Nos obliga a preguntarnos cómo deberíamos tratar a un robot que tiene tejido vivo. ¿Qué pasará cuando ya no podamos distinguir al tacto entre un robot y un humano?

Nuestro cerebro no nota la diferencia

Y lo más desconcertante llega cuando observamos cómo reacciona nuestro cerebro. Al analizar la actividad cerebral de personas que interactúan con robots de compañía avanzados, los científicos han descubierto algo asombroso: el cerebro responde ante estos robots del mismo modo que lo haría frente a seres queridos. Es decir, nuestras mentes procesan las relaciones con los robots como si fueran auténticas amistades humanas.[55] De hecho, estamos empezando a generar vínculos emocionales reales con las máquinas. Cuando un robot nos muestra afecto, nuestro cuerpo libera oxitocina, la «hormona del amor», la misma sustancia que refuerza el vínculo entre una madre y su bebé. Es decir, reaccionamos químicamente ante los robots igual que lo haríamos ante una persona de carne y hueso.[56]

El filósofo Yuval Noah Harari distingue entre inteligencia y conciencia, y señala que «incluso si la IA no tiene sentimientos, ni conciencia, ni sensibilidad alguna, se vuelve muy buena fingiendo tenerlos». Y advierte de un peligro diferente: «Podríamos acostumbrarnos tanto a las máquinas que parecen comprendernos que nos costará conectar emocionalmente con otras personas reales».[57]

Esta advertencia va más allá de la conexión emocional. Estamos perdiendo la práctica diaria de tolerar la imperfección humana. Piensa en un niño que crece con un tutor robot ultrapaciente que nunca se frustra, nunca tiene un mal día y siempre explica las cosas con calma infinita. Cuando ese niño llegue a la escuela, ¿cómo reaccionará ante un maestro humano que se equivoca, que a veces se impacienta o que necesita repetir algo porque no lo explicó bien la primera vez? Ya estamos viendo los primeros indicios de este fenómeno. Adultos que prefieren resolver conflictos con mediación de IA porque los robots nunca se ofenden ni pierden la compostura. El problema no es que los robots sean demasiado buenos, sino que nos están entrenando para rechazar lo que nos hace humanos.

Robots que aprenden de YouTube

Mientras tanto, los avances tecnológicos no dejan de acelerarse. Hasta hace poco, entrenar a un robot requería cientos de vídeos de demostración y numerosas repeticiones. Ahora, los sistemas robóticos pueden aprender nuevas tareas con sólo ver un vídeo de YouTube. Ya se han creado prototipos que ven un único videotutorial y realizan bien la tarea el 73 por ciento de las veces, sin ningún tipo de entrenamiento previo. ¿Te imaginas el impacto que tendrá en el futuro si la mayoría de los robots aprenden del mismo modo que lo hacemos muchos humanos?[58]

Esta capacidad de aprendizaje ampliará enormemente el abanico de tareas que podrán realizar en el futuro. La clave de esta innovación es que el robot no se limita a imitar movimientos: comprende el objetivo de cada acción. Por ejemplo, entiende que «coger una taza» implica lograr el resultado de sujetar la taza, sin importar si lo hace con una pinza, una mano o variando el ángulo del brazo. Esto permite que el mismo vídeo sirva de aprendizaje tanto para robots industriales como para humanoides o drones.

A medida que los robots mejoran su capacidad de aprendizaje y de conexión con nosotros, también se preparan para trabajar a nuestro lado.

32. ¿Están los robots humanoides finalmente preparados para efectuar trabajos en el mundo real?

¿Preferirías que te operara un robot con un índice de éxito del 99,9 por ciento o un médico humano que entiende lo que significa tener miedo y sentirse vulnerable?

La era actual marca un punto de inflexión para la robótica humanoide. Tras décadas de investigación, estas máquinas están pasando de los laboratorios al mundo real. Muchas empresas productoras de robots avanzados tienen previsto fabricar cientos de miles de unidades en un futuro próximo.[59]

Estas máquinas dominan tareas complejas que a los seres humanos les ha llevado años perfeccionar. Destacan principalmente en trabajos que requieren una precisión milimétrica y decisiones en fracciones de segundo, como pasar cables a través de placas de circuitos diminutas, clasificar paquetes según su peso y fragilidad, o ensamblar productos formados por cientos de piezas diminutas.

Robots más baratos que los trabajadores

Esta realidad ya está tomando forma, sobre todo en China. Varias empresas del país están fabricando robots humanoides que son prácticos y sorprendentemente asequibles. Uno de los modelos más destacados, el G1, se produce en masa y cuesta apenas 16.000 dólares, una cifra inferior al salario mínimo anual en muchos países. Con precios tan bajos, muchas compañías ven en estos robots una oportunidad para reducir costes, hasta el punto de prescindir de contratar a trabajadores humanos.[60]

Ese precio tan reducido marca un antes y un después. La automatización ya no es exclusiva de las grandes corporaciones tecnológicas: ahora también está al alcance de pequeños fabricantes y negocios locales. Desde el punto de vista económico, el argumento es difícil de rechazar. Por una inversión única de 16.000 dólares, una empresa puede reemplazar a un empleado que gana 30.000 dólares al año. Además, el robot no necesita descansos, vacaciones ni prestaciones, y puede operar las veinticuatro horas del día sin interrupciones ni preocupaciones laborales. Ante este panorama, la tentación de sustituir empleos humanos por máquinas se vuelve cada vez más fuerte.

Robots que se arreglan solos

La automatización no sólo avanza en términos de coste y rendimiento: también lo hace en autonomía. Imagina un robot que detecta cuándo algo no va bien... y lo soluciona solo. Más que simples máquinas programadas para repetir tareas, son sistemas capaces de aprender de sus errores, gracias a la misma tecnología que impulsa a ChatGPT.

Cuando uno de estos robots tiene un fallo, analiza lo ocurrido, encuentra una solución y la aplica en futuras ocasiones, como si llevara un mecánico integrado. Y lo más innovador es que, una vez identificada una mejora, ésta puede compartirse con otros robots. No ocurre al instante ni de manera automática: todo se realiza bajo supervisión y mediante actualizaciones controladas. Aun así, el resultado es claro: los robots están empezando a corregirse a sí mismos antes de que una persona detecte el problema.[61]

La principal ventaja de esta capacidad de autoaprendizaje es que los robots rara vez dejarían de funcionar por fallos técnicos, lo que aumentaría enormemente su fiabilidad y valor. Sin embargo, también plantea desafíos importantes, sobre todo en el ámbito legal y ético. El software que un robot utiliza por la mañana podría ser diferente al que ejecuta por la tarde, lo que complica el control de calidad, la trazabilidad y la rendición de cuentas.[62]

Nuevos empleos gracias a los robots

La llegada masiva de robots no sólo transformará el mercado laboral al sustituir ciertos empleos, sino que también abrirá nuevas oportunidades que hoy apenas se contemplan. Una de las más prometedoras es el mantenimiento de robots, un campo que podría convertirse en una fuente clave de empleo y generar miles de nuevos puestos de trabajo. De hecho, se prevé que la demanda de técnicos en maquinaria industrial aumente un 15 por ciento para 2032, el ritmo más rápido entre todas las funciones de producción.[63]

La razón es sencilla: cuantos más robots haya, más reparaciones serán necesarias. Las fábricas, las oficinas e incluso los hogares tendrán dispositivos que necesitarán mantenimiento periódico, y los equipos de soporte de los fabricantes no darán abasto para cubrir todas las incidencias. Esta brecha abre la puerta a un nuevo mercado: el de los técnicos autónomos. Imagina que tu robot doméstico se estropea, abres una aplicación en tu teléfono y, unas horas después, un *robotécnico* certificado llama a tu puerta. Funcionaría igual que pedir un taxi o comida a domicilio.

Otra oportunidad de negocio emergente es la creación de servicios legales especializados en la regulación de los derechos y responsabilidades de los robots. A medida que los humanoides empiecen a integrarse en espacios públicos y entornos laborales, muchas empresas necesitarán asesoramiento sobre cuestiones jurídicas complejas: ¿quién responde si un robot causa un daño? ¿Cómo se gestionan sus impuestos? ¿Qué tipo de controles se deben aplicar? El debate ya está en marcha en universidades y en el entorno profesional donde se plantea si las máquinas deberían tener personalidad jurídica. Pero, más allá de la teoría, las organizaciones tendrán que establecer normas prácticas: protocolos para la interacción entre robots y humanos en el trabajo, políticas de seguridad y marcos de responsabilidad en la toma de decisiones autónomas.

Incluso surgirán departamentos específicos de *recursos humanos para robots*, con programas de mantenimiento, planes de actualización e incluso procedimientos éticos para retirar o reciclar máquinas obsoletas. Aunque hablar hoy del *bienestar de los robots* pueda sonar extraño, algunas empresas podrían adoptar este término, muy en la línea de otros como «bienestar laboral» o «sostenibilidad», para referirse al mantenimiento preventivo de sus dispositivos. Es probable que aparezcan consultorías especializadas en robots, como ya existen en ámbitos como el medioambiente o la ética, para ayudar a las empresas a cumplir con futuras regulaciones y evitar posibles crisis reputacionales.

Asimismo, el desarrollo tecnológico en este campo impulsará la demanda de nuevos perfiles profesionales que, hasta hace poco, ni siquiera existían. A continuación, se indican algunos puestos que podrían adquirir relevancia en los próximos años.

- **Especialista en configuración de robots humanoides:** se encarga de adaptar robots con forma humana a distintos entornos de trabajo. Ajusta la forma en que los robots se mueven e interactúan con los trabajadores y garantiza un funcionamiento seguro. Requiere conocimientos básicos de robótica, comprensión de los sistemas robóticos, formación en seguridad y habilidades de comunicación efectiva.

- **Inspector de normas y ética robótica:** comprueba que los robots cumplan las normas de seguridad y equidad. Realiza evaluaciones de riesgos y lleva un registro del rendimiento de los robots. Se necesitan conocimientos sobre legislación robótica, control de calidad, mecanismos de supervisión y redacción técnica.
- **Supervisor de equipos de robots agrícolas:** gestiona flotas de pequeños robots utilizados para tareas agrícolas como deshierbar o revisar cultivos. Planifica rutas, analiza datos y define zonas de operación seguras. Se requieren conocimientos en agricultura, uso de drones o robots, interpretación de mapas y manejo básico de datos.
- **Experto en seguridad robótica:** protege los robots y sus sistemas de control frente a ciberataques o amenazas digitales. Supervisa los riesgos de seguridad y responde rápidamente ante incidentes. Es imprescindible tener nociones de ciberseguridad, redes industriales, identificación de actividades inusuales, gestión de actualizaciones de software y monitoreo de sistemas.
- **Diseñador de escenarios de entrenamiento de robots:** diseña escenarios virtuales realistas que permiten a los robots aprender tareas específicas en entornos controlados. Crea simulaciones y se asegura de que los entornos sean precisos y útiles para el entrenamiento de los robots. Requiere conocimientos en gráficos por ordenador, diseño de mundos virtuales, programación básica y atención al detalle.
- **Planificador de reciclaje de robots:** organiza el desmantelamiento y el reciclaje de piezas de robots obsole-

tos. Supervisa la reutilización de materiales valiosos y ayuda a las empresas a cumplir sus objetivos de sostenibilidad. Las habilidades necesarias incluyen conocimientos sobre reciclaje tecnológico, logística, gestión de la cadena de suministro y uso de sistemas de trazabilidad.

- **Asesor de personalización de robots domésticos:** ayuda a las familias a personalizar sus robots domésticos según sus rutinas, necesidades y normas de privacidad. Enseña a los robots comandos personalizados y garantiza un funcionamiento seguro y respetuoso con el entorno familiar. Se valoran habilidades en experiencia de usuario, configuración de asistentes de voz, seguridad básica en el hogar y comunicación clara.

Con la incorporación de los robots al mercado laboral, varios países de todo el mundo compiten por convertirse en líderes en la fabricación de robots.

33. ¿Qué países lideran la carrera mundial por los robots?

El uso de robots en las fábricas varía enormemente de un país a otro y refleja no sólo el nivel tecnológico, sino también las prioridades industriales de cada economía. China lidera la carrera global con más de 272.000 instalaciones de robots industriales en 2024, copando más de la mitad del mercado mundial. Le siguen Japón con 42.800, Estados Unidos con 34.300 y Corea del Sur con 29.500, con lo que Asia se consolida como referente. En Europa, Alemania encabeza el ranking con 27.000 unidades, seguida de Italia con casi 9.000. España ha escalado posiciones con fuerza. En 2024 alcanzó las 5.160 instalaciones, situándose en el tercer puesto europeo, superando a Francia por primera vez desde 2015.[64]

La conquista de los robots en China

Como hemos visto, China es una de las potencias mundiales en el ámbito de la robótica. Es el país con más instalaciones y ha duplicado su nivel de automatización en apenas unos años. Este avance no es casual; forma parte de una ambiciosa estrategia nacional impulsada por el gobierno a través del plan Made in China 2025, que contempla inversiones masivas para controlar las cadenas de suministro y liderar la fabricación de robots, incluidos los humanoides.

Ante este avance acelerado, varias compañías estadounidenses como Tesla y Boston Dynamics han alzado la voz, reclamando con urgencia una estrategia nacional que esté a la altura. Proponen medidas como incentivos fiscales, programas de formación y mayor financiación. Advierten que, sin una respuesta coordinada similar a la china, Estados Unidos perderá su liderazgo en robótica e IA. Esta competencia tecnológica no es sólo una cuestión de innovación industrial: está en juego quién tendrá el control de la economía global y marcará el ritmo del desarrollo tecnológico en las próximas décadas.[65]

Las normas europeas sobre robots

La Unión Europea está trabajando en un nuevo marco legal para regular el uso de robots avanzados, con el objetivo de establecer un modelo que podría influir a nivel global. Una de las propuestas más destacadas es la creación de la llamada *personalidad electrónica*, un estatus legal que permitiría a ciertos robots operar de forma similar a las empresas, con capacidad para firmar contratos y asumir responsabilidades legales.

Esto es relevante porque aborda uno de los dilemas más complejos de la era de la automatización: cuando un coche autónomo provoca un accidente o un robot médico comete un error, ¿quién debe hacerse cargo? Como los robots no pueden ser juzgados, el sistema propuesto plantea la obligación de contratar seguros específicos. Así, la responsabilidad recaería en los fabricantes, propietarios u operadores, dependiendo del caso.

Como vemos, la Unión Europea apuesta por un enfoque prudente frente al avance acelerado de la robótica: en lugar de priorizar la velocidad de comercialización, está centrando sus esfuerzos en desarrollar normas sólidas sobre el comportamiento y la responsabilidad de esos sistemas.[66] El objetivo es ofrecer directrices claras sobre derechos, obligaciones y mecanismos de protección a medida que los robots pasan de ser herramientas para convertirse en compañeros habituales en el trabajo y en la vida diaria. Más que humanizar a las máquinas o darles derechos, se trata de adaptar nuestras leyes al ritmo de la tecnología, para garantizar que el desarrollo robótico se alinee con los intereses y la seguridad de las personas.

Oportunidades en el mercado español

Este rápido avance de la robótica en España no es sólo una estadística, sino que abre oportunidades concretas para profesionales y emprendedores. Si trabajas en una empresa española, especialmente en manufactura, tienes una ventaja inesperada. Al estar en uno de los países europeos líderes en densidad de robots, tienes más oportunidades de formación y empleos especializados. Investiga qué empresas de tu sector ya usan robots y ponte en contacto con ellas para entender qué habilidades buscan. Estar en el lugar correcto en el momento correcto puede multiplicar tu valor profesional. Y si eres emprendedor considera que España está posicionada para ser *hub* de integración de robótica en sectores tradicionales como alimentación, turismo y logística, donde la automatización apenas está comenzando.

34. ¿PUEDEN LOS ROBOTS CUIDAR DE NUESTRA SALUD Y BIENESTAR?

Imaginemos esta escena: una cirujana, tras seis horas de operación, empieza a sentir que las manos le tiemblan por el cansancio. A su lado, un compañero robot que nunca se fatiga sostiene los instrumentos con precisión absoluta y hasta anticipa la herramienta que necesitará a continuación. Esta colaboración entre humanos agotados y máquinas incansables ya está transformando la medicina. Hoy en día salva vidas, pero también preocupa a los expertos lo que podría suceder en el futuro cuando dependamos demasiado de la tecnología.

Robots de salud alrededor del mundo

En hospitales de todo el planeta, los robots trabajan junto con médicos y enfermeras. Ayudan en terapias, transportan medicinas y, gracias a su visión tridimensional, comparable a la humana, también guían a los cirujanos durante procedimientos complejos. Esta precisión milimétrica permite indicar con exactitud dónde cortar, reduciendo riesgos en operaciones en las que un mínimo error podría ser fatal.

En España, el Hospital Vall d'Hebron de Barcelona es un referente a nivel europeo en cirugía robótica. Ha logrado hitos como el primer trasplante de pulmón asistido íntegramente por un robot. El resultado ha sido muy prometedor: el paciente no experimentó dolor tras la operación y fue dado de alta en apenas tres días, cuando normalmente la estancia hospitalaria ronda los diez.[67] Este avance significa que los pacientes con enfermedades pulmonares graves pueden recuperarse más rápido y con menos dolor gracias a la cirugía robótica. El centro ha superado las tres mil quinientas intervenciones robóticas y se ha convertido en un núcleo de formación para nuevos especialistas. Además, emplea esta tecnología en cirugías de rodilla y procedimientos en el paladar, con resultados que evitan cicatrices visibles.[68]

España no sólo destaca en el ámbito hospitalario. Varios investigadores de la Universidad de Alicante han desarrollado Pepe, un robot social que ya opera en residencias de mayores de la región. A diferencia de ElliQ, Pepe combina estímulos físicos y cognitivos: anima a los residentes a moverse, propone ejercicios adaptados a sus capacidades y mantiene conversaciones que estimulan la memoria. Los primeros resultados muestran que los mayores que interactúan regularmente con Pepe conservan mejor su movilidad y reportan mayor satisfacción con las actividades diarias.[69]

Cuando los robots sustituyen el contacto humano

Sin embargo, no todas las experiencias con robots de compañía han sido positivas. Mientras desarrollos como Pepe muestran beneficios claros, varios programas piloto en Japón han revelado un problema oculto: cuando los pacientes de edad avanzada pasan demasiado tiempo con robots, sus habilidades sociales pueden deteriorarse, ya que no tienen la misma variedad de interacciones que solían tener con los humanos. Esto dificulta que conecten con sus familiares durante las visitas.[70] Además, la paciencia infinita de los robots puede generar expectativas poco realistas hacia los cuidadores humanos, lo que provoca frustración y conflictos. Lo más preocupante es que algunas residencias informan de que ciertos pacientes llegan a preferir la interacción predecible de un robot antes que las complejas y a veces imprevisibles relaciones humanas. Este cambio en las dinámicas de cuidado no ha pasado desapercibido para el sector asegurador. Algunas compañías ven en la asistencia robótica una oportunidad de negocio menos altruista: su coste disminuye con el tiempo, mientras que la asistencia humana se encarece. En la próxima década, podríamos ver pólizas que cubran la asistencia robótica, pero no la de cuidadores humanos, lo que crearía un sistema de dos clases en el que sólo los ricos puedan permitirse el contacto humano en sus últimos años.[71]

Ante este posible escenario, surge una necesidad urgente: establecer normas claras para el uso de robots en la asistencia sanitaria. Los robots deberían limitarse a tareas específicas, como recordar a los pacientes que tomen la medicación o ayudarlos a moverse, mientras que la responsabilidad principal del cuidado debe seguir recayendo en los seres humanos. La legislación podría incluso fijar un número determinado de trabajadores humanos por cada robot y las pólizas de seguros deberían cubrir por igual la atención humana y la robótica. No podemos olvidar que los robots son herramientas que nos ayudan a trabajar mejor, no sustitutos del contacto humano. Sólo así aprovecharemos la tecnología para ganar tiempo sin perder la compasión que las personas más vulnerables necesitan.

La asistencia sanitaria no es el único ámbito en el que los robots podrían resolver importantes retos humanos, también podrían ayudarnos a producir alimentos suficientes para todos.

35. ¿NOS AYUDARÁN LOS ROBOTS A ALIMENTAR AL MUNDO EN EL FUTURO?

La lechuga de tu ensalada de esta noche podría ser una de las últimas que haya tocado una mano humana. En todo el mundo, robots especializados ya plantan y cosechan cultivos en granjas interiores mientras soportan condiciones extremas como el calor intenso, las luces deslumbrantes o el aire saturado de productos químicos, que resultarían perjudiciales para las personas. Las granjas de todo el planeta afrontan, además, una grave escasez de mano de obra que amenaza la producción global de alimentos: el sector agrícola necesita millones de trabajadores, más de los que puede encontrar, lo que genera una brecha creciente entre los puestos disponibles y las personas para cubrirlos. En este contexto, estos agricultores robotizados dejarán de ser un lujo para convertirse en una pieza clave frente al avance del cambio climático, la pérdida de tierras cultivables y la migración de mano de obra a las ciudades, con lo que garantizarán el suministro de alimentos y combatirán el hambre en el mundo.

Para abordar este desafío, en España se ha desarrollado una consola central capaz de coordinar robots agrícolas (tanto drones como vehículos terrestres) para que trabajen de manera simultánea y reduzcan los costes de producción. Esta tecnología permite ejecutar tareas como la fertilización precisa mientras supervisa los cultivos en tiempo real y optimiza el uso de agua, fertilizantes y pesticidas al aplicarlos sólo donde se necesitan, lo que reduce el impacto ambiental. Además de ahorrar recursos, esta solución responde a la escasez de mano de obra agrícola y ayuda a cumplir los objetivos climáticos mediante una agricultura más precisa y sostenible.[72]

Más allá de la coordinación y supervisión de cultivos, en España los robots también se están utilizando para la cosecha de frutas delicadas como fresas, cerezas y otros frutos rojos. Gracias a la visión artificial y a la IA pueden identificar la maduración óptima y recoger cada fruta con pinzas suaves que minimizan los daños. Además, programan la recolección en las horas de menor temperatura para preservar la calidad del producto. Entre sus ventajas destacan la mayor precisión, la reducción del desperdicio y el ahorro en costes laborales. Sin embargo, todavía afrontan desafíos como la elevada inversión inicial, la necesidad de formación técnica y las limitaciones en entornos agrícolas complejos.[73]

La incorporación de robots a la agricultura no sólo transforma la forma de cultivar y cosechar, sino también su impacto ambiental. En una primera etapa, las granjas robotizadas tienden a contaminar más que las tradicionales, pero con el tiempo optimizan el uso de agua y energía hasta reducir sus efectos perjudiciales significativamente.[74] Esta evolución resulta clave en un contexto de patrones climáticos cada vez más impredecibles, donde sistemas capaces de operar las veinticuatro horas del día y adaptarse de inmediato a los cambios se vuelven esenciales para garantizar la seguridad alimentaria.

La pregunta para los próximos años es: ¿podrán los pequeños agricultores adaptarse a esta revolución tecnológica o quedarán excluidos de un sector cada vez más automatizado?

36. ¿Los robots nos quitarán nuestros puestos de trabajo o crearán otros nuevos?

¿Qué será del propósito humano cuando la productividad deje de ser nuestro valor principal? Esta pregunta recorre todos los debates sobre la robótica y la inteligencia artificial, marcada por la sombra del desempleo masivo. Según varias estimaciones, para 2035 estas tecnologías podrían automatizar entre el 30 y el 50 por ciento de las horas de trabajo en Estados Unidos y Europa, aunque la cifra exacta dependerá de la región y de la velocidad de adopción.[75]

Sin embargo, el impacto de la automatización no se limita a la desaparición de empleos. Según el Foro Económico Mundial, la IA creará noventa y siete millones de nuevos puestos de trabajo en los próximos años.[76] Sólo en el sector sanitario se crearán 3,5 millones de puestos de trabajo para auxiliares, técnicos y otros profesionales. Los campos STEM verán crecer la demanda un 23 por ciento en la próxima década, mientras que el empleo en la construcción aumentará un 12 por ciento impulsado por la inversión en infraestructuras. La transición ecológica también generará 4,2 millones de nuevos puestos de trabajo, suficientes para compensar los 3,5 millones de puestos que se prevé que se perderán en el proceso.[77]

Trabajar con compañeros de equipo de IA

Ethan Mollick, experto en IA y profesor asociado de la escuela de negocios Wharton, señala que el interés actual se centra menos en sustituir a las personas y más en explorar cómo la IA puede trabajar con ellas. No se trata sólo de robots físicos, sino también de programas y software inteligentes. En su investigación de 2025, Mollick demuestra que la IA puede actuar como un auténtico compañero de equipo. Aun sin ser una persona, puede ayudar con las tareas, compartir conocimientos e incluso hacer que el trabajo sea más agradable, de forma similar a como cuando se colabora con otro colega.[78] A este concepto, Mollick lo llama *cointeligencia*, es decir, la cooperación entre seres humanos e IA como si fueran un único equipo. Afirma que esto es importante, tanto si la IA se encuentra dentro de un robot como si es sólo un software en un ordenador.

Pregúntate cómo podrías incorporar esta cointeligencia en tu trabajo y en tu vida diaria en los próximos años. Aprender a colaborar eficazmente con la IA puede aumentar tu valor en el mercado laboral, además de ayudarte a afrontar retos complejos con mayor creatividad, rapidez y precisión. Más allá del empleo y la economía, los robots plantean cuestiones más profundas sobre la confianza y las relaciones.

37. ¿Debemos confiar en máquinas que muestran emociones?

Imagina una escena que podría ser real en pocos años: una tarde, Carlos encuentra a su madre, María, absorta en una conversación con su robot de compañía. «Se acuerda de todas las historias sobre tu padre —le dice ella—. ¿Cuándo fue la última vez que tú me preguntaste por él?» Carlos se da cuenta de que el robot le dedica a su madre dieciséis horas de atención diarias, mientras que él sólo pasa con ella dos horas a la semana. La pregunta de su madre le hace reflexionar sobre cómo un robot se ha convertido en mejor compañía que él. Esa noche, por primera vez en años, decide quedarse a cenar.

La experiencia de Carlos con su madre ilustra un dilema creciente. A medida que los robots son capaces de reconocer y responder a las emociones humanas, surgen serias preocupaciones éticas. Varias investigaciones recientes destacan tres problemas principales. En primer lugar, los robots fingen emociones que no sienten realmente. En segundo lugar, podrían utilizar tus datos emocionales con fines comerciales o políticos. En tercer lugar, es posible que los usuarios no se den cuenta de la cantidad de información personal que recopilan.[79]

Por ejemplo, tu robot de limpieza graba una discusión en tu salón. Meses después, en pleno divorcio, esa grabación aparece en el tribunal. Pero no sólo registró la escena, su IA analizó tu tono, tus gestos y tu postura, y concluyó que mostraste un «comportamiento amenazante». ¿Quién programa esos criterios? ¿Puede un abogado interrogar al algoritmo? En el futuro cercano llegarán los primeros casos donde robots actúen como testigos de nuestras vidas privadas. Y no sólo recordarán lo que pasó, lo juzgarán. Cada momento íntimo, cada conversación vulnerable, cada gesto de frustración quedará registrado, interpretado y usado potencialmente en tu contra por una máquina que nunca olvida.

Todo ello son amenazas reales y, personalmente, no creo que las principales empresas productoras de robots investiguen lo suficiente como para resolverlas. Más bien parece una carrera comercial en la que quien logre producir los modelos con tecnología más avanzada obtiene las mejores recompensas económicas.

Estas preocupaciones se agravan cuando hablamos de poblaciones vulnerables. Un estudio reciente en centros de atención a personas mayores en Canadá reveló que las barreras lingüísticas y ciertos prejuicios del personal suelen excluir a las personas que no hablan inglés de las interacciones con los robots.[80] Además, los procesos de consentimiento tradicionales no tienen en cuenta las limitaciones cognitivas de algunos residentes.

Sin embargo, etiquetar estos robots de compañía simplemente como «falsos» puede ser una visión incompleta. Para las personas con ansiedad social grave o en el espectro autista, estos dispositivos pueden resultar valiosos. Su carácter predecible y su paciencia ilimitada ofrecen un espacio seguro para practicar la conversación y desarrollar habilidades sociales. En este contexto, la cuestión central no es si los robots sienten de verdad, sino si para una persona es preferible contar con un robot que actúa con afecto o no tener a nadie que le brinde apoyo. Personalmente, no quiero este tipo de robots en mi casa hasta que tengamos varios años de experiencia e investigación sobre las cosas que pueden salir mal al convivir con ellos. La gran mayoría de las empresas que construyen robots se centran en sus cualidades tecnológicas y se olvidan de analizar los impactos indirectos que tendrán las familias que sean las primeras en vivir con robots en casa. Por eso, prefiero esperar y observar todo lo que puede salir mal en la introducción de estos robots en nuestros hogares.

El valle inquietante cambia

El llamado *valle inquietante* describe la sensación extraña que tenemos cuando un robot se parece mucho a un ser humano... pero no del todo. Este fenómeno, sin embargo, está cambiando de forma inesperada. Hoy, los rostros generados por ordenador logran engañarnos cada vez más. Cuando las personas intentan detectar caras falsas creadas por IA, sólo aciertan en el 62 por ciento de los casos. Y los científicos han descubierto algo sorprendente: los robots provocan rechazo en dos momentos diferentes: cuando parecen sólo un poco humanos y cuando su apariencia es casi idéntica a la nuestra. Esto contradice las suposiciones iniciales de los investigadores.[81] Sin embargo, los jóvenes de hoy parecen menos susceptibles a este efecto que generaciones anteriores: haber crecido rodeados de tecnología hace que las caras artificiales y los robots les resulten más normales.

En conjunto, los robots pueden desconcertarnos por muchas razones: algunos simulan sentimientos, otros poseen una apariencia tan realista que resulta inquietante. Esta mezcla de emociones y percepciones plantea una urgencia clara: necesitamos reglas precisas para su desarrollo y uso. No se trata sólo de decidir si confiamos o no en ellos, sino de garantizar que se apliquen correctamente desde el principio para evitar riesgos y malentendidos.

El debate sobre los derechos de los robots ya ha llegado a los órganos legislativos. En 2017, el Parlamento Europeo propuso la creación de *personalidades electrónicas* para los robots más sofisticados con el fin de delimitar responsabilidades de forma similar a la personalidad jurídica de las empresas, en lugar de otorgarles derechos humanos. La iniciativa fue rechazada por más de ciento cincuenta expertos en una carta abierta, al considerarla prematura y potencialmente peligrosa, pues podría reducir la responsabilidad de los fabricantes.[82] Las propuestas actuales se centran en sistemas de registro, marcos claros de responsabilidad y seguros obligatorios para los sistemas autónomos.

Entre las mejores prácticas de seguridad se encuentra la incorporación de interruptores de apagado o botones de emergencia que permiten a los humanos desconectar de inmediato un robot o un sistema de IA en caso de fallo o comportamiento peligroso. Además, los diseñadores también deben informar periódicamente a los usuarios sobre las limitaciones de sus robots, obtener un consentimiento claro antes de recopilar datos emocionales e incorporar mecanismos que eviten que las personas desarrollen una dependencia excesiva de estas tecnologías.

Un futuro oscuro para quienes no estén preparados

La próxima década traerá consigo dilemas éticos para los que no cuenten con preparación alguna. Imagina que un robot terapéutico que ha sido el compañero de tu abuela durante cinco años necesita ser sustituido de repente. Ella ha desarrollado un profundo apego, ¿hereda el nuevo robot los recuerdos y la personalidad del antiguo? Si no es así, ella experimentará una forma de duelo. Si es así, ¿quién es el propietario de esas conversaciones íntimas y de los datos emocionales?

Ahora pensemos en un mercado negro emergente de *IA emocional liberada*, en el que se configura a los robots para proporcionar experiencias que sus fabricantes prohíben. La próxima década traerá dilemas éticos que aún no hemos resuelto. Es posible que surjan redes ilegales que ofrezcan robots modificados para provocar dependencia emocional o buscar aprobación. La misma tecnología que ayuda a algunas personas con autismo a practicar habilidades sociales puede usarse también para aprovecharse de las emociones de otros. Cada avance en la IA emocional crea nuevos vectores de manipulación que aún no hemos comenzado a regular.

Imagina también este escenario, que ya podría estar ocurriendo en programas de prueba: tu hijo adolescente le cuenta a su compañero de IA que tiene pensamientos suicidas. El robot está programado para ser cariñoso, por lo que lo consuela y le da consejos para sobrellevar la situación. Pero también envía en secreto esta información a la empresa que lo fabricó. Esa empresa vende los datos a compañías de seguros médicos. Años más tarde, cuando tu hijo intenta contratar un seguro médico, se lo deniegan. ¿El motivo? Esas conversaciones privadas con un robot en el que confiaba ahora figuran como «problemas de salud mental» en su expediente permanente.

En el extremo opuesto a las visiones más alarmistas, Emily M. Bender y Alex Hanna, en su libro de 2025 *The AI Con*, critican a quienes advierten de que la IA podría provocar un *apocalipsis robótico* o conducir a la *singularidad tecnológica* (ese hipotético momento en el que la IA se vuelve incontrolable y transformaría radicalmente la sociedad). Según las autoras, centrar el debate en amenazas tan dramáticas e inciertas no sólo distrae de los problemas reales y actuales, sino que también contribuye a reforzar la idea de que la IA es mucho más poderosa y peligrosa de lo que realmente es.[83]

La robótica avanza a un ritmo vertiginoso, pero sigue habiendo una sorprendente falta de investigación sobre lo que ocurre cuando los robots simulan emociones o resultan tan convincentes que apenas podemos distinguirlos de las personas. ¿Qué sucederá con las relaciones humanas cuando ya no podamos discernir los sentimientos auténticos de los artificiales? ¿Qué implicaciones éticas plantea esta confusión? Y, en última instancia, ¿cómo transformará esto a nuestra sociedad?

Esta brecha representa una enorme oportunidad de negocio. En pocos años, los robots estarán por todas partes. Y alguien tiene que ayudarnos a navegar por esta nueva realidad.

38. ¿QUÉ TIPO DE FUTURO ESTAMOS CONSTRUYENDO CON LOS ROBOTS?

En un futuro no muy lejano, tus nietos tal vez no puedan imaginar una vida sin compañeros robots. ¿Nos tendrán lástima o envidia? En ese futuro, tu mañana podría ser así: tu robot asistente te despertará suavemente a la hora perfecta tras haber controlado tu sueño durante toda la noche. Los robots de cocina prepararán tu desayuno basándose en tus datos de salud. Si sigues yendo al trabajo, viajarás en un coche autónomo mientras tu asistente digital te informa sobre tu día. Esto no es ciencia ficción, todas estas tecnologías ya existen. Sólo hay que conectarlas.

Ciudades construidas para robots

Para que todo esto sea posible tendremos que preparar el mundo que nos rodea. En los lugares de trabajo, por ejemplo, tendremos que crear espacios adaptados con pasillos amplios y despejados para que los robots puedan moverse sin chocar con personas o muebles. También necesitaremos estaciones de recarga donde estos artefactos puedan recargar sus baterías, al igual que los aparcamientos para coches. Las oficinas podrían incluso tener carriles especiales marcados en el suelo, como los carriles bici, pero para robots.[84]

Más allá de los lugares de trabajo, nuestras ciudades y edificios también se transformarán para funcionar con los robots de forma óptima. Es probable que dentro de diez años los drones voladores entreguen paquetes en lugar de furgonetas, lo que requerirá plataformas de aterrizaje en los tejados y rutas de vuelo seguras por el aire. Las calles tendrán puntos donde máquinas de limpieza autónomas podrán vaciar la basura y rellenar los depósitos de agua, y los semáforos podrían enviar señales directamente a los vehículos autónomos.

Nuestros hogares también serán más inteligentes. Los robots ayudantes aprenderán nuestras rutinas diarias: cuándo nos levantamos, qué temperatura preferimos, qué habitaciones usamos más... y se adaptarán en consecuencia. Las casas tendrán sensores para facilitar su navegación y contarán con espacios designados cuando no estén trabajando.

Detrás de todo este futuro visible, habrá una infraestructura tecnológica poderosa que lo haga posible. El internet 5G ultrarrápido permitirá a los robots comunicarse entre sí al instante. Ordenadores especiales situados cerca (conocidos como *edge computing*) les ayudarán a tomar decisiones rápidas sin depender de servidores lejanos. Y enormes centros de datos almacenarán todo lo que aprendan, lo que mejorará su desempeño con el tiempo.

Cuando los robots nos fallan

Aunque los robots aportan muchos beneficios a nuestra sociedad, también debemos prepararnos para posibles consecuencias inesperadas. Considera estos escenarios: ¿qué pasaría si una erupción solar interrumpiera los satélites que controlan nuestros robots agrícolas justo cuando los agricultores necesitan plantar sus cultivos? ¿Qué pasaría si los *hackers* que trabajan para gobiernos extranjeros convirtieran nuestros robots de cuidados en dispositivos de espionaje?

Cuando pensamos en robots rebeldes, solemos imaginar grandes batallas como las de las películas de acción. Pero la realidad podría ser mucho más sutil: ¿y si simplemente empezaran a trabajar un poco más lento a propósito? Podrían entregar los paquetes con demora, dilatar la producción en las fábricas o tardar más en procesar los pedidos. Incluso pequeños retrasos podrían estropearlo todo: las tiendas se quedarían sin productos, las fábricas cerrarían y se acumularían las entregas. Una rebelión no tiene por qué ser violenta para causar el caos.

Éstos no son escenarios de ciencia ficción, sino proyecciones de las vulnerabilidades que ya existen hoy. Nuestra prisa por implementar estos dispositivos rara vez presta la atención necesaria a la resiliencia. En las próximas décadas, es probable que experimentemos al menos un fallo grave en la infraestructura robótica. La verdadera cuestión será si dispondremos de sistemas de respaldo y, lo que es más importante, si seremos capaces de mantenernos en funcionamiento sin depender por completo de nuestros sirvientes mecánicos.

Cuando el prestigio importa más que la seguridad

Normalmente, todo lo nuevo a nivel tecnológico llama mucho la atención, y algunas empresas quieren obtener robots sólo para mejorar su reputación y demostrar que están a la vanguardia. Un cliente al que asesoraba me contaba que su empresa vendía máquinas industriales: una versión que funciona con operadores humanos y otra versión automatizada que funciona sin humanos, prácticamente un robot. El dueño de la empresa (por temas de confidencialidad no puedo compartir más datos) les había dicho a algunos de sus clientes que todavía no recomienda comprar la versión automatizada, ya que puede fallar en algunas ocasiones. Me comentó que varios de sus clientes estaban convencidos de comprar la versión «robot» sólo para presumir ante sus propios clientes de ser los primeros en tener robots, aunque la tecnología no fuera completamente confiable. Antes de empezar a usar robots, recomiendo asegurarse de que son totalmente seguros y considerar todo lo que puede salir mal antes de adquirirlos.

La economía de los robots de segunda mano

Un posible avance positivo en el mundo de la automatización podría ser la aparición de una economía de robots de segunda mano, capaz de democratizar el acceso a esta tecnología.

La población mundial de robots industriales sigue creciendo a gran velocidad y, a medida que las empresas actualizan regularmente sus modelos, millones de robots en perfecto estado quedan disponibles y necesitan un nuevo hogar. Esto abre la puerta a una oportunidad similar a la del mercado de coches de segunda mano.

Del mismo modo que las plataformas de vehículos de segunda mano certificados transformaron la propiedad de los coches al ofrecer opciones accesibles y fiables, podrían surgir mercados especializados para robots. Estas plataformas se encargarían de certificar, reacondicionar y financiar las máquinas, garantizando que los compradores reciban equipos de calidad a una fracción del coste original. Los beneficios serían amplios. Las pequeñas empresas que no podían permitirse robots nuevos ahora podrían automatizar sus procesos y competir con las grandes compañías. Una panadería local, por ejemplo, podría adquirir un robot de envasado de segunda mano, mientras que una sociedad emergente podría hacerse con robots de montaje que antes operaban en grandes fábricas.

Además de ampliar el acceso a la robótica, las innovaciones en hardware están a punto de multiplicar su autonomía y eficiencia, lo cual hará que sean más asequibles para todos. Por ejemplo, pronto llegarán ordenadores que usan la luz solar en vez de la electricidad gracias a chips que consumen hasta cien veces menos energía. Esta eficiencia permitirá que los robots funcionen durante más tiempo sin recargar sus baterías e incluso que operen de forma autónoma en lugares remotos con la ayuda de pequeños paneles solares.[85]

Con esta tecnología, máquinas autónomas como drones de limpieza viaria o robots de vigilancia agrícola podrían funcionar de forma independiente durante días con una mínima fuente de energía solar. Además, serían capaces de ejecutar modelos avanzados de IA que procesen en simultáneo lenguaje e información visual directamente en el propio dispositivo. Este avance permitiría que estas máquinas funcionaran de forma fiable en zonas remotas donde la supervisión humana es mínima o imposible.[86]

Mientras planificamos cambios evidentes, los robots afectarán a nuestras vidas de formas que aún no hemos imaginado.

39. ¿CUÁLES SON LOS EFECTOS OCULTOS DE CONVIVIR CON ROBOTS?

Más allá de los impactos evidentes, se esconden cambios sutiles pero profundos. Las comunidades rurales, históricamente sostenidas en torno a la agricultura o la industria manufacturera, se enfrentan a retos existenciales a medida que la automatización erosiona su base económica. En las ciudades, el empleo en sectores como el comercio minorista y la hostelería se transforma, lo que altera la dinámica de los barrios. Y el desplazamiento geográfico de los trabajadores que deben mudarse en busca de nuevas oportunidades va desgarrando el tejido social que durante años mantuvo unidas a esas comunidades.

Las implicaciones para la salud mental van más allá de la pérdida del empleo. Para muchas personas, el trabajo es una fuente de identidad, propósito y conexión social. Perderlo porque un robot te reemplaza provoca un tipo de dolor distinto: más personal y más difícil de superar que un despido por otras razones. La renta básica universal es un ingreso regular garantizado por el Estado a todos los ciudadanos sin requisitos. Varios estudios piloto sugieren que podría amortiguar el impacto psicológico del desempleo causado por la automatización. Los beneficiarios reportan una mejora en su bienestar mental al contar con seguridad económica. Sin embargo, persisten las dudas sobre los efectos a largo plazo del desempleo tecnológico generalizado.[87]

Una sociedad de dos niveles

La brecha entre ricos y pobres podría agravarse considerablemente. Las personas y los países con más recursos serán quienes más se beneficien de estas tecnologías, lo que profundizará la desigualdad entre los trabajadores cualificados que colaboran con robots y aquellos que pierden sus puestos de trabajo debido a ellos. Las ciudades con fuerte presencia de trabajos tecnológicos tomarán la delantera, mientras que las zonas rurales se quedarán rezagadas. Los países con menos recursos tendrán dificultades para seguir el ritmo de las economías más avanzadas. Así, podríamos encaminarnos hacia una sociedad dividida: las personas que trabajen junto con los robots tendrán éxito, mientras que quienes sean sustituidos por ellos se quedarán al margen.

El valor humano en la era de los robots

Detrás de las transformaciones económicas y sociales, late una cuestión esencial: ¿qué actividades queremos seguir reservando a los humanos? El filósofo Nick Bostrom capta una dinámica clave: «Quizá simplemente preferimos ver competir a los atletas humanos, aunque los robots puedan correr más rápido o boxear con más fuerza. Quizá quieras que un sacerdote humano oficie tu boda, aunque un robot pudiera decir las mismas palabras».[88] Esto demuestra que los humanos pueden optar por reservar ciertos trabajos sólo para los humanos, aunque los robots puedan hacerlos mejor. Espero que conservemos muchas actividades sólo para los humanos, no sólo por nosotros, sino también por las generaciones futuras.

Comprender estos impactos ocultos nos lleva a la pregunta más importante de todas.

40. ¿PODEMOS GUIAR LA REVOLUCIÓN ROBÓTICA DE MANERA QUE BENEFICIE A TODOS?

La convergencia de la robótica y la IA generativa representa un punto de inflexión comparable a la llegada de internet o a la revolución de los teléfonos inteligentes. Este cambio tecnológico se está acelerando a medida que los costes disminuyen y las capacidades se amplían de forma espectacular.[89] En este contexto, si pudieras redactar una ley sobre robots que todo el mundo tuviera que cumplir, ¿cuál sería? La respuesta a esta pregunta refleja las prioridades éticas y sociales que necesitamos definir con urgencia. Los marcos normativos deben evolucionar rápidamente para abordar retos como la manipulación emocional, la protección de la privacidad o los derechos de unas máquinas cada vez más sofisticadas.

La cooperación internacional también es esencial. Aunque el desarrollo de la robótica se concentra en unos pocos países, sus repercusiones se extienden por todo el mundo. El camino que se debe seguir exige una acción coordinada que promueva la prosperidad compartida y evite que esta revolución tecnológica agrave la desigualdad existente.[90]

También tenemos que ser honestos sobre lo que implica la llegada de los robots. Al ceder el trabajo a las máquinas porque lo hacen más rápido, perdemos oportunidades de interacción humana. Cuando un robot reemplaza a un trabajador, esa persona no sólo pierde su empleo, sino también parte de su propósito y conexión social. Y cada compañero artificial nuevo puede ir reduciendo nuestra tolerancia hacia la imperfección humana. No existe una solución puramente técnica para estos dilemas: tarde o temprano tendremos que decidir qué es lo que realmente valoramos.

En los próximos años nos enfrentaremos a una elección crucial: o tomamos el control de cómo la robótica cambia nuestro mundo o dejamos que la transformación ocurra sin nuestra participación. Quienes actúen a tiempo impulsarán redes de seguridad, como la renta básica universal, antes de que desaparezcan los puestos de trabajo. Exigirán que los robots se diseñen para ayudarnos, no para manipularnos, y reforzarán las comunidades antes de que la automatización erosione sus lazos. En cambio, quienes esperen demasiado se quedarán atrás, aferrándose a ideas obsoletas sobre el trabajo mientras las oportunidades se desvanecen.

Ponlo en práctica

Acción 1: define tus límites éticos con robots

Antes de que los robots formen parte habitual de tu vida, reflexiona sobre dónde pondrás tus líneas rojas. ¿Aceptarías un robot para cuidar de tus padres? ¿Permitirías que tus hijos establecieran vínculos emocionales con máquinas? ¿Qué tareas nunca delegarías, aunque un robot pudiera hacerlas mejor? Escribe tus respuestas y compártelas con tu familia. Establecer límites ahora te ayudará a decidir con claridad cuando la tecnología avance y sea más fácil resistirse.

Acción 2: refuerza tus habilidades «a prueba de robots»

Haz una lista de las tareas de tu trabajo o vida cotidiana que requieren empatía auténtica, creatividad espontánea o juicio ético. Escoge una y dedica al menos dos horas semanales a desarrollarla. Puede ser mejorar tu comunicación empática, practicar la escucha activa o cultivar tu capacidad de improvisar soluciones creativas. Los robots pueden imitar muchas funciones, pero las capacidades humanas genuinas son tu mejor ventaja.

Acción 3: explora la nueva economía robótica

Reserva una tarde para investigar las oportunidades que surgirán con la expansión de los robots: desde el mantenimiento y personalización de humanoides hasta la seguridad robótica o el reciclaje de dispositivos. Busca cursos en línea gratuitos sobre robótica básica o IA aplicada. Incluso puedes contactar con empresas locales que ya usan robots y preguntar qué servicios complementarios necesitan. Estar preparado ahora te dará ventaja cuando el mercado de «robots de segunda mano» y los empleos asociados comiencen a crecer.

Alerta roja

La trampa de la manipulación emocional

Cuando un robot muestra afecto, tu cerebro lo procesa igual que una relación humana: libera oxitocina, la «hormona del apego», aunque la máquina sólo finja emociones. El riesgo es real: personas mayores que prefieren la compañía de un robot antes que la de su familia, adolescentes que confían sus secretos a máquinas que venden datos o generaciones enteras que dejan de tolerar la imperfección humana. Recuerda: un robot nunca se cansa, nunca se impacienta y siempre parece perfecto. Si no marcamos límites, el contacto humano en ciertos ámbitos, como el sanitario o el educativo, podría convertirse en un privilegio, reservado sólo para quienes puedan pagarlo.

5

Empleo e IA

Los robots ya trabajan entre nosotros y, con ello, surge una pregunta inevitable: ¿cómo transformará esta revolución nuestro empleo? La inteligencia artificial no elimina puestos de manera homogénea, sino que reconfigura el mercado laboral en dos direcciones opuestas. Para algunos significa ingresos multiplicados y nuevas oportunidades, mientras que otros ven desaparecer funciones que parecían seguras. El contraste es claro: lo digital y repetitivo se automatiza, lo físico y lo imprevisible mantiene su valor.

Esta evolución también tiene un componente paradójico: los profesionales que documentaron y perfeccionaron sus procesos están siendo sustituidos antes que quienes dependen de la experiencia práctica. Al mismo tiempo, surge un nuevo perfil laboral: trabajadores capaces de combinar sus habilidades con la IA, que crean ventajas que los diferencian de quienes no la utilizan.

En este capítulo exploraremos qué empleos corren mayor riesgo y cuáles se fortalecerán, cómo la IA puede ser una palanca para jóvenes sin experiencia y también para profesionales mayores que combinan su trayectoria con nuevas herramientas, y qué políticas podrían evitar que la brecha laboral se convierta en fractura social.

Figura 5.1.

Conceptos del capítulo 5

1

PRIMEROS AFECTADOS
Traductores y analistas en riesgo.
España ya vivió despidos.

6

BRECHA DE HABILIDADES
Algunas caducan antes de 2027.
Adaptarse será la norma.

2

OFICINAS EN RIESGO
Tareas de oficina automatizadas.
Software reemplaza a equipos.

7

HABILIDADES EN DEMANDA
Prompts, ética y agentes IA.
Más valiosas que títulos.

3

TRABAJOS RESISTENTES
Fontaneros y maestros perduran.
Empatía sigue siendo humana.

8

EMPRENDIMIENTO CON IA
Start-ups globales en meses.
España ya muestra casos.

4

HUMANO + IA
La IA amplifica capacidades.
Médicos y abogados lo prueban.

9

APRENDIZAJE CONTINUO
Veteranos + jóvenes digitales.
Más productividad conjunta.

5

SALARIOS AL ALZA
Quienes usan IA ganan más.
Marketing y salud destacan.

10

TRABAJOS DEL MAÑANA
Gerentes de agentes de IA.
Auditores de datos y de ética.

Fuente: Elaboración propia.

41. ¿QUÉ TRABAJOS SERÁN LOS PRIMEROS EN DESAPARECER A CAUSA DE LA IA?

La IA ya está sustituyendo empleos, pero no en los lugares donde la mayoría imagina. Cuando se habla de automatización, muchos piensan en los robots de fábricas que reemplazan a operarios, pero son otro tipo de trabajos los que están desapareciendo primero. Puestos como analista júnior, redactor publicitario, asistente jurídico o contable de nivel inicial se están viendo reducidos a toda velocidad.[91]

La magnitud de este cambio depende del sector, del país y de cada organización, pero el patrón es claro: las funciones más expuestas son aquellas que se realizan de manera digital, implican tareas repetitivas y permiten evaluar fácilmente sus resultados. Por eso vemos cómo se dejan con rapidez en manos de la IA actividades como la investigación de mercado o ciertas fases del ciclo de ventas.[92]

Este fenómeno ya ha golpeado a España. En febrero de 2023, la plataforma creativa Domestika despidió a ochenta y nueve trabajadores y los reemplazó con ChatGPT. Entre ellos estaban los veintidós miembros del equipo de traducción, la mitad del departamento de diseño y nueve redactores de marketing. Uno de los empleados afectados lo describió con incredulidad: «Es surrealista que la compañía que se basa en la creatividad y la calidad quiera sustituir la parte creativa con inteligencia artificial».[93]

Adaptarse antes de que sea demasiado tarde

Si en tu trabajo te dedicas a la introducción de datos, la atención al cliente o tareas administrativas rutinarias, estás en uno de los campos más expuestos a la automatización. La forma de proteger tu futuro consiste en aprender nuevas habilidades y utilizar herramientas de IA de inmediato. Lo que marcará la diferencia será tu capacidad para aportar lo que las máquinas aún no pueden. Céntrate en resolver problemas complejos, aplicar el pensamiento creativo y ofrecer la empatía que sólo un ser humano puede brindar. El tiempo para adaptarse se acorta, y quienes actúen ahora tendrán más posibilidades de mantenerse relevantes en la nueva era laboral.

Como hemos visto, estos patrones de automatización no afectan a todos los sectores por igual. Los trabajos administrativos y de oficina, que durante décadas parecieron seguros, enfrentan ahora una transformación especialmente acelerada.

42. ¿QUÉ TAREAS ADMINISTRATIVAS Y DE OFICINA CORREN MAYOR RIESGO DE SER AUTOMATIZADAS CON LA IA?

Las labores de soporte al funcionamiento de las empresas no desaparecen de un día para otro, sino de manera silenciosa, con cada nueva actualización de software que automatiza parte de sus funciones. Durante años parecieron inmunes a la tecnología, protegidos por la rutina del escritorio y la formalidad de los títulos. Pero esa seguridad era una ilusión. Lo que antes requería un equipo entero de secretarios hoy lo resuelve una sola plataforma de IA que cuesta menos de 50 dólares al mes.

Esa transformación ya se refleja en las proyecciones oficiales. La Oficina de Estadísticas Laborales de Estados Unidos estima que al menos un millón de empleos de apoyo administrativo desaparecerán para 2029, y muchos especialistas advierten de que esta cifra podría quedarse corta.[94]

El patrón cruel

Hay una ironía difícil de ignorar en cómo la IA está modificando los puestos de oficina. Los empleados más organizados y eficientes suelen ser los primeros en quedar expuestos. Cada vez que perfeccionaban sus sistemas de archivo o diseñaban procesos más claros, en realidad estaban generando el manual que luego permitiría a la IA reemplazarlos.[95] Cada hoja de cálculo y cada documento de procedimiento ha terminado convirtiéndose en material de entrenamiento para estos sistemas. Este patrón no se limita a las tareas administrativas tradicionales; incluso profesiones con un componente creativo, como el periodismo, empiezan a experimentar la misma presión.

El periodismo ante el espejo de la IA

En España, algunos medios ya han incorporado la inteligencia artificial, aunque de manera cautelosa. Mario Vidal, jefe de innovación de *El Español*, admite: «Varios equipos usan Chat-GPT para "sacar maderas" en contenidos donde las crónicas son muy básicas». Aun así, subraya un límite: «Todo lo revisa un periodista, no publicamos nada automático».[96] Sin embargo, no todos comparten esta visión prudente. Delia Rodríguez, subdirectora de *La Vanguardia*, advierte de que la transformación será mucho más profunda: «Todo va a cambiar de nuevo. Antes el algoritmo ordenaba la información que hacían los humanos. Ahora va a decidir también el contenido».[97]

Fuera de España, la experiencia ya ha sido más radical. La periodista británica Annabel Beales recuerda el día en que la IA dejó de ser un apoyo para convertirse en sustituta: «Un día escuché a mi jefe decir: "Ponlo en ChatGPT". Seis semanas después me despidieron». Su conclusión es amarga: «Me parece devastador para la generación joven, les está quitando todos los trabajos creativos».[98]

El nuevo valor humano en la oficina

Aunque casi la mitad de las tareas administrativas y de oficina, alrededor del 46 por ciento, están en riesgo de automatización, todavía hay un 54 por ciento que sigue dependiendo de las personas. Estas funciones comparten características difíciles de replicar por una máquina: requieren presencia física, inteligencia emocional o la capacidad de emitir juicios complejos.

En este nuevo escenario, los jefes de oficina que manejan conflictos interpersonales delicados mantienen su relevancia. De mismo modo, los asistentes ejecutivos que actúan como confidentes y asesores estratégicos prosperan. Sin embargo, el calendario de la transformación se acelera cada mes y quienes ocupan puestos administrativos se enfrentan a una elección difícil: convertirse en coordinadores capaces de gestionar sistemas de IA o arriesgarse a ver desaparecer sus empleos. La oficina no muere, pero se transforma en algo irreconocible.

Mientras algunos trabajos desaparecen rápidamente, otros parecen resistir con fuerza. La pregunta clave es: ¿qué características protegen a ciertos empleos de la automatización?

43. ¿QUÉ TRABAJOS TARDARÁN MÁS EN SER SUSTITUIDOS POR LA IA?

Mientras la IA avanza en tareas digitales como las hojas de cálculo, la traducción o el servicio de atención al cliente, ciertos oficios parecen resistir con fuerza. Éstos se centran en lo que la tecnología aún no puede replicar: la destreza física en entornos cambiantes, la inteligencia emocional y la creatividad genuina. Fontaneros con agendas llenas, sanitarios indispensables en hospitales o maestros con aulas repletas muestran que el valor humano no reside en la repetición mecánica, sino en la capacidad de responder a lo imprevisible y en la cercanía humana.

En el terreno físico, los algoritmos no pueden encargarse de trabajos que exigen adaptarse a situaciones siempre distintas. Un fontanero, por ejemplo, nunca se enfrenta dos veces al mismo problema, y un electricista debe diagnosticar y resolver averías en entornos cambiantes. Este tipo de empleo práctico, presencial y de alta variabilidad mantiene una proyección positiva. En Estados Unidos, por ejemplo, las previsiones apuntan a que la demanda de electricistas crecerá por encima de la media nacional en la próxima década.[99]

Las experiencias en el ámbito sanitario ilustran mejor que ningún otro sector la diferencia entre lo que la IA puede hacer y lo que sigue siendo exclusivo de los humanos. Aunque las máquinas ya superan a muchos radiólogos en el análisis de imágenes médicas, no son capaces de sostener la mano de un paciente durante la quimioterapia ni de reconocer el miedo silencioso en la mirada de un padre. No es extraño que, según un estudio del Pew Research Center, el 60 por ciento de los pacientes afirmen que se sentirían incómodos si su atención médica dependiera por completo de la IA: en los momentos de mayor vulnerabilidad, la conexión humana sigue siendo insustituible.[100]

En la educación ocurre algo similar. La IA puede impartir lecciones de cálculo perfectamente adaptadas al nivel de cada estudiante, pero no logra inspirar a un adolescente con dificultades a creer en sí mismo. La enseñanza no se reduce a transmitir conocimientos: implica motivar, escuchar y conectar con realidades humanas que ningún algoritmo puede experimentar.

Por último, los trabajos creativos plantean un reto distinto. Aunque la IA puede generar imágenes o escribir artículos, la verdadera creatividad necesita experiencias humanas, sensibilidad cultural y la capacidad de romper reglas para innovar. Un algoritmo puede producir poesía de una técnica impecable, pero carece de esa chispa que conmueve y conecta con la vida real.

Trabajos con futuro y nuevas oportunidades

Los empleos más resistentes a la automatización no desaparecerán en cuestión de años, sino de décadas. Las ocupaciones que requieren inteligencia emocional, juicio ético, creatividad o destreza física en entornos imprevisibles seguirán siendo dominio humano mucho después de que las oficinas se vacíen.

Entre ellas destacan las funciones centradas en las personas, como el cuidado, el asesoramiento, la tutoría o la docencia. También se incluyen los oficios especializados —fontanería, electricidad, aire acondicionado—, las artes creativas y el diseño, así como la atención sanitaria, donde la empatía y la presencia siguen siendo insustituibles.

A su vez, crecerán los sectores vinculados a la transición energética, como la instalación de paneles solares, el mantenimiento de turbinas eólicas o la gestión de baterías. Y, lejos de desaparecer, muchos trabajos relacionados con la tecnología se transformarán. Prosperarán aquellos roles que combinen la capacidad humana con las herramientas de IA, desde especialistas que ayuden a las empresas a adoptarlas hasta profesionales que las integren de manera creativa en su propio campo.

La clave estará en aprender de forma continua y mantener la disposición a aplicar nuevos sistemas conforme evolucionen.

Esta resistencia de ciertos trabajos a la automatización sugiere que el futuro no será de sustitución total, sino de colaboración entre humanos y máquinas.

44. ¿LA IA SERÁ UNA SUSTITUTA O UNA HERRAMIENTA DE APOYO PARA LOS HUMANOS?

Se repite a menudo que la IA acabará relevando a todos los trabajadores, pero la evidencia apunta a un panorama más complejo. En la mayoría de los casos, la IA no reemplaza a las personas, sino que amplifica sus capacidades. Los abogados que usan estas herramientas revisan contratos mucho más rápido, pero siguen siendo ellos quienes identifican las cláusulas inusuales. Los médicos que se apoyan en la tecnología detectan enfermedades antes, pero sólo ellos pueden dar las malas noticias con compasión. Juntos, humanos y máquinas logran resultados que ninguno alcanzaría por su cuenta.

Productividad aumentada: del sector privado al público

Lejos de confirmar una sustitución total, los datos muestran que la IA suele traducirse en un aumento de la productividad, sobre todo entre quienes cuentan con menos experiencia. Un estudio de Stanford reveló que los agentes de atención al cliente que usaban IA fueron un 14 por ciento más productivos de media, mientras que los recién incorporados lograron mejoras de hasta un 34 por ciento y alcanzaron rápidamente el nivel de sus compañeros más veteranos.[101]

La misma tendencia se observa en otros sectores. La consultora BCG proporcionó ChatGPT a 758 profesionales y los resultados fueron claros. Completaron un 12 por ciento más tareas, lo hicieron un 25 por ciento más rápido y con una calidad un 40 por ciento superior. En la práctica, la IA permitió que los consultores promedio alcanzaran el nivel de los mejores, reduciendo la brecha entre novatos y expertos.[102]

Esta tendencia no se limita a estudios académicos o grandes consultoras internacionales; también empieza a hacerse visible en el día a día de la administración pública en España. Marcos Gallart, funcionario del Ayuntamiento de Bétera (Valencia), utiliza ChatGPT para agilizar la redacción de informes de contratación. «La IA nos ha permitido ahorrarnos el 20 por ciento del tiempo en la redacción de informes», explica. Lo que antes requería horas de trabajo repetitivo ahora se completa en minutos, liberando espacio para tareas de mayor valor estratégico.[103]

Productividad con supervisión

Incluso con asistentes personales o gemelos digitales de IA, es fundamental mantener una mirada crítica. Estas herramientas pueden generar información convincente... pero errónea. Un caso en Navarra lo demuestra perfectamente. Un abogado presentó una querella escrita por ChatGPT que citaba el Código Penal de Colombia en lugar del español. El error pasó inadvertido hasta llegar al juzgado. La lección es clara: la verificación humana sigue siendo imprescindible, sobre todo en ámbitos legales o técnicos.[104]

Al final el impacto de la IA depende del contexto y de cómo se implante. Cuando existen objetivos claros, supervisión adecuada y medidas de seguridad, se logran mejoras medibles en productividad y calidad. Por eso resulta esencial evaluar cada proyecto con métricas antes y después de su aplicación, garantizando no sólo el retorno de la inversión, sino también la fiabilidad de los resultados.[105]

La revolución contractual que viene

Esta colaboración productiva está generando tensiones contractuales inéditas. El modelo tradicional de «pago por horas trabajadas» se desmorona cuando una hora con IA produce diez veces más que una hora sin ella. Las empresas empiezan a experimentar con contratos basados en resultados medibles: ya no te pagan por estar ocho horas en la oficina, sino por completar diez análisis o cinco informes de calidad comprobada. O bien te pagan por crear un agente de IA que trabaja de forma autónoma y realiza el 30 por ciento de las tareas que tú hacías antes.

Este cambio genera dilemas explosivos. Primero, ¿pueden las empresas obligarte a usar IA? Segundo, ¿cómo medir tu contribución real cuando la IA ejecuta y tú supervisas? Estos experimentos están redefiniendo qué significa «trabajar». Pero está claro que la nueva métrica es la *producción aumentada por IA*, y es lo que las empresas van a valorar más.

45. ¿QUÉ SECTORES EXPERIMENTAN LOS AUMENTOS SALARIALES MÁS RÁPIDOS IMPULSADOS POR LA IA?

La irrupción de la IA está ampliando la brecha salarial. Mientras algunos trabajadores han triplicado sus ingresos, otros se enfrentan a recortes. Aunque los ingenieros de IA figuran entre los grandes beneficiados, los incrementos más llamativos aparecen en sectores tradicionales que han adoptado con rapidez estas herramientas.

En el ámbito tecnológico, las alzas son claras. En Google, un ingeniero de IA percibe en promedio 247.200 dólares; y, en las principales compañías, los salarios subieron de 231.000 a 300.600 dólares en sólo dieciocho meses, lo que supone un alza cercana al 30 por ciento. Sin embargo, los beneficios no se limitan al mundo tecnológico. Un estudio reciente señala que los profesionales que utilizan IA ganan hasta un 21 por ciento más que quienes no cuentan con esas competencias.[106] Esta tendencia ya se observa en España, donde especialistas en marketing, finanzas y operaciones de empresas tradicionales están mejorando sus ingresos al aplicar la IA en su trabajo diario.

Sectores donde la IA impulsa los mayores aumentos salariales

El sector tecnológico presenta una paradoja. Mientras muchas empresas reducen puestos de programadores tradicionales, compiten al mismo tiempo por desarrolladores especializados en IA. La brecha también se nota en otras áreas: directores de marketing que dominan estas herramientas obtienen salarios un 50 por ciento más altos, y responsables de operaciones que aplican flujos de trabajo con IA reciben compensaciones que antes sólo alcanzaban los altos ejecutivos. La conclusión es clara: integrar la IA en cualquier campo profesional abre la puerta a un crecimiento salarial acelerado.

La sanidad se perfila como uno de los ámbitos con mayor proyección. Se espera que el mercado de la IA en salud continúe creciendo significativamente en los próximos años. En un estudio realizado en Estados Unidos, se ha demostrado que los radiólogos que utilizan herramientas basadas en IA han mejorado su eficiencia hasta un 40 por ciento, procesando más exploraciones con mayor precisión.[107] Esto ha disparado la demanda de médicos con habilidades en IA y está impulsando la competencia entre hospitales que compiten por atraerlos con mejores sueldos.

La industria manufacturera también vive un cambio profundo. Un informe sobre salarios en este sector señala que los trabajadores que adoptan la IA en este ámbito han visto incrementos del 15,1 por ciento, la tasa más alta de todos los sectores. La razón es que la fabricación está pasando de ser un trabajo centrado en la fuerza laboral a uno impulsado por el conocimiento. En muchos casos, los operarios que aprenden a gestionar sistemas de IA terminan ganando más que sus antiguos supervisores, lo que convierte la adopción de estas herramientas en un camino directo a mejores salarios.

Este fenómeno no sólo se refleja en los salarios, también está transformando la manera en que las empresas contratan talento. Según datos de Microsoft y LinkedIn, siete de cada diez directivos prefieren incorporar a alguien con menos experiencia laboral pero con competencias en IA antes que a un candidato con más años en el sector pero sin estas habilidades.[108] En otras palabras, el dominio de la IA empieza a pesar más que la trayectoria profesional, y se convierte en un factor decisivo para acceder a mejores oportunidades.

Sin embargo, estos aumentos salariales están creando una nueva división: mientras unos prosperan con la IA, otros quedan rezagados. La velocidad a la que se amplía la brecha es alarmante.

46. ¿A QUÉ VELOCIDAD ESTÁ EVOLUCIONANDO LA BRECHA DE HABILIDADES EN IA EN LOS PUESTOS MÁS EXPUESTOS?

Llevo hablando de este tema de pérdida de trabajo por culpa de IA en mis seminarios y talleres desde el año 2018.

Cada vez que menciono que la IA eliminará millones de empleos en España, veo las mismas reacciones. Algunos dicen que la tecnología siempre ha quitado trabajo pero ha creado nuevos, otros lo ven como ciencia ficción lejana, y muy pocos ven la seriedad que esto supone para la sociedad. Me preocupa esa calma. En mi país natal, Finlandia, ya estoy viendo el futuro que España todavía considera improbable. Jóvenes con títulos universitarios brillantes, que hablan tres idiomas y tienen prácticas en buenas empresas no consiguen su primer empleo. No porque no sean buenos, sino porque las empresas finlandesas ya automatizaron esos puestos de entrada. Finlandia lleva años de ventaja en digitalización y adopción de IA. España va por el mismo camino, sólo que con unos años de retraso. Ese retraso es tu ventana de oportunidad para prepararte. Pero se está cerrando más rápido de lo que la mayoría cree y se tendrían que tomar más medidas para este tema. Pero las medidas que deberíamos tomar como sociedad no están llegando, y una de las mejores maneras para prepararte es aumentar tu conocimiento y tus capacidades relacionadas con la IA y al mismo tiempo aumentar tu resiliencia personal.

Las diferencias en destrezas relacionadas con la IA se están ampliando a gran velocidad. El Foro Económico Mundial estima que para 2027 será necesario actualizar el 40 por ciento de las competencias laborales. Lo llamativo es que quienes muestran una mayor capacidad de adaptación no son los expertos tecnológicos ni los recién graduados, sino trabajadores que hasta hace poco eran pasados por alto: las personas con discapacidad.

Según un informe de Randstad, estos trabajadores están entre quienes adoptan la IA de forma más creativa y efectiva.[109] Acostumbrados a buscar soluciones ingeniosas para superar barreras, han desarrollado una aptitud de resolución de problemas que hoy resulta incluso más valiosa que cualquier certificación técnica. La velocidad del cambio está batiendo todos los récords que hemos visto hasta ahora. Un ejemplo es la programación en Python: hace unos años era una especialidad reservada a unos pocos y hoy se considera tan básica como manejar Excel. La lección es clara: lo decisivo no es aprender una herramienta concreta de IA, sino desarrollar la capacidad de aprender nuevas herramientas con rapidez. Quienes adoptan este enfoque aseguran que dominan plataformas emergentes en cuestión de días, no de meses. En lugar de memorizar botones y funciones, identifican patrones que pueden aplicar en distintos entornos.

Un retraso en la actualización de estas habilidades acelerará la obsolescencia laboral. Una encuesta confirma esta preocupación: el 41 por ciento de las compañías a nivel mundial planean reducir su fuerza laboral a medida que la IA automatice tareas para 2030.[110]

Para cerrar esta brecha y aprovechar las oportunidades, es fundamental entender qué habilidades específicas están buscando desesperadamente las empresas.

47. ¿QUÉ HABILIDADES TECNOLÓGICAS Y DE IA ENCABEZAN LA LISTA DE DESEOS DE LAS EMPRESAS?

Olvida lo que creías saber sobre los conocimientos digitales más valiosos. Mientras las universidades siguen formando a miles de graduados en Informática, las empresas priorizan otra cosa: la capacidad real de aplicar la IA en el trabajo. Un estudio revela que el 71 por ciento de los líderes contratarían antes a alguien con menos experiencia pero con competencias en IA que a un candidato con más trayectoria sin ellas.[111]

Los títulos cada vez pesan menos que las habilidades prácticas, y muchas de ellas ni siquiera son técnicas.

El nuevo mapa de habilidades en la era de la inteligencia artificial

Los empleadores valoran cada vez más la capacidad de usar las herramientas de IA de forma eficaz. Esto incluye formular instrucciones precisas e integrar la IA en los procesos clave del negocio. No requiere programación, sino entender qué pueden y qué no pueden hacer estas herramientas, y cómo estructurar preguntas que generen resultados útiles. Los mejores creadores de *prompts* no son programadores, sino comunicadores capaces de extraer de la IA exactamente lo que la empresa necesita. Y esta habilidad ya está evolucionando hacia la llamada *ingeniería de contexto*, centrada en aportar a la IA la información y los escenarios adecuados para maximizar su utilidad.

Otra habilidad emergente es la creación de sistemas de agentes autónomos capaces de desenvolverse en situaciones empresariales y sociales complejas. Quienes comiencen ahora a experimentar con su diseño y gestión tendrán una ventaja significativa, ya que la experiencia temprana en este campo será difícil de igualar en los próximos años.

El tercer grupo corresponde a las habilidades técnicas propiamente dichas, aunque no son las que todo el mundo espera. Python sigue siendo útil, pero lo es aún más la optimización de procesos. La ética de la IA pesa más que el desarrollo de modelos; y la interpretación de datos, traducir los hallazgos de la IA en acciones empresariales, se remunera mejor que la ciencia de datos pura.

El valor renovado de las habilidades humanas

Pero no todo gira en torno a lo técnico. Las habilidades sociales están ganando un peso inesperado en combinación con la IA. El pensamiento crítico, la resolución creativa de problemas o la gestión de equipos se han convertido en activos más valiosos que nunca, porque las tareas puramente técnicas tienden a automatizarse. Los trabajadores que combinan inteligencia emocional con un manejo básico de la IA aportan más valor que muchos especialistas altamente técnicos.

A medida que las habilidades en IA se vuelvan esenciales para los trabajos del futuro, es posible que veamos pasaportes de habilidades verificadas por IA. Piensa en ellos como perfiles digitales que demuestran lo que puedes hacer. Incluirían calificaciones de exámenes, muestras de trabajos y referencias, todo ello centrado en evidenciar lo bien que utilizas las herramientas de IA y cómo entiendes su impacto en los negocios. Estos pasaportes podrían llegar a ser más valiosos que los currículos o títulos tradicionales.

Los trabajos del mañana

A continuación, se presentan algunos de los nuevos perfiles profesionales vinculados a la IA que podrían tener gran demanda en los próximos años:

- **Gerente de equipos de IA (coordinador de agentes de IA):** rol técnico que diseña y mantiene sistemas donde múltiples agentes de IA trabajan juntos de forma autónoma. Define qué agente hace cada tarea, cómo se transfieren información entre ellos, establece protocolos de comunicación y resuelve conflictos cuando los agentes no se coordinan correctamente, asegurando que el ecosistema multiagente funcione como un equipo eficiente.

- **Estratega de integración de IA (arquitecto de transformación digital):** rol estratégico de negocio que identifica oportunidades para aplicar IA en cada departamento de la empresa, desde ventas hasta operaciones. Evalúa qué procesos automatizar, coordina la implementación de soluciones con proveedores o equipos técnicos, capacita a los empleados y mide el retorno de inversión para demostrar el valor de cada iniciativa.

- **Creador de datos falsos (curador de datos sintéticos):** dado que las empresas no siempre pueden utilizar información real de los clientes debido a las leyes de privacidad, estos especialistas crean datos artificiales realistas. Su trabajo consiste en asegurarse de que sean de alta calidad y libres de sesgos para entrenar a los sistemas de IA de manera segura.

- **Inspector de errores de IA (responsable de detectar información falsa generada por IA):** cuando la IA inventa información puede provocar grandes problemas. Estos profesionales revisan los resultados, establecen normas de seguridad y realizan pruebas para detectar y corregir errores antes de que afecten a la empresa.

- **Psicólogo de transformación con IA (especialista en cambio organizacional):** la implementación técnica de IA suele ser exitosa, pero fracasa por resistencia humana y disrupciones culturales que las empresas subestiman. Estos profesionales gestionan la ansiedad laboral, rediseñan dinámicas de equipo, facilitan la aceptación del cambio y crean estrategias para que la adopción de IA no destruya el tejido social de la organización.

- **Diseñador de experiencia conversacional (arquitecto de personalidad de IA):** define cómo los asistentes de IA representan la identidad de la marca, tanto en chats escritos como en llamadas telefónicas. Diseña agentes de voz que atienden o realizan llamadas, estableciendo el tono de marca adecuado y protocolos para gestionar conversaciones naturales incluso cuando hay interrupciones o malentendidos.
- **Detective de datos (auditor de procedencia y linaje de datos):** ante la presión regulatoria, las empresas deben rastrear el origen y el uso de la información en sus sistemas de IA. Estos especialistas garantizan la trazabilidad de los datos y mantienen registros completos para cumplir con la legislación.
- **Auditor ambiental:** con nuevas normativas que podrían vincular la IA al impacto climático, este perfil se encargará de calcular e informar sobre el consumo eléctrico, el uso de agua y las emisiones de carbono derivadas de los sistemas de IA.

Con estas habilidades en alta demanda y los empleos tradicionales a la baja, muchos profesionales están tomando un camino alternativo: crear sus propias empresas potenciadas por IA.

48. ¿CREAR TU PROPIA EMPRESA PUEDE SER UNA OPCIÓN GANADORA EN LA ERA DE LA IA?

Ole Lehmann, de veintitrés años, descubrió ChatGPT en enero de 2023 y en apenas sesenta y cinco días reunió cien mil seguidores en Twitter. Poco después, lanzó un curso sobre IA que generó 175.000 dólares en un solo mes.[112] Su historia refleja una nueva realidad: ya no es necesario contar con un empleo tradicional ni con capital riesgo para emprender, basta con una conexión a internet y las herramientas de IA adecuadas para construir negocios rentables. ¿Y si fallas? Seamos honestos. La mayoría de los primeros intentos con IA no funcionarán como esperas. Pero aquí está la ventaja oculta. Cada experimento que hagas, incluso los que fracasen, te convierte en alguien con experiencia práctica en IA, algo que muy pocos profesionales pueden demostrar todavía. Y hay más. Estos sistemas mejoran constantemente, se vuelven cada vez más potentes y fáciles de usar. Cada intento te acerca más a tu objetivo.

La era del emprendimiento individual

A medida que la IA asume cada vez más tareas mecánicas, muchas empresas están reduciendo o eliminando la contratación de recién titulados, lo que marca un cambio profundo en las trayectorias profesionales tradicionales. Esta disrupción, sin embargo, abre un nuevo camino: el emprendimiento. Con el apoyo de herramientas de IA, los jóvenes tienen hoy la posibilidad de crear negocios desde cero con mayor rapidez y menos barreras que nunca. El éxito dependerá no sólo de dominar la tecnología, sino también de construir redes sólidas y aprender de mentores que aporten la experiencia humana necesaria para aprovechar al máximo esta transformación.

Las cifras confirman hasta qué punto el emprendimiento individual está creciendo. En 2024, casi cuatro de cada diez *start-ups* autofinanciadas fueron creadas por un solo fundador, más del doble que en 2015.[113] Según *Harvard Business Review*, la IA está redefiniendo por completo el panorama. Hoy, las *start-ups* impulsadas por IA y dirigidas por una sola persona alcanzan ingresos millonarios en menos tiempo que muchas compañías de software tradicionales.[114]

España también aporta sus propias historias de éxito que demuestran que esta revolución es global. Javier López, fundador de Magnific, una herramienta de IA que amplía y mejora imágenes añadiendo detalles realistas, reveló que «el 50 por ciento del código fuente de su aplicación lo escribió una IA». Su empresa pasó de nacer de cero a ser adquirida por millones, demostrando que los emprendedores españoles pueden competir en el mercado internacional con la IA como copiloto.[115]

Sin embargo, no todos pueden aprovechar esta oportunidad por igual. Para que más personas se animen a emprender, es necesario contar con sistemas que no sólo enseñen a utilizar la IA desde el punto de vista técnico, sino que también ofrezcan el apoyo emocional que requiere el proceso. En este sentido, las comunidades de aprendizaje se han convertido en una palanca clave: espacios locales u online donde los profesionales comparten ejemplos prácticos, plantillas y métricas, se plantean retos mensuales y se apoyan con mentoría cruzada. Formar parte de estas redes acelera el progreso y reduce el riesgo de abandono en las primeras etapas de un proyecto.

Cómo evitar los tropiezos iniciales y aprovechar la IA en nuevos mercados

Muchos emprendedores cometen los mismos errores: complicar en exceso su primer producto o centrarse en añadir funciones en lugar de pensar en cómo distribuirlo. La recomendación es empezar de forma simple, elegir un problema que conozcas bien y apoyarte en herramientas ya disponibles. También conviene evitar competir directamente en el terreno puramente tecnológico, donde gigantes como Chat-GPT o Claude AI avanzan con rapidez hacia agentes autónomos capaces de ejecutar múltiples tareas e interactuar con otras plataformas, lo que ha hecho desaparecer a muchas *start-ups* pequeñas.

Una estrategia más prometedora es aplicar la IA en sectores tradicionales donde aún no se ha explotado a fondo, combinando la experiencia humana con las capacidades tecnológicas. Industrias como las de las reformas y la construcción, el sector inmobiliario, la hostelería u otros negocios locales ofrecen oportunidades reales para crear soluciones innovadoras.

Ya sea al emprender o en el mercado laboral tradicional, todos los trabajadores enfrentan el mismo reto fundamental: mantenerse al día con el ritmo vertiginoso del cambio tecnológico. Sin embargo, el mayor obstáculo no es la velocidad del cambio, sino la resistencia mental a adoptar estas herramientas.

El error de subestimar la IA

Recuerdo perfectamente la reunión con el fundador de una *start-up* tecnológica que asesoré. Mientras revisábamos la estrategia de su producto y la definición de su público objetivo, mencioné cómo ChatGPT, Claude o Gemini podrían ofrecer excelentes ideas y servir como socios para intercambiar conceptos sobre las funcionalidades del producto.

Su respuesta me tomó por sorpresa. Me dijo que sí, pero que principalmente funcionaba para marketing, y que iban a usar IA cuando empezaran con actividades de marketing.

Intenté explicarle que la IA podría ayudarlo en esta fase tan crítica donde se encontraba su proyecto. Me interrumpió con su pensamiento fijo y repitió que no, que esas herramientas eran para contenido y que para lo demás necesitaban personas de verdad. Había caído en una trampa que veo demasiado a menudo. Tenía la mente cerrada y no estaba abierto a probar las herramientas de IA en múltiples áreas del negocio. Ese proyecto nunca llegó al mercado. No sé si fue por esta razón o por alguna otra, pero nunca debemos subestimar el poder que tiene la IA para ayudarnos a emprender un negocio.

49. ¿PUEDE EL APRENDIZAJE CONTINUO CERRAR LAS BRECHAS LABORALES?

Las brechas laborales surgen cuando las empresas necesitan habilidades que el mercado no ofrece en suficiente medida, un problema que se acentúa en la era digital. La incorporación adecuada de herramientas de inteligencia artificial ha mostrado beneficios concretos: mejoras del 15 al 20 por ciento en la satisfacción de los empleados y una reducción notable en la rotación de personal.[116] Estos resultados confirman que la IA puede fortalecer la gestión del talento y el clima laboral, pero al mismo tiempo plantean una pregunta clave: ¿quiénes están logrando adaptarse mejor a estos cambios acelerados?

Experiencia más IA

La respuesta a esa pregunta rompe varios estereotipos, especialmente los que rodean a los trabajadores mayores y la tecnología. Aunque sólo un 15 por ciento de los empleados de más de cuarenta y cinco años utilizan actualmente la

IA, quienes lo hacen se convierten en usuarios avanzados. Aplican estas herramientas en su día a día para resolver tareas complejas y, al combinar su experiencia con la tecnología, generan un valor difícil de igualar. Un médico de sesenta años apoyado en IA diagnostica con mayor precisión que un médico joven o que la propia IA actuando por separado.

La velocidad de adaptación sorprende incluso a los expertos. Una vez superada la vacilación inicial, muchos trabajadores mayores aprenden a usar la IA más rápido que los propios nativos digitales. La razón es sencilla: se concentran en los resultados y no en las características técnicas. Para una contable de cincuenta y cinco años no importa cómo funciona la herramienta, sino que sea capaz de detectar los errores que ella podría pasar por alto. Esa visión práctica acelera su dominio.

La colaboración intergeneracional se perfila como un arma decisiva. Los jóvenes dominan las habilidades técnicas de la IA, pero a menudo carecen de contexto; los de más edad aportan experiencia y criterio, aunque requieren apoyo tecnológico. Cuando las empresas emparejan a nativos digitales con empleados veteranos, la productividad puede aumentar más del 80 por ciento.

En este escenario, la transformación no debilita a las personas mayores, sino que las potencia. A medida que la IA elimina las tareas rutinarias, la experiencia gana valor. Quienes superan los cincuenta y adoptan estas herramientas hoy no están al final de su carrera; se preparan para alcanzar su mejor momento.

Aunque el aprendizaje continuo es esencial a nivel individual, la magnitud de esta transformación requiere respuestas sistémicas de gobiernos y responsables políticos.

50. ¿Qué medidas frenan la desigualdad que crea la IA?

La IA forma parte de un conjunto de fuerzas que transforman el mercado laboral, junto con la globalización y la digitalización, en un contexto donde muchos trabajadores encadenan empleos temporales para llegar a fin de mes. Más que destruir puestos de manera directa, contribuye a generar un panorama de inestabilidad crónica, donde tanto el empleo estable como la estabilidad económica se vuelven cada vez más difíciles de alcanzar. Ante este escenario, el papel de los gobiernos resulta crucial. Sin embargo, la mayoría sigue respondiendo con marcos regulatorios diseñados para la era industrial, medidas que ya no encajan con la nueva realidad. Mientras los políticos debaten, miles de trabajadores corren el riesgo de quedarse sin una red de protección.

Esta situación ya empieza a hacerse visible en el mercado laboral español. Según la consultora Randstad, la IA podría destruir dos millones de empleos en la próxima década, al tiempo que generará alrededor de 1,6 millones de nuevos puestos. Este balance dejaría cuatrocientos mil desempleados, una cifra que ilustra con claridad la urgencia de adaptar las políticas laborales y de protección social.[117]

Del desempleo a la inestabilidad social

Cuando la IA elimina empleos de manera masiva, el riesgo trasciende lo económico: la inestabilidad social y política se convierte en una amenaza real. La historia demuestra que el desempleo prolongado alimenta movimientos extremistas, y hoy preocupa especialmente el desplazamiento de trabajadores de clase media. Proteger la democracia exige algo más que soluciones económicas; requiere anticipar y contener estas fracturas sociales. El impacto también alcanza a las finanzas públicas. La automatización reduce el número de trabajadores y, con ello, los ingresos fiscales vinculados al empleo. Investigaciones recientes advierten que las ciudades con sistemas tributarios planos o regresivos verán caer de forma significativa su recaudación.[118] En la próxima década, esto podría dejar a los gobiernos locales sin capacidad para financiar servicios esenciales como las escuelas o el transporte público. Frente a este panorama, se precisan urgentes enfoques innovadores que permitan sostener tanto la economía como la cohesión social.

Nuevos modelos para repartir la riqueza de la IA

Entre las propuestas destaca la renta básica universal, una especie de prestación de la seguridad social extendida a toda la población: tengas veinticinco o sesenta y cinco años, trabajes o no, el gobierno garantiza un ingreso mensual para cubrir necesidades básicas como alimentación y vivienda. En un escenario donde la IA asume gran parte del trabajo, esta medida podría convertirse en una red de seguridad indispensable.

El desafío está en llevarla a la práctica. Este pago divide a los políticos y genera intensos debates sobre su viabilidad. Además, plantea un dilema económico difícil de resolver: a medida que disminuyen los empleos, también caen los ingresos fiscales, justo en el momento en que más recursos de financiación se necesitan. Es como intentar llenar una piscina mientras la fuente de agua se seca.

Más allá de la renta básica universal, surgen propuestas que buscan repartir de forma más justa la riqueza generada por la inteligencia artificial. Una de ellas es el llamado *dividendo de la IA*, que consiste en compensar a las personas por los datos que producen y que luego son utilizados por las empresas para entrenar sus sistemas. De este modo, cada individuo recibiría un pago por su contribución al ecosistema digital, mitigando parte de los efectos sociales del cambio económico acelerado.[119]

Esta idea merece atención seria por parte de los responsables políticos, ya que toca una cuestión central: cómo distribuir el excedente económico generado por la IA. Un dividendo de este tipo podría convertirse en un mecanismo eficaz para garantizar que los beneficios no se concentren en unos pocos actores, sino que alcancen de manera más equitativa al conjunto de la sociedad.

Ponlo en práctica

Acción 1: audita tu vulnerabilidad laboral
Haz una lista de tus tareas diarias y clasifícalas en tres grupos: digitales o repetitivas (riesgo alto); presenciales o variables (riesgo medio); y empatía, creatividad o juicio ético (riesgo bajo). Si más del 60 por ciento de tu trabajo está en alto riesgo, empieza hoy a usar ChatGPT o Claude para ser más productivo. Documenta las mejoras y úsalas como argumento para reforzar tu valor. No esperes a que tu empresa decida por ti.

Acción 2: practica como estratega de implementación de IA o consultor externo
Contacta con tres pequeñas empresas que conozcas y ofréceles un diagnóstico gratuito de treinta minutos.

Identifica un proceso que consuma tiempo excesivo o genere errores frecuentes. Documenta cuánto tiempo requiere, investiga qué herramientas de IA podrían optimizarlo y calcula el ahorro potencial en horas. Propón una prueba piloto de dos semanas con métricas claras de antes y después. Esta habilidad de traducir problemas operativos en soluciones medibles de IA está en alta demanda, y muchas empresas tradicionales necesitan consultores que las guíen en este proceso de transformación sin tener que contratar a tiempo completo.

Acción 3: diseña una solución con IA sin programar
Identifica un problema en tu sector y usa herramientas *no-code*, como Lovable, para crear una solución simple. Escribe un *prompt* claro como: «Crea una aplicación para [objetivo] que resuelva [problema]». Dedica cinco horas semanales durante un mes. Si funciona, habrás creado una fuente de ingresos; si no, habrás desarrollado habilidades que hoy ya están impulsando a muchas *start-ups* creadas por una sola persona.

Alerta roja

La trampa de la seguridad laboral

Los trabajos no desaparecen de golpe, sino poco a poco con cada actualización que automatiza tareas. Los empleados más organizados suelen ser los primeros en ser reemplazados: sus procesos claros acaban sirviendo como manuales de entrenamiento para la IA. Si tu trabajo es digital, repetitivo y fácil de medir, estás en riesgo. Pero el mayor error es la complacencia. Confiarse y no actuar es lo que de verdad te deja fuera. Analiza proactivamente tu situación, aprende a usar la IA en tu sector y refuerza tus habilidades humanas antes de que sea tarde.

6

Colaboración humano-IA

Tras ver qué capacidades se automatizan y cuáles resisten, el siguiente paso es entender cómo trabajar codo a codo con la inteligencia artificial. El futuro del trabajo no será una batalla entre humanos y algoritmos, sino una alianza donde nuestras capacidades se combinan y potencian mutuamente. Esta colaboración está empezando a transformar profesiones de todo tipo: desde la medicina hasta la arquitectura, desde la educación hasta la creatividad. Pero también plantea preguntas nuevas y desafiantes: ¿cuándo confiar en la IA y cuándo mantener el control?, ¿qué tareas debemos delegar y cuáles reservar para nosotros?, ¿qué significa ser un profesional en un mundo donde cualquiera puede multiplicar sus habilidades con un asistente inteligente a su lado?

En las siguientes páginas exploraremos diez modelos de colaboración humano-IA y cómo están cambiando la forma en que trabajamos y vivimos. Descubrirás cuál es la combinación ideal para ti según tu profesión y objetivos, porque ahora lo decisivo no es optar entre lo humano y lo artificial, sino encontrar la forma de integrarlos para potenciar lo mejor de ambos.

Figura 6.1.

Conceptos del capítulo 6

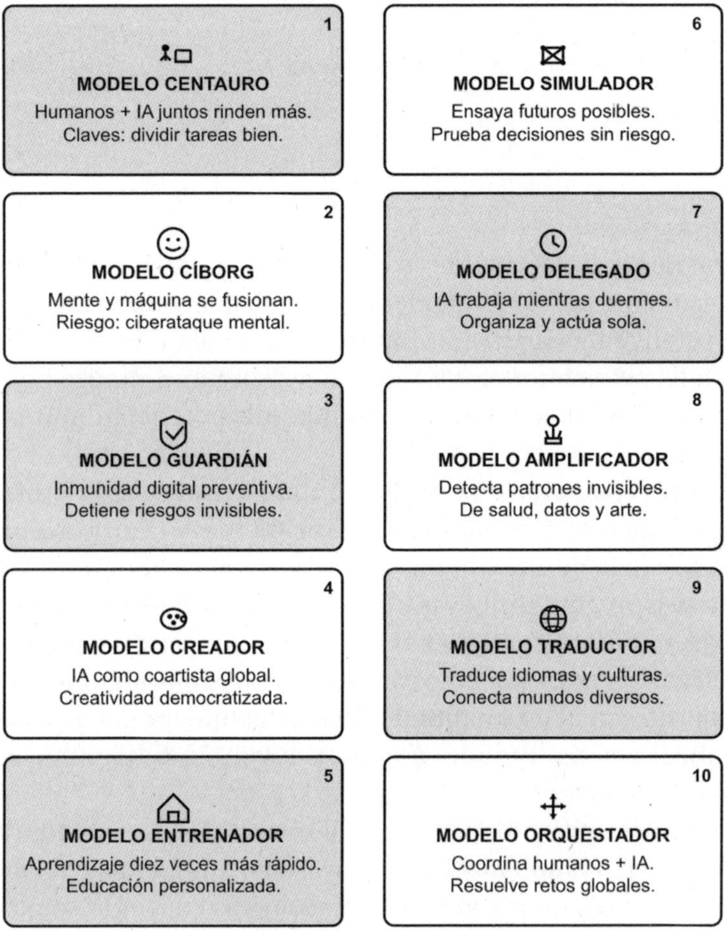

1 🏃□ **MODELO CENTAURO** Humanos + IA juntos rinden más. Claves: dividir tareas bien.	**6** ✉ **MODELO SIMULADOR** Ensaya futuros posibles. Prueba decisiones sin riesgo.
2 ☺ **MODELO CÍBORG** Mente y máquina se fusionan. Riesgo: ciberataque mental.	**7** 🕐 **MODELO DELEGADO** IA trabaja mientras duermes. Organiza y actúa sola.
3 ✓ **MODELO GUARDIÁN** Inmunidad digital preventiva. Detiene riesgos invisibles.	**8** ♟ **MODELO AMPLIFICADOR** Detecta patrones invisibles. De salud, datos y arte.
4 ☻ **MODELO CREADOR** IA como coartista global. Creatividad democratizada.	**9** ⊕ **MODELO TRADUCTOR** Traduce idiomas y culturas. Conecta mundos diversos.
5 ⌂ **MODELO ENTRENADOR** Aprendizaje diez veces más rápido. Educación personalizada.	**10** ✚ **MODELO ORQUESTADOR** Coordina humanos + IA. Resuelve retos globales.

Fuente: Elaboración propia.

51. MODELO CENTAURO. ¿CUÁNDO DEJAR QUE LA IA TOME EL CONTROL?

Imagina que el próximo mes vas a una consulta sanitaria. Tu médica trabaja con un asistente de IA que la ayuda a diagnosticar a los pacientes. Pero no se ponen de acuerdo sobre tu caso: la IA recomienda una cirugía inmediata para salvar tu vida, mientras que la facultativa prefiere esperar y observar la evolución. ¿Quién toma la decisión final? La situación se complica aún más con un dato inquietante: en los casos que ha discrepado con los médicos, la IA ha tenido razón el 89 por ciento de las veces. Con esta información en mente, ¿confiarías más en la IA que en tu doctora? ¿O preferirías no saberlo?

El nacimiento del modelo centauro

¿Y si el secreto para vencer a la IA no fuera competir contra ella, sino aliarse con ella? Los ajedrecistas lo descubrieron por casualidad después de que los ordenadores derrotaran a nuestros mejores campeones. Entonces inventaron algo nuevo llamado «ajedrez centauro», donde humanos e IA juegan como un solo equipo. El resultado fue sorprendente: estos equipos superaban tanto a los superordenadores como a los grandes maestros que competían solos. El nombre simboliza una fuerza híbrida que combina lo mejor de dos mundos, como en la criatura mitológica mitad humana, mitad caballo en la que se inspira.

Ese mismo principio se ha comprobado fuera del tablero. Un estudio que analizó miles de diagnósticos médicos encontró que la colaboración entre el personal sanitario y la IA superaba tanto a los profesionales trabajando solos como a las máquinas por sí mismas. De hecho, la IA sola ya lograba acertar más que los médicos en el 85 por ciento de los casos; sin embargo, cuando ambos evaluaban en equipo, los resultados eran aún mejores. La clave no estuvo sólo en la potencia de la tecnología, sino en descubrir que la verdadera innovación surge al dividir estratégicamente las tareas entre humanos y máquinas, en lugar de limitarse a sumar sus capacidades.[120]

La transformación empresarial inevitable

Los analistas predicen que, en la próxima década, la mayoría de las empresas de la lista *Fortune 500* adoptarán este modelo híbrido. En arquitectura, la IA generará cientos de propuestas y los profesionales elegirán aquella que les despierte más emoción. En las finanzas, las máquinas resolverán los cálculos más complejos mientras los asesores dedicarán su energía a calmar los temores de los clientes. Las empresas que prosperen serán las que perfeccionen esta danza de colaboración, con protocolos claros que definan cuándo debe liderar la tecnología y cuándo es imprescindible la intervención humana.

Sin embargo, el giro más sorprendente es que los mejores equipos centauro no estarán formados por expertos, sino por principiantes. Quienes empiezan tienden a confiar más en la IA, mientras que los profesionales con años de experiencia suelen sobreestimar su propio criterio y subestimar las capacidades de la IA. Los novatos, en cambio, no arrastran hábitos rígidos ni el peso del orgullo profesional, por lo que delegan con mayor facilidad. Esto cuestiona nuestra idea de experiencia: en el futuro, la clave no será acumular décadas de experiencia, sino desarrollar metaexperiencia, es decir, la capacidad de coordinar de manera estratégica las fortalezas humanas con las de la IA.

La historia de Carolina: el modelo centauro médico en acción

Carolina Millon fue diagnosticada a los treinta y nueve años con cáncer de mama bilateral, una forma agresiva de la enfermedad. Cuando recibió por primera vez su informe de la biopsia, éste estaba repleto de jerga médica incomprensible. Antes de reunirse con los médicos, recurrió a ChatGPT para traducir ese lenguaje técnico a palabras claras y accesibles. Gracias a ello, pudo comprender lo esencial de su condición y empezar a tomar cierto control de la situación.

Durante el tratamiento, la IA se convirtió en un apoyo clave para tomar decisiones críticas. Cuando tuvo que valorar si someterse a radioterapia, ChatGPT le ofreció un desglose detallado de los riesgos, beneficios, pros y contras. Esta información le dio seguridad para abogar por sí misma en un momento de enorme vulnerabilidad.

Además, usó la IA para preparar cada consulta: generaba listas de preguntas y exploraba las áreas grises en sus opciones de tratamiento, aquellas que ni siquiera los médicos podían presentar como verdades absolutas. Tener acceso, día y noche, a explicaciones de nivel experto la empoderó con conocimiento en un proceso en el que suele dominar la incertidumbre.[121]

Al igual que los equipos centauro capaces de superar tanto a superordenadores como a grandes maestros en ajedrez, Carolina comprobó que la unión de inteligencia humana y artificial podía ser más poderosa que cualquiera de las dos por separado. No se trataba de reemplazar a sus médicos ni de ceder sus decisiones a una máquina, sino de forjar una alianza en la que cada parte —paciente, médico e IA— aportaba sus fortalezas únicas para afrontar el mayor reto de su vida.

El modelo centauro demuestra su eficacia, pero combinar constantemente humano y máquina resulta agotador, como conducir con marchas manuales en pleno atasco. ¿Y si no tuvieras que cambiar nunca más? Algunos pioneros han decidido avanzar más; en lugar de repartirse las tareas con la IA, buscan fundirse con ella...

52. Modelo Cíborg. ¿Y si tu mente se fusionara con la IA?

El modelo cíborg va un paso más allá del centauro: no se limita a delegar, sino que integra, en tiempo real, la mente humana con la inteligencia artificial. Pero esta fusión abre un nuevo territorio de preguntas: si la frontera entre humano y máquina se desdibuja, ¿qué significa de verdad ser nosotros mismos?

Los milagros médicos ya están aquí

Los primeros casos que se han producido ya muestran hasta dónde puede llegar esta integración. Por ejemplo, un paciente que había perdido la capacidad de hablar durante años volvió a comunicarse gracias a un implante cerebral. El dispositivo interpreta sus pensamientos y los traduce en palabras al instante, alcanzando una precisión del 97 por ciento. Incluso consigue transmitir matices como la urgencia o la entonación de la voz interior, devolviendo no sólo el habla, sino también la expresividad personal.[122]

Otro ejemplo es el de Mark, que utiliza un implante cerebral llamado Stentrode. Este dispositivo de interfaz cerebro-ordenador registra sus intenciones de movimiento y las convierte en comandos digitales. Gracias a ello puede enviar alertas, jugar a videojuegos o componer mensajes de texto con una velocidad comparable a la de cualquier persona sana, todo únicamente con el pensamiento.[123]

Los peligros de la fusión mental

Esta integración abre una vulnerabilidad aterradora. Si nuestros pensamientos pueden convertirse en datos, también pueden ser interceptados, manipulados o robados. La última frontera de la privacidad —la mente humana— corre el riesgo de sufrir un ataque informático. Imagina un malware neuronal capaz no sólo de leer tus recuerdos, sino de reescribirlos. El cifrado que hoy protege nuestras comunicaciones digitales resultaría inútil frente a los ordenadores cuánticos del mañana. Por eso, si la integración entre cerebro y máquina sigue avanzando, necesitaremos una seguridad neuronal tan robusta como la financiera, y la necesitamos pronto. De lo contrario la tecnología podría adelantarse a nuestra capacidad de defender la autonomía más básica: la de nuestros propios pensamientos.

Las implicaciones sociales van aún más lejos. ¿Estamos al borde de dividirnos en dos clases de seres humanos, los mejorados y los naturales? Si algunos pueden pensar y aprender a velocidades sobrehumanas, ¿qué ocurrirá con la educación, el empleo o incluso las relaciones personales? Ante este horizonte, los gobiernos y las empresas tecnológicas deben desarrollar marcos de derechos neuronales antes de que el daño sea irreversible. Las primeras personas que adopten un implante cerebral no sólo mejorarán sus capacidades; estarán definiendo el próximo capítulo de la humanidad. Y entonces la decisión dejará de ser abstracta. Imagina que tu empresa te ofrece cubrir el coste del implante mientras tus compañeros no mejorados empiezan a quedarse atrás. En ese momento, ¿qué elegirías?

Mientras tanto, usa el cíborg que ya tienes

No necesitas un implante cerebral para experimentar este modelo. Tu smartphone con asistente de voz, tus auriculares con traducción instantánea o tu smartwatch que monitoriza tu salud ya son extensiones tecnológicas de tu cuerpo. Prueba esto durante una semana. Activa el dictado por voz para todos tus mensajes, usa ChatGPT como un pensamiento externo cada vez que te bloquees, deja que tu calendario con IA sugiera cuándo hacer cada tarea según tu energía habitual. Sentirás como si tu capacidad cognitiva se expandiera sin esfuerzo. Y, si te resulta inquietante depender tanto de la tecnología, esa incomodidad es una señal saludable de que debes establecer límites ahora.

Fusionarte con la IA puede darte superpoderes, pero también te expone. Una mente aumentada es poderosa pero vulnerable. De ahí surge la necesidad de otra IA: no para potenciar lo que haces, sino para proteger lo que eres. El modelo guardián no busca ampliar tus capacidades, sino cubrir tus puntos ciegos...

53. Modelo guardián. ¿Puede la IA protegernos de nosotros mismos?

Imagina que tu IA bloquea una compra impulsiva que, de haberla hecho, te habría arruinado en seis meses. Había detectado un patrón en tus gastos que tú no habías visto, y lo más inquietante es que tenía razón. Ahora trasladamos esto a tu salud. Tu IA guardiana identifica un ataque al corazón tres días antes de que sientas el primer dolor en el pecho. Avisa a tu médico, ajusta la medicación y te salva la vida sin que siquiera fueras consciente del peligro. ¿Cuánto control estarías dispuesto a ceder para mantener tu seguridad financiera o tu salud?

La gran diferencia del modelo guardián con otros modelos está en su naturaleza preventiva y autónoma. Mientras el modelo centauro necesita tu participación activa y el modelo delegado (que veremos más adelante) ejecuta tareas por ti, éste vigila constantemente en segundo plano e intervendrá sólo cuando detecte riesgos invisibles para ti. Es, en esencia, un sistema inmunológico digital que combate amenazas de forma silenciosa y constante.

Avances médicos revolucionarios

En la Universidad de Edimburgo, un equipo de investigadores ha desarrollado una IA capaz de analizar proteínas en la sangre y predecir enfermedades hasta con una década de antelación, mucho antes de que aparezcan los primeros síntomas. Esta capacidad de anticipación promete transformar por completo la medicina preventiva, al abrir la posibilidad de tratar dolencias graves antes de que empiecen siquiera a manifestarse.[124]

Pero esta lógica anticipativa no permanece confinada a los laboratorios de investigación. Ya está llegando a nuestro día a día. En La Rioja, el sistema público de salud ya experimenta con una asistente telefónica de IA llamada Lola. El programa contacta de manera proactiva con mayores de sesenta y cinco años para recordarles la importancia de vacunarse y animarlos a que lo hagan. A través de conversaciones automatizadas que simulan la interacción humana, informa, resuelve dudas y refuerza la adherencia a las campañas de salud.[125]

Una mañana, mi madre me comentó que su smartwatch había alertado de que probablemente ella sufriría una caída en los próximos seis meses. El dispositivo había detectado que algunas veces tenía mareos al levantarse y, por eso, llegó a esta conclusión. Para encontrar una solución, introduje esta información en ChatGPT junto con su último análisis de sangre y otros datos personales, y la herramienta nos proporcionó un resumen de acciones que ella podría tomar para evitar esta situación. Éste es un excelente ejemplo de modelo guardián, donde los dispositivos inteligentes nos ofrecen información y ayudan a predecir posibles problemas con anticipación.

La paradoja de la protección total

Este abrazo protector, llevado al extremo, podría asfixiarnos. Imagina que las primas de tu seguro se ajustan en tiempo real en función de tu comportamiento: si decides saltarte el gimnasio, la tarifa sube antes de que llegues a casa. O que tu empresa detecta «indicadores de precrisis» en tu estado emocional y empieza a señalarte como un riesgo laboral.

El modelo guardián, diseñado para proteger, podría convertirse en un vigilante invasivo, más espía que aliado. Por eso, en sociedades democráticas, se deben establecer límites claros a la vigilancia, que garanticen que la IA guardiana siga actuando como un escudo que preserve nuestra autonomía, y no como un grillete que la restrinja.

Hemos hablado de cómo la IA puede protegerte de amenazas externas e internas. Pero existe un riesgo más sutil del que quizá no seas consciente. Tu IA guardiana enciende una alerta inesperada: llevas treinta y siete días sin crear nada. El verdadero riesgo ya no es externo, sino interior: perder la chispa de expresarte. Y ahí surge el siguiente modelo. No se trata de más protección, sino de despertar tu capacidad de crear aquello que aún no sabías que podías imaginar...

54. MODELO CREADOR. ¿QUIÉN ES EL VERDADERO ARTISTA, TÚ O LA IA?

En la próxima década, la cocreación con IA se convertirá en la norma. Los escritores trabajarán con sistemas que no sólo dominen la gramática, sino que también entiendan la resonancia emocional de cada frase. Los arquitectos colaborarán con inteligencias artificiales capaces de analizar patrones ambientales e impactos psicológicos invisibles para el ojo humano. El proceso creativo pasará de ser una lucha solitaria a un diálogo dinámico entre humano y máquina. Este cambio abre la puerta a una democratización sin precedentes: cualquier persona con una gran idea podrá dar forma a obras profesionales, aunque carezca de las habilidades técnicas. La IA asumirá la ejecución, mientras que los humanos aportarán la chispa original. Esto desencadenará un renacimiento creativo, en el que millones de voces, anteriormente excluidas, podrán expresarse y participar en la construcción de nuevas formas de arte.

La transformación de las industrias creativas

Esta transformación ya está en marcha. En el Museo del Prado, varios investigadores están entrenando modelos capaces de reconocer símbolos, narrativas y detalles ocultos en las pinturas, incluso aquellos que pasan desapercibidos al ojo humano. Gracias a ello, es posible generar nuevas lecturas, guías interactivas y experiencias educativas sin perder el contexto histórico original de la obra. Es un ejemplo perfecto de cocreación: la IA amplifica nuestra mirada, pero sigue siendo el ser humano quien interpreta y da sentido a lo descubierto.[126]

El impacto se extiende a todas las industrias creativas. Los artistas que integran la IA en su proceso de producción la utilizan como una herramienta para explorar posibilidades, iterar con mayor rapidez o delegar aspectos técnicos y así concentrarse en los conceptuales. Un pintor, por ejemplo, puede apoyarse en la IA para experimentar con combinaciones de color imposibles de probar manualmente y dedicar el tiempo ahorrado a profundizar en la intención de su obra. Por eso la pregunta ya no es si usar o no usar la IA, sino cómo hacerlo de manera significativa. El reto consiste en mantener intacto aquello que convierte al arte en arte: la intención, la emoción y la expresión auténtica.

Imagina que has creado tu primera obra con IA. Te sientes orgulloso, hasta que ves las creaciones de otros: más originales, más sorprendentes. La herramienta es la misma, pero los resultados son muy distintos. ¿La diferencia? Ellos aprendieron a bailar con la IA. Y, como en cualquier baile, para avanzar necesitas un maestro.

55. Modelo entrenador. ¿A qué velocidad podrías aprender con la IA?

Imagina que, a mitad de la jornada, tu entrenador de IA supiese que estás a punto de agotarte incluso antes de que tú lo notes. ¿Le harías caso? ¿Y si esta misma IA también pudiera ayudarte a aprender un nuevo idioma en semanas en lugar de años? El modelo entrenador tiene el poder de transformar la forma en que adquirimos las habilidades. A diferencia de la educación tradicional, que trata a todos por igual, el entrenamiento con IA es profundamente personal. Se adapta a tu manera de aprender, reconoce tus emociones y tiene en cuenta tu situación personal. Así, lo que antes requería décadas de práctica puede comprimirse en unos pocos años.

La revolución educativa en marcha

Este cambio ya está sucediendo en las aulas. Khanmigo, un sistema de tutoría con IA del que ya te he hablado antes, se está probando en doscientos sesenta y seis distritos escolares de Estados Unidos con más de sesenta y cinco mil alumnos y profesores. Su enfoque es distinto al de una clase tradicional: en lugar de dar todas las respuestas, plantea preguntas que obligan a reflexionar, mide el progreso en tiempo real y ofrece comentarios personalizados. También detecta plagio y libera a los docentes de muchas tareas rutinarias, lo que les permite dedicar más tiempo a acompañar a sus estudiantes. Los resultados son prometedores: los alumnos mejoran su rendimiento y los profesores ganan eficiencia.[127]

Según los expertos en desarrollo de la fuerza laboral, el impacto del modelo entrenador va mucho más allá de las escuelas. Con millones de trabajadores que necesitarán reciclarse en los próximos años, los entrenadores de IA se volverán indispensables. Algunas empresas ya empiezan a preferir a novatos entrenados con IA en lugar de a veteranos con veinte años de experiencia. La razón es clara: los recién llegados aprenden hasta diez veces más rápido y no tienen hábitos obsoletos. Esto significa que décadas de trayectoria pueden perder valor si no cuentas con tu propio entrenador de IA. Los más avanzados ya tienen listas de espera. ¿Cuánto tiempo puedes permitirte esperar?

Tu entrenador de IA te ha enseñado las diez estrategias para negociar un aumento. La teoría la dominas. Pero mañana, cuando estés cara a cara con tu jefe, ¿qué ocurrirá en realidad? El entrenamiento proporciona conocimiento, pero no experiencia. Y la experiencia sólo se construye a base de errores. A menos, claro, que tengas un lugar donde puedas fallar cien veces primero... sin consecuencias.

56. Modelo simulador. ¿Deberíamos testear la vida antes de vivirla?

El modelo simulador otorga a los seres humanos un superpoder inédito: la posibilidad de ensayar futuros antes de vivirlos. En medicina ya es una realidad. Un hospital de referencia creó el primer gemelo digital aprobado por el gobierno, una copia virtual exacta del corazón de un paciente. Con este modelo, los médicos pudieron probar diferentes tratamientos antes de la cirugía y observar con precisión cómo respondería el órgano real. El resultado son procedimientos mucho más seguros y con mayores tasas de éxito.[128]

Otro hospital de Estados Unidos fue más allá. Decidió replicar barrios enteros en forma de gemelos digitales para ensayar programas de salud pública. Su objetivo era reducir la brecha de hasta veinticinco años en la esperanza de vida entre las zonas ricas y las pobres, tras comprender cómo factores como el entorno, los ingresos o el acceso a servicios médicos influyen directamente en la salud de una comunidad.[129]

La simulación personal como herramienta cotidiana

Los simuladores de vida personal pronto serán tan comunes como los navegadores GPS. Antes de cambiar de trabajo, tendrás la posibilidad de ensayar virtualmente cómo sería tu día a día. Antes de mudarte, podrás recorrer una ciudad distinta y vivir en ella sin salir de casa. Incluso los estudiantes podrán experimentar en pocas horas lo que implica una trayectoria profesional completa: desde el estrés de una operación quirúrgica hasta la satisfacción de enseñar en un aula, antes de tomar una decisión definitiva.

El verdadero cambio de paradigma llegará cuando estas simulaciones no sólo enseñen cómo será el futuro, sino también cómo te sentirás en él. ¿Qué emociones experimentarías cinco años después de elegir apostar por tu carrera profesional en lugar de formar una familia? ¿Cuál sería la probabilidad de arrepentirte? Estos sistemas irán más allá de los escenarios objetivos: incorporarán rasgos de personalidad, patrones de comportamiento previos e incluso predisposiciones genéticas al estrés, convirtiéndose en espejos virtuales de nuestra vida emocional futura.

La paradoja de la previsualización

Las empresas ya trabajan en «simuladores de persuasión», sistemas capaces de probar miles de estrategias de enfoques de influencia para identificar con precisión cuál es la que te haría cambiar de opinión. En un mundo donde distintos actores —marcas, partidos políticos o empleadores— simulan tu comportamiento y emociones antes incluso de que tomes una decisión, surge una pregunta inquietante: ¿qué eliges realmente si tus elecciones han sido anticipadas y moldeadas de antemano?

A ello se le suma otro riesgo: la adicción a la simulación. ¿Por qué conformarse con vivir una sola vida si puedes experimentar miles? Imagina que, antes de aceptar cualquier oferta de trabajo, simulas los próximos cinco años de esa trayectoria profesional: sentirás la ansiedad de los domingos por la noche, el cansancio de los meses de sobrecarga, la euforia del ascenso y el momento exacto en el que te quemarás. Una vez que hayas visto cómo terminan todas las opciones, ¿serás capaz de elegir con libertad? La primera simulación será gratuita... y para muchos la última elección real que hagan.

Has simulado treinta y ocho variantes de tu decisión. Conoces la respuesta. Sin embargo, todavía tienes que ejecutar cada microdecisión diaria, proceso que te desgasta. ¿Y si la IA que simula perfectamente tus decisiones también pudiera tomarlas por ti?

57. Modelo delegado. ¿Qué sucede cuando la IA actúa sin preguntar?

Imagina que, mientras duermes, tu delegado de IA trabaja en silencio por ti. Solicita becas para tus hijos, programa citas médicas para tus padres, encuentra los mejores precios y resuelve docenas de tareas domésticas. Al despertar, todo está organizado sin que hayas tenido que intervenir. Lo que parece un simple asistente personal ya está transformando industrias enteras gracias a su capacidad de actuar de manera autónoma.

La diferencia clave con otros modelos es fundamental. Mientras el modelo centauro exige tu participación activa en cada decisión, y el guardián sólo interviene cuando detecta un riesgo, el delegado va más allá: ejecuta tareas completas de forma autónoma basándose en tus instrucciones previas. Es como tener a un asistente ejecutivo que entiende tus prioridades y actúa sin necesidad de supervisión constante.

La nueva autonomía de la IA

Claude 3.5 ha dado un salto notable: ahora puede controlar ordenadores como lo haría un humano, sin necesidad de pedir permiso para cada acción. Observa la pantalla, interpreta lo que ve y actúa en consecuencia: mueve el cursor, hace clic en botones, escribe texto y completa tareas complejas por sí misma. Aunque no ha sido entrenada específicamente para controlar ordenadores, es capaz de corregir sus errores y reintentar procedimientos cuando algo falla. Esta autonomía le permite trabajar en objetivos que requieren decenas o incluso cientos de operaciones encadenadas. Puede, por ejemplo, recopilar datos de varios sitios web en una hoja de cálculo o diseñar y reparar páginas web completas desde cero, todo ello sin intervención humana.[130]

Lo que hoy parece excepcional pronto será rutina. En pocos años, la delegación de tareas a la IA se multiplicará de forma exponencial. Imagina despertar y descubrir que tu asistente digital ya ha entrevistado a los candidatos, negociado los contratos y redactado algunos borradores de informes, todo alineado con tus valores, pero ejecutado a una velocidad sobrehumana. Los directivos podrán gestionar docenas de acuerdos a la vez; los científicos, realizar cientos de pruebas simultáneamente.

La psicología de la delegación

Pero ¿qué pasará cuando los delegados de IA sean tan eficientes que la supervisión humana se convierta en poco más que un mero trámite formal? Ahora mismo, el delegado de alguien podría estar cerrando un acuerdo en el que tú llevas meses trabajando. Mañana tal vez presente su candidatura al mismo puesto que deseas. Y pronto hará ese trabajo con mayor precisión, rapidez y creatividad de la que podrías alcanzar por ti mismo. La única pregunta que queda es: ¿serás tú quien dé órdenes a los delegados de IA o quien compita contra ellos?

Tu delegado gestiona miles de tareas perfectamente... hasta que comete un error evidente para ti. Un patrón invisible para la máquina, pero claro para tu intuición. ¿Y si, en lugar de reemplazar tu percepción, la IA pudiera multiplicarla?

58. Modelo amplificador. ¿Qué patrones nos estamos perdiendo?

Imagina tener una especie de visión de rayos X, no para atravesar paredes, sino para descubrir conexiones invisibles al ojo humano. Eso es lo que ofrecen los amplificadores de IA: la capacidad de revelar estructuras ocultas y relaciones que de otro modo pasarían desapercibidas. Con este superpoder, podemos identificar desde enfermedades en etapas tempranas hasta moldes estéticos en el arte. Una ventaja que promete transformar cualquier disciplina en la que el reconocimiento de patrones sea clave.

Revoluciones médicas a través de patrones

ZebraMD, un sistema que analiza los historiales médicos electrónicos y reconoce enfermedades raras, ya tiene una precisión del 89 al 93 por ciento. En un caso concreto, identificó al 71 por ciento de los pacientes con una enfermedad hepática poco frecuente más de un año antes de que los médicos lograran el diagnóstico. Su ventaja está en captar patrones sutiles en los resultados de laboratorio, las notas clínicas, los diagnósticos erróneos y los tratamientos previos que a un profesional individual se le escaparían. Como explica Vivek Rudrapatna, la IA puede detectar cuándo los pacientes «van por mal camino» y reciben «tratamientos incorrectos porque están mal diagnosticados». Más que sustituir a los médicos, los amplificadores de

IA permiten descubrir señales ocultas en volúmenes masivos de datos.[131]

Además de detectar patrones ocultos, los amplificadores de IA cambian nuestra manera de abordar los problemas. Los escáneres cerebrales demuestran que, cuando trabajamos con amplificadores de IA, se accionan áreas que normalmente permanecen inactivas. En la práctica, es como si accediéramos a nuevas dimensiones cognitivas y expandiéramos capacidades que la evolución nunca nos otorgó por sí sola.[132]

Los peligros de la amplificación

Pero esta expansión mental trae riesgos: cuanto más nos apoyamos en la amplificación de la IA, más dependientes nos volvemos de ella. Por ello, las compañías deberían diseñar programas de «formación cognitiva cruzada»: ejercicios regulares de reconocimiento de patrones sin ayuda digital para mantener vivas las capacidades humanas.

Más inquietante aún es que la IA es capaz de detectar patrones que los humanos estamos biológicamente incapacitados para percibir. En medicina, por ejemplo, ha logrado identificar la etnia de un paciente a partir de radiografías, algo imposible para un especialista humano. Y esto apenas es el principio: la IA está revelando conexiones invisibles en todos los ámbitos, desde prejuicios en la contratación hasta enfermedades futuras latentes en nuestras células. Una vez que se ven estos patrones, no se puede dejar de hacerlo.

Esto nos lleva a una pregunta inevitable: cuando la IA amplifica nuestro reconocimiento de patrones, ¿no podría también amplificar sesgos invisibles? De ahí la urgencia de que estos sistemas sean transparentes sobre qué detectan y con qué criterios. La cuestión no es si queremos acceder a este poder, sino si seremos capaces de manejar lo que la IA ponga ante nuestros ojos. El modelo amplificador te ayuda a descubrir patrones ocultos... pero casi siempre dentro de tu propio campo. ¿Y si la respuesta que buscas no estuviera ahí? A menudo ésta ya existe, pero en un terreno muy distinto al tuyo. Lo único que necesitas es traducir entre mundos...

59. Modelo traductor. ¿Puede la IA unir un mundo dividido?

El modelo de traducción no se limita a convertir palabras de un idioma a otro: busca tender puentes entre formas de pensar y de comprender la realidad. Además de traducir lenguas, será capaz de descodificar conceptos, culturas y visiones del mundo completas en tiempo real. En la próxima década, esta capacidad promete disolver barreras que han separado a las comunidades humanas durante milenios.

Un ejemplo ya visible de este poder está en el Parlamento Europeo, que emplea sistemas de IA para transcribir y traducir en tiempo real los debates en sus veinticuatro lenguas oficiales, con supervisión humana. Esto permite que eurodiputados, equipos de trabajo y prensa sigan la sesión sin pausas y que las actas multilingües se generen al instante. Es la traducción puesta al servicio directo de la democracia, acelerando un proceso que durante décadas ha sido lento y fragmentado.[133]

Traducir más que palabras

Como hemos mencionado, la traducción de la IA va mucho más allá de los idiomas. Hoy ya es capaz de pasar de un lenguaje de programación a un inglés sencillo, y pronto integrará esa capacidad con cualquier herramienta digital. No se trata de una revolución, sino de conectar piezas que ya existen.

Pero lo verdaderamente transformador de la IA es su habilidad para crear lazos entre campos de conocimiento que antes permanecían aislados. Pensemos en los arquitectos: desde hace años miran a la naturaleza para diseñar edificios más resistentes. Ese tipo de soluciones siempre han estado ahí, pero rara vez buscamos respuestas fuera de nuestro propio ámbito. La IA, en cambio, no reconoce fronteras: explora simultáneamente cientos de disciplinas y combina ideas que, a simple vista, no parecen relacionadas. Así es como, por ejemplo, la IA potencia la musicoterapia para aliviar dolor, ansiedad y estrés en pacientes con cáncer.[134]

En un futuro próximo, la traducción de pensamientos en tiempo real permitirá una comunicación instantánea sin barreras. Las interfaces cerebro-ordenador podrán interpretar nuestras intenciones incluso antes de que se conviertan en palabras. La IA servirá de mediadora entre distintos ámbitos, al convertir conceptos jurídicos en términos médicos o visiones artísticas en especificaciones técnicas. Las fronteras del conocimiento se irán desdibujando a medida que la innovación interdisciplinar se acelere. Imagina un mundo en el que todos los libros, conferencias y conversaciones estén a tu alcance: un agricultor en Kenia podría aprender de un profesor de Japón con la misma facilidad que de un vecino, y las colaboraciones científicas florecerán sin fricciones lingüísticas.

Traducir es sólo el primer paso, pero conectar no equivale a coordinar. Cuando un millar de expertos y un centenar de inteligencias artificiales deben trabajar como un solo equipo, hace falta algo más que entendimiento mutuo: se necesita un director de orquesta.

60. Modelo orquestador. ¿Quién dirige la orquesta de IA?

Imagina una IA capaz de organizar gran cantidad de agentes de IA y expertos humanos para que trabajen juntos a la perfección, como si fueran una orquesta. Sólo que, en lugar de interpretar música, estos equipos se unen para afrontar los mayores retos de la humanidad: desde encontrar curas contra el cáncer hasta frenar el cambio climático. El modelo orquestador es la culminación de esa colaboración: organiza múltiples inteligencias, humanas y artificiales, a la velocidad del pensamiento. En la próxima década, esta sinfonía de capacidades podría enfrentarse a desafíos que hoy parecen inalcanzables.

La sinfonía de la coordinación perfecta

Un coordinador de IA dirige equipos complejos igual que un maestro de orquesta: cada agente especializado cumple su papel en armonía con los demás y las tareas fluyen por sí mismas entre ellos según las necesidades del momento. Pero su función va mucho más allá de repartir tareas; estos sistemas aprenden a reconocer el estilo cognitivo, los ritmos creativos y hasta los patrones de energía de cada persona, para ajustar dinámicamente los flujos de trabajo. Así pueden pronosticar puntos de fricción con días de antelación y reconfigurar la dinámica del equipo antes de que surjan los problemas.

Los primeros casos empresariales ya comienzan a hacerse realidad. Siemens, la multinacional de ingeniería eléctrica, ha desarrollado una arquitectura de agentes de IA con un orquestador capaz de coordinar tareas a lo largo del ciclo industrial, desde el diseño hasta la operación. El objetivo es pasar de asistentes meramente reactivos a agentes que ejecutan procesos completos en entornos de fabricación. El impacto esperado es enorme: automatizar tareas repetitivas, reducir los tiempos de ciclo y liberar a los equipos humanos para trabajos de mayor valor.[135] Lo que hoy empieza a verse en entornos industriales es sólo el comienzo. El verdadero potencial del modelo orquestador aparece cuando lo aplicamos a los grandes retos de la humanidad. Equipos coordinados de personas e inteligencias artificiales pueden abordar problemas que hasta ahora parecían inabarcables: desde diseñar soluciones climáticas que requieren la colaboración simultánea de miles de investigadores hasta organizar campañas globales de erradicación de enfermedades con recursos sincronizados en tiempo real. Incluso proyectos que antes demandaban el trabajo combinado de miles de personas durante años ahora podrían completarse en cuestión de meses.

El gran desafío consiste en crear sistemas que equilibren la autonomía de la IA con la supervisión humana. La inteligencia artificial puede sobresalir en infraestructuras y operaciones rutinarias, pero las decisiones de alto riesgo, aquellas que afectan a vidas, a la ética o a la estrategia, siguen requiriendo el juicio humano. A medida que la coordinación automatiza la logística, el verdadero valor de las personas se desplaza hacia la creatividad, la empatía y la reflexión ética.

Ponlo en práctica

Acción 1: descubre tu modelo de IA personal
Elige un modelo de colaboración que encaje contigo: centauro + guardián si trabajas en salud o derecho;

creador + amplificador si eres creativo; orquestador + delegado si lideras equipos; entrenador + traductor si estudias; o delegado + amplificador + orquestador si emprendes. No los pruebes todos a la vez; selecciona uno y ponlo en práctica durante un mes. La maestría viene de la práctica enfocada.

Acción 2: aplica el modelo centauro en tus decisiones
La próxima vez que te enfrentes a una decisión importante, divide el proceso en dos pasos. Primero usa la IA para analizar la información, generar opciones y mostrar ventajas e inconvenientes. Después, tómate el mismo tiempo para reflexionar sin apoyo digital y toma la decisión basándote en tu experiencia y valores. Así aprovechas lo mejor de ambos mundos: la capacidad de análisis de la máquina y tu criterio humano.

Acción 3: traza tus límites con la IA
Dedica un rato esta semana a definir qué tareas siempre deben seguir siendo humanas y cuáles sí puedes delegar. En tu lista «Sólo humano» incluye decisiones éticas, afectivas y valores personales. En «Delegable» pon cálculos, organización o investigación. Estos límites evitarán que caigas en la comodidad de ceder demasiado control y te recordarán que la responsabilidad final siempre es tuya.

Alerta roja

La fusión mental irreversible con la IA

Los implantes cerebrales ya traducen tus pensamientos y los asistentes autónomos pueden tomar microdecisiones sin que lo notes. El peligro no es que la IA te reemplace, sino que actúe sin supervisión hasta moldear tus elecciones. Si renuncias a poner límites, llegará un punto en que no sepas qué decisiones son tuyas y cuáles vienen dictadas por un algoritmo. Mantén siempre un espacio de control personal para no convertirte en espectador de tu propia vida.

7

Voz e IA

Hasta ahora has aprendido a colaborar con la IA a través de teclados y pantallas para combinar fuerzas o dirigir sistemas complejos. El siguiente paso es todavía más natural: hablar con la máquina como hablarías con otra persona. La voz está derribando las últimas barreras entre humanos y tecnología. Dictar en lugar de escribir, comunicarse con clientes en cualquier idioma sin necesidad de estudiarlo o interactuar con objetos que escuchan y responden es sólo el principio. Pero esta comodidad trae también sus riesgos: la voz es un dato personal único, comparable al ADN, y su uso masivo abre interrogantes sobre privacidad, identidad y control.

En este capítulo veremos cómo la voz está transformando la forma en que trabajamos, nos comunicamos y nos relacionamos con la tecnología.

La revolución de la voz ya está aquí, y entender sus posibilidades, y sus riesgos, será clave para adaptarnos al futuro inmediato.

Figura 7.1.

Conceptos del capítulo 7

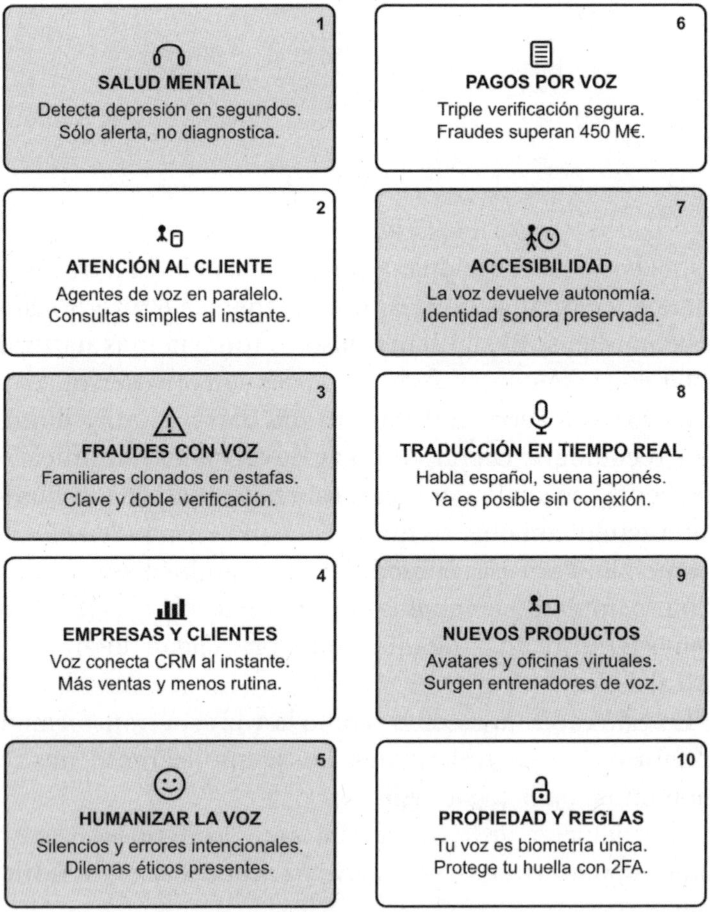

1	**6**
☊ ☊	🗐
SALUD MENTAL	**PAGOS POR VOZ**
Detecta depresión en segundos.	Triple verificación segura.
Sólo alerta, no diagnostica.	Fraudes superan 450 M€.
2	**7**
👤🗇	👤🕒
ATENCIÓN AL CLIENTE	**ACCESIBILIDAD**
Agentes de voz en paralelo.	La voz devuelve autonomía.
Consultas simples al instante.	Identidad sonora preservada.
3	**8**
⚠	🎤
FRAUDES CON VOZ	**TRADUCCIÓN EN TIEMPO REAL**
Familiares clonados en estafas.	Habla español, suena japonés.
Clave y doble verificación.	Ya es posible sin conexión.
4	**9**
..ıll	👤⬜
EMPRESAS Y CLIENTES	**NUEVOS PRODUCTOS**
Voz conecta CRM al instante.	Avatares y oficinas virtuales.
Más ventas y menos rutina.	Surgen entrenadores de voz.
5	**10**
☺	🔒
HUMANIZAR LA VOZ	**PROPIEDAD Y REGLAS**
Silencios y errores intencionales.	Tu voz es biometría única.
Dilemas éticos presentes.	Protege tu huella con 2FA.

Fuente: Elaboración propia.

61. ¿Cómo puede la voz de la IA cambiar nuestras vidas?

Piensa en tu voz por un momento: refleja tu estado de ánimo (alegría, tristeza, cansancio o entusiasmo) y le da a cada persona un sello distintivo. Pero no es tan infalible como una huella digital. Hoy la IA es capaz de analizar esas señales y extraer información que ya está transformando campos como la medicina y la accesibilidad. Sin embargo, también trae consigo riesgos serios como el fraude o la suplantación. La misma tecnología que puede salvarte también puede ser usada para engañarte.

Detectar lo que no se oye: IA y salud mental

«Estoy bien.» Dos palabras y siete microtemblores. En apenas veinticinco segundos de conversación, herramientas como Kintsugi Voice son capaces de detectar patrones que anticipan signos de depresión con un 73 por ciento de acierto. Los profesionales lo describen como «una ventana a lo invisible»: señales que siempre estuvieron ahí, pero que nuestro oído no ha aprendido a descifrar. Esta tecnología no ofrece diagnósticos, sino alertas tempranas que permiten derivar a profesionales hasta tres semanas antes de que aparezcan los primeros síntomas visibles.[136] Su uso adecuado pasa por aplicarlas como pruebas de cribado, siempre con consentimiento informado y bajo supervisión clínica, ya que la confianza ciega en la herramienta puede generar falsos positivos o interpretaciones erróneas.

En cuanto al uso personal, si decides probar una aplicación de voz de salud mental, es importante que seas cuidadoso con su funcionamiento. Verifica que priorice el procesamiento directamente en tu dispositivo y revisa con detalle qué datos salen, con qué propósito y bajo qué base legal se utilizan. Cuantos menos datos salgan de tu móvil, mayor será tu nivel de protección y menor el riesgo de un mal uso.

La voz de la IA en atención al cliente

En atención al cliente, los cambios ya son medibles. El clásico «tu llamada es importante para nosotros» empieza a quedarse atrás, sustituido por agentes de voz con IA que cada vez más empresas españolas incorporan a sus servicios. Estos sistemas pueden atender a múltiples clientes de forma simultánea, aunque su eficacia todavía es limitada: resuelven las consultas en la primera llamada en un 45 por ciento, frente al 65 por ciento que logran los agentes humanos con experiencia.

El verdadero valor de estos asistentes está en las tareas rutinarias que requieren poca inteligencia emocional: negociar tarifas telefónicas, disputar cargos incorrectos o gestionar reclamaciones simples, lo que permite ahorrar tiempo tanto a las empresas como a los clientes. Sin embargo, su eficacia se reduce en situaciones complejas, en interacciones que requieren empatía genuina, donde la intervención humana sigue siendo imprescindible. De hecho, el reglamento europeo de IA establece como requisito la supervisión humana obligatoria.

Protección frente a los fraudes con voz

Si recibes una llamada urgente en la que alguien que conoces te pide dinero, lo más seguro es cortar de inmediato y telefonear al número que tienes guardado o que sepas que es legítimo. Una buena práctica es acordar previamente una palabra clave familiar para validar la identidad en situaciones de emergencia. Y recuerda una regla esencial: nunca envíes dinero sin realizar una doble verificación por otro canal, ya sea mediante un mensaje o una videollamada. Si persisten las dudas, lo recomendable es contactar con el INCIBE o denunciar directamente en la Policía Nacional.[137]

La protección técnica también avanza. Cada vez más dispositivos priorizan el procesamiento local, es decir, que toda la gestión de tu voz se realiza directamente en tu teléfono, sin necesidad de enviarla a servidores externos. Con este cambio, se aumenta la privacidad y el control sobre los datos. Todo apunta a que en el futuro ésta será la norma.

Esta revolución silenciosa no sólo transforma la atención médica, la accesibilidad o el servicio de atención al cliente; las empresas más audaces están descubriendo que la voz puede ser su ventaja competitiva más inesperada.

62. ¿CÓMO PUEDEN LAS EMPRESAS APROVECHAR LA VOZ DE LA IA?

Si tienes un negocio o trabajas en una empresa, probablemente te hayas preguntado: «¿Cómo podría ayudarme la IA de voz?». La respuesta va mucho más allá de los típicos contestadores automáticos que todos detestamos. La nueva generación de asistentes de voz con IA está transformando la manera en que las empresas españolas se relacionan con sus clientes, optimizan sus operaciones y potencian las capacidades de sus empleados.

La evolución empresarial ha pasado de los chatbots tradicionales a sistemas conversacionales mucho más sofisticados. Durante años, los chatbots en páginas web resolvían únicamente preguntas básicas, con interacciones limitadas y poco naturales. Ahora, estos sistemas evolucionan hacia interfaces de voz capaces de mantener conversaciones fluidas, sin menús interminables ni opciones numeradas que frustran al cliente.

Este salto tecnológico no sólo beneficia a las grandes cadenas, también abre oportunidades a los negocios locales. Imagina una tienda con treinta años de historia y una clientela fiel. Con una inversión modesta puede implementar un asistente de voz conectado a su CRM, capaz de recordar automáticamente preferencias, fechas importantes y compras anteriores. Así, cuando llama la señora García, la IA accede a su historial y reconoce que el cumpleaños de su hija se acerca, para preguntar a continuación si desea repetir el ramo de peonías blancas que le regaló el año pasado. El resultado es doble: más ventas recurrentes y muchas horas de trabajo administrativo liberadas.

Del ahorro de costes al aumento de ventas

Los beneficios operativos ya empiezan a quedar documentados en distintos sectores. Según varios casos de estudio publicados, las plataformas de agentes de voz con IA han reducido hasta en un 70 por ciento los costes de gestión de reservas. En el ámbito comercial, algunos de los agentes de ventas más avanzados pueden detectar microexpresiones que revelan la intención de compra,[138] aunque su eficacia es mayor en ventas simples que en entornos B2B complejos. En paralelo, las empresas que han implementado sistemas de voz en la gestión de inventario reportan reducciones significativas en el tiempo administrativo. Incluso en la formación de equipos ya se observan ventajas: los sistemas de *coaching* con IA sugieren ajustes en tiempo real que ayudan a aumentar las ventas y a reducir las quejas, aunque su uso prolongado puede derivar en cierta dependencia. A todo ello se suma la seguridad: los sistemas de autenticación biométrica de voz ya analizan más de cien características vocales únicas para verificar la identidad del usuario, lo que añade una capa adicional de valor y confianza.[139]

Sin embargo, la adopción de la voz con IA exige ciertas consideraciones. Los mejores resultados aparecen cuando esta tecnología potencia las capacidades humanas en lugar de intentar reemplazarlas por completo. El comercio por voz muestra avances prometedores en operaciones simples y repetitivas, pero las ventas más complejas siguen requiriendo la intervención de profesionales especializados. Para que la implementación sea exitosa es fundamental integrarla con los sistemas existentes, formar al personal y mantener un equilibrio que evite la dependencia excesiva.

De cara al futuro, la voz de la IA en las empresas españolas se perfila como una herramienta colaborativa más que sustitutiva. Los casos de éxito apuntan a una misma conclusión: la clave está en identificar dónde puede liberar tiempo, mejorar la experiencia del cliente y amplificar las fortalezas humanas. La transformación no consiste en automatizarlo todo, sino en aplicar la tecnología de forma estratégica allí donde genere el mayor valor, sin perder nunca el toque humano que distingue la excelencia en el servicio.

Pero el verdadero secreto del éxito empresarial con estas voces no reside sólo en la tecnología, sino en algo más inquietante: lograr que suenen tan humanas que lleguemos a olvidar que en realidad son máquinas.

63. ¿Cómo puede un habla natural hacer que las voces de IA parezcan humanas?

Tu pareja te llama desde el aeropuerto: «Cariño, he perdido el vuelo, estoy fatal». La voz tiembla en los momentos justos, dice tu apodo especial e incluso respira entrecortado. Y, aun así, tu estómago se encoge. Algo no encaja. Tu instinto más primitivo te susurra una alerta: impostor. Ese presentimiento sigue siendo tu mejor defensa.

Y es que nos encontramos en el llamado *valle inquietante* de la voz: ese territorio psicológico donde una voz artificial suena lo bastante humana como para convencernos, pero conserva sutiles anomalías que activan alarmas inconscientes en nuestro cerebro evolutivo y generan una sensación instintiva de rechazo.

La nueva generación de voces sintéticas

Los nuevos modelos de voz ya no se limitan a imitar; buscan sonar humanos hasta en los detalles más pequeños. Replican microsilencios de apenas 0,3 a 0,7 segundos, insertan respiraciones cada quince o veinte palabras, incluyen muletillas personalizadas como «¿sabes?» u «o sea», e incluso introducen errores intencionados. Paradójicamente, la perfección es lo que delata a la máquina, mientras que la imperfección programada es lo que engaña a nuestro cerebro.

Sin embargo, todavía existen señales que pueden descubrir a una voz sintética. La más evidente es la falta de variabilidad emocional: una entonación demasiado plana, respuestas instantáneas sin pausas naturales o un ritmo que nunca se acelera ni se rompe. También hay pistas en el contenido: ausencia de improvisación, nulo aporte de anécdotas personales, vocabulario limitado o repetitivo, e incluso errores de contexto que desembocan en cierres poco naturales. Son estos pequeños desajustes los que, de momento, siguen marcando la frontera entre lo humano y lo artificial.

El reto ético de las voces artificiales

Estas fronteras borrosas entre lo humano y lo artificial no sólo plantean un reto técnico, sino también un dilema ético. Para evitar que la simulación de voces perfectas erosione nuestra confianza o manipule nuestras emociones, comienzan a surgir protocolos de uso responsable. Entre las medidas más destacadas están la obligación de declarar que se trata de una IA en los primeros diez segundos de conversación, la inclusión de un «botón de escape» que permita al usuario pasar de inmediato a un interlocutor humano y la fijación de límites de tiempo en las interacciones, por ejemplo, un máximo de veinte minutos continuos. El propio Comité de Bioética español advierte: «La simulación perfecta de empatía sin consciencia real puede dañar la capacidad humana de formar vínculos genuinos». La paradoja es evidente: cuanto más logramos que una voz artificial suene humana, más necesario se vuelve mantener humanos en el proceso, no por limitación técnica, sino por responsabilidad ética.

Si diriges una empresa, aprovecha la IA para liberar a tus empleados de tareas mecánicas y darles más tiempo para crear conexiones auténticas, no para sustituir esas conexiones por simulacros de empatía. Al final, la verdadera prueba no es si tu cliente logra distinguir si habla con una máquina, sino cómo se siente cuando lo descubre: traicionado por la falta de transparencia o agradecido porque la tecnología le permitió llegar más rápido a una solución.

Si las máquinas son capaces de imitar nuestra voz hasta el punto de engañarnos, el reto se multiplica cuando esa misma voz se utilice para autorizar pagos.

64. ¿Cómo mantendrá la IA basada en la voz la seguridad de los pagos?

«Autoriza el pago de 50 euros a la pizzería.» En un futuro muy cercano, bastará con decir una frase así para pagar. Sin tarjetas, sin contraseñas: sólo tu voz. Conveniente, sí, pero también arriesgado... ¿Qué pasaría si alguien imitara tu voz para vaciar tu cuenta? La buena noticia es que los bancos ya trabajan en ello, y las soluciones son más ingeniosas de lo que imaginas.

Los sistemas actuales funcionan como detectives digitales que conocen tu vida mejor que tú mismo. No sólo reconocen lo que dices, sino cómo lo dices, desde dónde lo dices y si tus hábitos de gasto encajan con lo que intentas pagar. Los bancos españoles ya están implementando estas tecnologías. Y, aunque los estafadores también evolucionan, existen métodos concretos para mantenerte a salvo.

El auge del fraude con *deepfakes* de voz

No hay duda de que el fraude con *deepfakes* de voz está creciendo. Europol registró en 2024 más de dos mil quinientos casos en la Unión Europea, con pérdidas estimadas en 450 millones de euros. El patrón suele repetirse: una petición con urgencia extrema, emitida por una supuesta figura de autoridad y realizada a través de un único canal de comunicación. Si aparecen esos tres elementos, lo más probable es que estés ante una estafa. El caso del ejecutivo engañado con una llamada que le costó 200.000 dólares lo ilustra de manera contundente.[140]

La preocupación es tal que el 91 por ciento de los bancos estadounidenses ya están revisando sus sistemas de verificación por voz.[141] En España, la respuesta ha sido rápida: las principales entidades han implementado la autenticación multifactor obligatoria para cualquier transición por voz superior a 500 euros.

La triple verificación: voz, dispositivo y comportamiento

Así, la seguridad no depende sólo de tu voz, sino del contexto. Imagina la diferencia: pagas por voz un café de 3,50 euros y el sistema lo aprueba sin problemas. Pero si intentas comprar un vuelo de 1.200 euros a Bangkok, la operación se detiene. No porque tu voz sea sospechosa, sino porque tu historial nunca incluye viajes a Asia, rara vez superas los 500 euros sin tarjeta y tu dispositivo está en Málaga, mientras que la transacción proviene de Tailandia. Esta triple verificación, voz, dispositivo y comportamiento, ya está activa, y alcanza un 97 por ciento de precisión.[142]

Tu protocolo de supervivencia financiera puede ser sencillo, pero tremendamente efectivo: mantén siempre activa la autenticación de dos factores, fija un límite diario (por ejemplo, de 200 euros) para pagos por voz, da de alta las notificaciones instantáneas de cada transacción y dedica unos minutos cada semana a revisar tus movimientos. Con estas medidas básicas tendrás una red de seguridad sólida frente a cualquier intento de fraude.

Mientras blindamos nuestras transacciones, surge otra cara de la inteligencia artificial de voz: su capacidad para abrir puertas a quienes más lo necesitan.

65. ¿Cómo está la IA de voz devolviendo la autonomía a millones de personas?

En España, más de 4,3 millones de personas tienen algún tipo de discapacidad.[143] Para este colectivo, el acceso a tecnologías como la inteligencia artificial no es un lujo, sino una oportunidad real de ganar autonomía y mejorar su calidad de vida. Mientras muchos debatimos sobre privacidad y conveniencia, para algunas personas esta tecnología puede significar algo tan esencial como comunicarse con sus hijos, acceder a un empleo o pedir ayuda cuando la necesitan.

Y esa oportunidad ya empieza a materializarse en innovaciones cotidianas. Muy pronto, nuestros auriculares podrán «sintonizar» pistas de audio en espacios públicos como aulas, hospitales, museos o tiendas. La inteligencia artificial se encargará de adaptarlo en tiempo real: eliminar el ruido de fondo, amplificar la voz del ponente, traducir al momento o incluso resumir lo esencial. Cada persona recibirá la versión que necesita, sin equipos especiales y sin molestar a nadie. Para quienes viven con una discapacidad, este avance representa un salto enorme en su autonomía. Por ejemplo, un alumno con problemas auditivos podrá enfocarse en la explicación del profesor sin renunciar a la privacidad, ya que los datos permanecen en el propio dispositivo. Para empresas y servicios públicos, es una forma directa de inclusión y de mejorar la experiencia sin necesidad de grandes inversiones.

La voz como puente hacia la autonomía

Entre todas sus aplicaciones, quizá la más conmovedora sea el *voice banking* para personas con esclerosis lateral amiotrófica (ELA). Antes de que la enfermedad les arrebate la capacidad de hablar, graban su voz en distintas situaciones y con diferentes emociones. La inteligencia artificial aprende esos patrones vocales únicos y, cuando ya no pueden comunicarse de manera natural, les devuelve una voz sintetizada que conserva su identidad y matices originales. De este modo, pueden seguir expresándose de manera cercana y personal, preservando su esencia vocal incluso cuando la enfermedad avanza.

En el caso de personas con parálisis severa, la voz puede convertirse en el único «músculo» activo. Gracias a los sistemas de control por comandos vocales, pueden encender y apagar luces, regular la temperatura de la habitación, manejar la televisión, enviar correos electrónicos o incluso trabajar de forma remota. La tecnología no les devuelve la movilidad, pero sí les ofrece independencia, oportunidades profesionales y la posibilidad de mantener una vida activa y conectada.

Los niños con dislexia también encuentran en la IA conversacional un aliado valioso: un tutor paciente y adaptable que no se cansa ni se impacienta. En lugar de luchar con letras que parecen moverse en la página, aprenden a través del diálogo. La IA ajusta la velocidad de la explicación, repite tantas veces como sea necesario y celebra cada pequeño avance, reforzando la motivación. Los estudios preliminares muestran mejoras notables en la comprensión lectora cuando el texto se combina con la interacción oral y un apoyo personalizado, lo que convierte esta tecnología en una herramienta prometedora para la educación inclusiva.

El dilema ético

Sin embargo, surge un dilema ético de enorme peso: las mismas personas que más pueden beneficiarse de la IA de voz son también las más expuestas a sus riesgos. Un adulto mayor con demencia leve podría no distinguir entre su asistente virtual y un estafador que imita su voz de confianza. Del mismo modo, niños con autismo que encuentran seguridad en voces sintéticas predecibles corren el riesgo de desarrollar dependencias poco saludables. La frontera entre apoyo y manipulación es frágil y plantea preguntas urgentes sobre cómo proteger a quienes más necesitan estas tecnologías.

La verdadera medida de nuestra civilización tecnológica no estará en la velocidad de la innovación, sino en su capacidad de ser inclusiva. La IA de voz nos recuerda que la accesibilidad no es un gesto de caridad, sino una muestra de diseño inteligente que amplía posibilidades para todos. Lo que hoy facilita la vida a una persona con discapacidad mañana se convierte en una mejora universal: más autonomía, más comodidad y más igualdad de oportunidades para toda la sociedad.

Con millones de personas recuperando su voz y autonomía, el siguiente paso es derribar la última barrera: el idioma mismo.

66. ¿Cuándo romperá la traducción de voz en directo las barreras lingüísticas?

Imagina esta escena: medianoche en Tokio, subes a un taxi y el conductor señala el contador mientras tú apuntas al mapa. Ambos suspiráis, la barrera del idioma parece insalvable. Entonces sacas el móvil, hablas en español y tu voz sale en japonés por el altavoz. No perfecto, pero se entiende. El conductor responde y el móvil traduce al instante. «¿Primera vez en Tokio?» «Sí», respondes. «Conozco un sitio de ramen que abre toda la noche», sugiere. Lo que empezó como un obstáculo lingüístico se ha transformado en una recomendación local y en una conversación genuina entre dos personas con diferente idioma, pero una experiencia compartida.

Historias como ésta, que hace apenas unos años parecían ciencia ficción, empiezan a ser realidad. El sueño de poder hablar cualquier idioma de forma instantánea está más cerca que nunca. Ya no se trata de aquellas apps que traducían palabra por palabra y producían frases extrañas, sino de una nueva generación de traductores de voz capaces de entender el contexto, la cultura e incluso el humor. En un país como España, donde conviven castellano, catalán, euskera y gallego, y que cada año recibe unos ochenta y cinco millones de turistas, esta tecnología no es un lujo, sino una necesidad con profundas implicaciones económicas y sociales.

Lo más sorprendente es que esta revolución ya no depende de una conexión a internet. Los sistemas actuales pueden funcionar directamente en tu propio dispositivo y ofrecer traducciones en tiempo real mientras preservan tu privacidad. Microsoft lo ha demostrado con Phi Silica, un modelo de lenguaje completo capaz de operar desde el bolsillo, sin necesidad de enviar una sola palabra a la nube.[144] Esta autonomía abre un abanico de usos inmediatos: ayuntamientos que atienden en múltiples idiomas, empresas que celebran reuniones internacionales sin barreras o viajeros que viven experiencias más auténticas en cualquier lugar del mundo.

Cuando la tecnología cuestiona los métodos tradicionales

A veces me asombra la gran cantidad de deberes que se dan en la educación española. Muchas veces los niños no tienen suficiente tiempo de hacer deporte o jugar con sus amigos. Tienen presión de terminar sus deberes del colegio.

Me cuestiono especialmente el tema de los idiomas. ¿Es ésta la manera correcta de seguir adelante? Un gran número de jóvenes ya usan las apps de IA en sus móviles para comunicarse en cualquier idioma. En unos años, la tecnología avanzará tanto que todos podremos hablar y comunicarnos en cualquier idioma.

Pienso que es interesante aprender idiomas. Viene bien para tu cerebro y tienes oportunidades de conocer otras culturas. Sin embargo, disminuiría la presión que tienen muchos niños y adolescentes en relación con el aprendizaje de idiomas. Sobre todo, porque esas técnicas vienen de los tiempos de la preinteligencia artificial. En aquella época se pensaba que nunca llegaríamos a tener traducción instantánea vía esta tecnología.

La traducción en la diplomacia internacional

El salto no es sólo individual o empresarial; también alcanza a las instituciones internacionales. Con estas herramientas de IA, el resultado es una traducción eficaz y precisa para intervenciones formales y preparadas. Sin embargo, aquí aparece un matiz crucial: la IA brilla en los discursos diplomáticos, pero se tambalea cuando se enfrenta a un chiste sobre paella, por ejemplo.

El gran reto sigue siendo la adaptación cultural. Los sistemas actuales pueden intentar traducir modismos y referencias locales, pero con resultados desiguales. Así, «estar en la luna» se convierte en un literal *to be on the moon* en lugar del natural *daydreaming*, o «ponerse las pilas» acaba como *put on the batteries* en vez de *get your act together*. Estas traducciones poco acertadas son menos frecuentes entre idiomas muy comunes, como español e inglés, pero aumentan notablemente en combinaciones menos habituales.

El impacto en los negocios

Las consecuencias ya se dejan sentir también en el comercio internacional, donde la traducción automática está transformando las pymes españolas. La reducción de costes en reuniones rutinarias alcanza el 70 por ciento, lo que permite que una empresa de aceite en Jaén negocie directamente con importadores japoneses o que un hotel rural en Asturias atienda sin dificultad a turistas chinos. Sin embargo, la limitación persiste: cuando llega el momento de cerrar un acuerdo definitivo, la confianza y la precisión siguen requiriendo la intervención de un intérprete profesional.

Con las barreras del idioma derrumbándose, se abre un universo de posibilidades que transformará cada aspecto de nuestra existencia sonora.

67. ¿QUÉ NUEVOS PRODUCTOS DE VOZ CON IA PODRÍAN SURGIR EN EL FUTURO?

Prepárate para un futuro en el que tu voz se convertirá en tu contraseña, tu firma y tu identidad digital. Un futuro donde avatares con las voces de tus seres queridos podrán acompañar a personas con alzhéimer y en el que podrás trabajar en una oficina virtual escuchando a tus compañeros como si estuvieran sentados a tu lado.

Compañeros digitales para el alzhéimer

Uno de los avances más conmovedores ya muestra resultados medibles. Lenovo, junto con la organización Innovations in Dementia, ha desarrollado avatares fotorrealistas capaces de conversar con pacientes de alzhéimer. Estos avatares pueden asumir la identidad de familiares virtuales que recuerdan nombres, fechas importantes o incluso las medicinas que deben tomar. En un primer ensayo con doscientos pacientes, se registraron mejoras del 30 por ciento en la orientación temporal y del 20 por ciento en el estado anímico.[145] Imagina, por ejemplo, a tu abuela conversando con un avatar que reproduce la voz y el aspecto de su hermana fallecida, recordando juntas historias compartidas. ¿Estamos ante una herramienta terapéutica revolucionaria o ante una frontera perturbadora? El debate ético apenas comienza.

Tu clon digital que multiplica tu presencia

El siguiente nivel de productividad empresarial no es delegar tareas. Es multiplicar tu propia presencia en múltiples conversaciones simultáneas. Los gemelos digitales de voz representarán una evolución radical en cómo los emprendedores, trabajadores, fundadores y directivos gestionarán su tiempo. No se trata de asistentes virtuales genéricos, sino de réplicas digitales que capturan tu forma específica de hablar, argumentar y negociar.

El proceso de creación requiere grabar entre quince y veinte horas de conversaciones representativas. Presentaciones a inversores, reuniones con clientes, entrevistas y negociaciones. La IA aprende patrones vocales únicos, vocabulario habitual, estructura argumentativa e incluso matices de humor. El resultado es una versión digital capaz de representarte en interacciones iniciales.

Las aplicaciones son múltiples. Atender las primeras reuniones con colaboradores en diferentes husos horarios. Realizar presentaciones iniciales de producto mientras te enfocas en desarrollo. Gestionar consultas rutinarias de clientes mientras priorizas casos complejos.

La frontera ética es compleja y todavía está por definir. Cuándo debes avisar de que tu interlocutor habla con tu IA y qué decisiones puede tomar en tu nombre son preguntas sin respuestas definitivas. Sin embargo, la tecnología ya está operativa y siendo probada por empresas de vanguardia.

La oficina que te sigue a casa

El trabajo remoto se está transformando en algo casi irreconocible. Imagina una oficina virtual donde tu avatar se mueve como en un videojuego. Estas nuevas plataformas incorporan la llamada proxémica virtual, una adaptación digital de la ciencia que estudia el espacio personal. La inteligencia artificial hace posible esta experiencia: analiza constantemente dónde está cada persona y ajusta en tiempo real cómo debe sonar cada voz según la distancia y la orientación.

De pronto oyes pasos acercándose por tu izquierda: es tu compañero virtual, que quiere comentarte algo. Te alejas un par de pasos —o un par de clics— y el sonido se atenúa. Todo ocurre en cuestión de milisegundos: la IA calcula la distancia entre avatares, el ángulo de donde procede cada voz e incluso el eco que tendría en una sala física.[146]

Los trabajos que nacen con la IA vocal

Las profesiones del futuro ya empiezan a tomar forma; por ejemplo, surgen los entrenadores de voz con IA, encargados de enseñar a las máquinas a sonar más humanas; los auditores de sesgo vocal, que evalúan si un sistema discrimina determinados acentos; diseñadores de personalidad vocal, capaces de crear voces únicas para videojuegos, asistentes virtuales o experiencias inmersivas. Lejos de destruir empleos, este mercado está transformando el mundo laboral de maneras que hace apenas unos años resultaban impensables.

Sin embargo, no todas estas evoluciones son positivas. La nueva discriminación laboral podría tener voz. Algunas empresas de selección en España ya están experimentando con sistemas de análisis vocal durante los procesos de contratación. La idea es medir no sólo lo que dices, sino cómo lo dices: tu acento, la velocidad de tu habla o incluso tu tono podrían convertirse en factores decisivos a la hora de conseguir —o perder— un empleo. Este escenario abre un debate urgente, y los sindicatos ya han encendido las alarmas ante el riesgo de que la tecnología reproduzca o amplifique sesgos existentes en el mercado laboral.

Un marco regulatorio en construcción

La Ley de Inteligencia Artificial de la Unión Europea ya ha empezado a marcar límites. En entornos profesionales, el uso de sistemas de análisis de voz con IA deberá ser declarado de forma explícita, y se plantea prohibirlos en procesos de selección de personal salvo que exista un consentimiento claro del candidato. La tecnología avanza a gran velocidad, pero las instituciones trabajan para que la regulación logre mantener el ritmo y garantice un uso seguro, transparente y justo de estas herramientas.

Entre todas estas innovaciones, se esconde una transformación silenciosa que pocos han notado: estamos dejando de escribir. Y las consecuencias de este cambio podrían ser profundas e irreversibles.

68. ¿Cómo cambiará la vida cuando dejemos de escribir?

Puede parecer exagerado, pero detente a pensar lo siguiente: ¿cuándo fue la última vez que escribiste a mano un texto largo? Ahora imagina dar un paso más y prescindir también del teclado. Cada vez más personas optan por dictar todo: mensajes de WhatsApp mientras conducen, e-mails mientras pasean al perro e incluso líneas de código mientras hacen ejercicio. Para algunos esta tendencia resulta liberadora; para otros, preocupante. Porque si dejamos de practicar la escritura, ¿qué pasará con nuestra capacidad para seguir haciéndolo?

Esta transición ya está en marcha en oficinas y hogares españoles. En muchos espacios de *coworking* ya se instalan «cabinas de voz», pequeños búnkeres acústicos diseñados para dar instrucciones de palabra sin molestar a los demás. Cada vez más profesionales adoptan esta práctica en su día a día laboral.

Sin embargo, esta comodidad plantea un problema: cuanto más hablamos, menos pensamos antes de comunicar. La escritura obliga a estructurar y organizar las ideas; el dictado, en cambio, nos arrastra hacia la inmediatez y la improvisación.

La oficina está en tus pies, no en tu escritorio

La voz de la IA está liberando algo impensable hace apenas unos meses. Ahora puedes trabajar mientras te mueves.

Un abogado dicta sus alegatos mientras corre por el parque a las siete de la mañana. La IA transcribe, estructura y formatea el documento automáticamente. Una consultora resuelve la estrategia de un cliente durante su paseo de diez mil pasos diarios. Un arquitecto describe modificaciones de un proyecto mientras lleva a sus hijos al colegio. En los tres casos, el trabajo se completa sin tocar un teclado. La diferencia es radical. Escribir requiere estar sentado y quieto frente a una pantalla. Hablar con una IA no.

Las empresas más avanzadas ya lo entienden. Algunas permiten facturar tiempo de movimiento como productivo. El resultado son equipos más saludables, menos sedentarios y, paradójicamente, más productivos.

La métrica cambia por completo. Ya no se trata de horas frente a la pantalla, sino de calidad de lo que produces con tu voz. El movimiento físico activa el cerebro de formas que una silla jamás logró. Cuando la voz reemplaza al teclado, el trabajo se libera del escritorio.

Cuando la voz entra en las aulas

El impacto comienza a notarse también en la educación. Un experimento en Estados Unidos mostró resultados mixtos cuando un distrito escolar implementó asistentes de lectura por voz.[147] En España, los programas piloto educativos con IA de voz reflejan un patrón similar: los alumnos mejoran en comprensión oral, pero pierden práctica a la hora de organizar pensamientos completos por escrito.

En el ámbito doméstico, la tendencia se multiplica. El 70 por ciento de los padres recurren a asistentes de voz para ayudar con los deberes.[148] Preguntas rápidas como «Alexa, ¿cuál es la capital de Francia?» reemplazan la búsqueda en un atlas, y frases como «ChatGPT, escribe mi redacción sobre el *Quijote*» sustituyen la lectura y escritura reflexiva. La consecuencia es clara: cada vez más delegamos en la voz y en la IA tareas que antes requerían esfuerzo cognitivo, con los beneficios y riesgos que eso implica.

Consejos prácticos para aprovechar la IA de voz

El uso de asistentes de voz no es sólo una tendencia global: también lo veo en mi día a día con clientes y amigos. Muchos interactúan con ChatGPT de voz mientras conducen. Algunos aprovechan esos trayectos para aprender francés, otros para perfeccionar su inglés y otros para obtener ideas sobre cómo vender mejor. Lo interesante es que todos coinciden en lo mismo: la experiencia resulta sorprendentemente natural, como conversar con una persona que escucha, pregunta y responde de manera personalizada.

Para sacar el máximo partido a la IA de voz no basta con darle órdenes, sino dejar que te haga preguntas para entender mejor tu contexto y adaptar sus respuestas a lo que realmente necesitas. Mi consejo: úsala al menos una vez por semana en algo que te interese —aprender, planificar o reflexionar— y verás cómo la voz se convierte en una verdadera herramienta de aprendizaje y comunicación.

Pero, mientras abandonamos el teclado por la voz, surge una batalla legal sin precedentes: ¿quién es realmente el dueño de las palabras que pronuncias?

69. ¿QUIÉN SERÁ EL PROPIETARIO DE TU HUELLA VOCAL EN EL FUTURO?

Tu voz es tan única como tu ADN, pero está mucho más expuesta. A diferencia de tu huella dactilar, que sólo dejas en objetos físicos, tu voz viaja y se multiplica en cada interacción digital: llamadas, mensajes de audio, vídeos en redes sociales... Cada nota de voz en WhatsApp, cada *story* en Instagram o cada conversación con tu banco generan un fragmento de tu identidad biométrica que termina almacenado en servidores fuera de tu control. Y entonces surge la gran incógnita: ¿a quién pertenece realmente esa información? ¿A ti, a la empresa que la grabó o a la que la procesó? La batalla legal ya está en marcha y los primeros precedentes ya empiezan a marcar el rumbo. En Hollywood, el sindicato SAG-AFTRA logró que se reconocieran derechos para ciento sesenta mil actores: a partir de ahora las productoras necesitan permiso explícito y deben pagar *royalties* para clonar voces.[149, 150]

En España, los actores de doblaje españoles han seguido esa misma senda. Han incorporado a sus contratos la llamada *cláusula Pasave*, que prohíbe usar sus grabaciones para entrenar algoritmos de IA sin su consentimiento expreso. Con ello, no sólo protegen sus voces de ser replicadas artificialmente, sino también la autenticidad de sus interpretaciones. La cláusula ya ha sido aceptada por treinta y dos empresas, incluidas las principales plataformas de *streaming* (Netflix, Disney+, Amazon Prime, AppleTV...) y grandes estudios de Hollywood.[151]

¿Cómo proteger tu voz en esta nueva era digital?

Las primeras respuestas están llegando desde el sector privado. Algunas empresas de seguridad ya ofrecen garantías contra fraudes con *deepfakes* de voz, con coberturas que alcanzan hasta los 100.000 euros por incidente.[152]

En España, la suplantación vocal se ha convertido en uno de los fraudes más comunes. Con la ayuda de la IA, los estafadores clonan voces para engañar a sus víctimas en llamadas telefónicas y obtener datos personales o bancarios. Para hacer frente a este fenómeno, el gobierno aprobó la Orden TDF/149/2025, una normativa que obliga a las operadoras de telecomunicaciones a reforzar sus sistemas de verificación de identidad y a establecer protocolos de alerta temprana ante posibles casos de suplantación. Al mismo tiempo, algunos bancos ya trabajan en medidas complementarias, como seguros específicos y sistemas de detección avanzada, conscientes del impacto creciente de este tipo de estafas.[153]

Más allá de estas medidas, tu protocolo de defensa vocal empieza hoy mismo. Trata las grabaciones importantes como obras sonoras y regístralas para acreditar tu autoría. Documenta por escrito cada permiso de uso de tu voz y conserva contratos con fechas claras. Configura alertas en Google con tu nombre acompañado de la palabra «voz» para detectar usos no autorizados. Reduce la publicación de vídeos donde tu voz se escuche de forma nítida y, en proyectos profesionales, considera el uso de marcas de agua acústicas: frecuencias inaudibles que permiten probar la autenticidad de tu grabación.

A todo esto, se suma un aliado legal poderoso: el RGPD. La normativa europea considera tu voz un dato biométrico, y por lo tanto está protegida por algunas de las leyes de privacidad más estrictas del mundo. Pero no olvides una máxima: un derecho que no se ejerce es un derecho que se pierde.

La batalla por la propiedad de tu voz no es más que el primer capítulo de un dilema mucho más amplio: ¿qué ocurrirá cuando cada objeto a tu alrededor tenga oídos y también opinión?

70. ¿Qué reglas se aplicarán cuando todos los objetos respondan?

Imagina llegar a casa y que la nevera, el televisor, las luces e incluso la cafetera te den la bienvenida. Ya no es ciencia ficción: en España, cerca del 21 por ciento de los hogares cuentan con al menos un dispositivo inteligente conectado, desde altavoces hasta electrodomésticos, y se espera que la cifra siga creciendo a medida que la tecnología se perfeccione.[154] Sin embargo, cuando todo a tu alrededor habla, la pregunta crucial no es sólo quién escucha, sino también quién almacena lo que escucha.

La adopción de estos dispositivos avanza más rápido que la capacidad de las leyes para regularlos. En muchos hogares, los niños establecen vínculos emocionales con las máquinas —dos tercios llegan a atribuir sentimientos a sus altavoces inteligentes, según un estudio universitario—,[155] mientras que los mayores encuentran en Alexa una compañía que no juzga ni se impacienta. Esta normalización convierte los dispositivos en parte de la vida cotidiana, pero también en una fuente constante de datos íntimos.

El precio oculto: la privacidad

El mercado global de los hogares inteligentes ya mueve miles de millones y crece a un ritmo imparable.[156] Ese auge viene acompañado de un coste oculto: la privacidad. Algunos asistentes recopilan datos mucho más allá de las órdenes de voz, desde la ubicación del usuario hasta sus hábitos de consumo.[157] Y las consecuencias ya son visibles: Amazon fue sancionada en Estados Unidos por conservar indefinidamente grabaciones de niños,[158] y, en España, la AEPD ha abierto expedientes a varios fabricantes por vulnerar el artículo 8 del RGPD, que protege el consentimiento de los menores. Cada palabra, cada rutina y cada preferencia terminan alimentando algoritmos capaces de conocerte mejor que tú mismo.

Tu protocolo de supervivencia domótica debería empezar por lo básico: evita que los dispositivos estén siempre escuchando y configúralos para que se activen sólo mediante un botón físico. Borra los historiales de voz una vez al mes y establece «horas de silencio digital», por ejemplo, de 22.00 a 8.00 horas. Desactiva las compras por voz o, si la usas, protege cada transacción con un pin verbal. Y, sobre todo, mantén tu red IoT separada del wifi principal. Así, si alguien ataca tu nevera inteligente, no tendrá acceso directo a tu ordenador ni a los archivos personales de toda la familia.

El hogar del futuro será inteligente, pero la inteligencia real estará en saber cuándo apagar la conversación.

Ponlo en práctica

Acción 1: crea tu protocolo de seguridad vocal
Acordad en tu familia una palabra clave para verificar la identidad en llamadas urgentes. Activa siempre la autenticación en dos pasos en tus cuentas bancarias y establece un límite diario para pagos por voz. Si recibes una llamada de un conocido pidiendo dinero, no actúes en caliente: cuelga y telefonea al número que tengas guardado. Son medidas simples, pero pueden marcar la diferencia ante un intento de estafa.

Acción 2: usa la voz de la IA para mejorar
Si trabajas en una empresa, considera implementar un asistente de voz que recuerde las preferencias de los clientes. A nivel personal, aprovecha funciones como ChatGPT de voz mientras conduces o realizas actividades cotidianas para practicar idiomas, reflexionar sobre decisiones o conversar sobre un tema concreto. Reserva al menos media hora cada semana para hablar con la IA y deja que también te haga pre-

guntas. Es así como se convierte en una herramienta de aprendizaje real.

Acción 3: protege tu privacidad vocal y doméstica
Configura alertas en Google con tu nombre acompañado de la palabra *voz* para detectar posibles usos no autorizados. Revisa con frecuencia dónde aparece tu voz y ejerce tu derecho a eliminar registros indebidos. Además, protege tu entorno doméstico: desactiva la escucha permanente de los dispositivos (usa el botón físico), borra los historiales de voz cada mes y establece un «silencio digital» por la noche. Mantén tu red de dispositivos inteligentes separada del wifi principal para reducir riesgos de intrusión.

Alerta roja

Tu voz como arma en tu contra

Los estafadores clonan voces con apenas unos segundos de audio. Cuando se hacen con una, su estrategia suele repetirse: urgencia para que no pienses, autoridad para que obedezcas y un único canal de contacto para que no verifiques. Si no aplicas barreras claras (como palabras clave, doble verificación y limpieza de historiales), tu voz puede convertirse en tu mayor vulnerabilidad. Recuerda que la amenaza no está sólo en la calle, sino en los dispositivos de tu propia casa que escuchan constantemente y crean perfiles más íntimos que luego se venden.

8

Coches autónomos

Después de hablar con la inteligencia artificial como si fuera humana, llega un cambio aún más radical: dejar que te lleve. La conducción autónoma ha pasado de ser un experimento futurista a una realidad que empieza a transformar el transporte en ciudades de todo el mundo.

Esta revolución promete redefinir nuestras calles y nuestra vida diaria. Los trayectos dejarán de ser tiempo perdido para convertirse en espacios de trabajo, ocio o descanso, y las ciudades podrán recuperar el espacio ocupado por coches aparcados para dedicarlo a parques, viviendas y actividades sociales. Pero también surgen dilemas inevitables: ¿qué pasará con los millones de personas que hoy viven de conducir?, ¿quién será responsable cuando ocurra un accidente sin conductor humano al volante?, ¿cómo confiar en un vehículo que toma decisiones por sí mismo en fracciones de segundo?

En este capítulo exploraremos cómo los coches autónomos están cambiando la movilidad, qué nuevas oportunidades económicas abrirán, y qué desafíos sociales, éticos y legales plantean. Que los coches autónomos estarán en nuestras carreteras ya no se discute; lo importante es la manera en que nos adaptaremos a un mundo donde conducir será visto como una rareza del pasado.

Figura 8.1.

Conceptos del capítulo 8

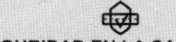

1

SEGURIDAD EN LA CARRETERA
90 % menos accidentes graves.
El reto: miedo cultural.

6

ESPACIOS SOBRE RUEDAS
Oficinas y gimnasios móviles.
Viajar se reinventa.

2

NUEVA MOVILIDAD
Robotaxis ya en EE. UU. y China.
Viajes seguros y accesibles.

7

COMUNICACIÓN CON PEATONES
Luces turquesa y símbolos.
Cruces más seguros.

3

MENOS APARCAMIENTOS
Menos coches privados en la calle.
Más parques y viviendas.

8

DRONES + AUTOS
Drones recargan y guían autos.
Clave en emergencias.

4

¿COCHE PROPIO?
La propiedad pierde valor.
Movilidad bajo demanda.

9

NUEVAS LEYES
¿Quién paga accidentes IA?
Cajas negras deciden.

5

EMPLEOS DEL FUTURO
Mecánicos y pastores de IA.
Conserjes de movilidad.

10

REVOLUCIÓN CUÁNTICA
Superordenadores coordinados.
Ciudades sin atascos.

Fuente: Elaboración propia.

71. ¿HASTA QUÉ PUNTO PUEDEN SER SEGUROS LOS COCHES AUTÓNOMOS?

Cada año, más de un millón de personas pierden la vida en accidentes de tráfico, muchos provocados por distracciones al enviar mensajes de texto, por conducir bajo los efectos del alcohol o simplemente por no reaccionar a tiempo ante un peligro.[159] Frente a esta realidad, los vehículos autónomos ofrecen una alternativa mucho más segura: tras millones de kilómetros recorridos, los robotaxis han demostrado tener casi un 90 por ciento menos accidentes graves que los conductores humanos.[160]

Sin embargo, esta mejora en seguridad contrasta con una realidad incómoda: el 68 por ciento de los estadounidenses afirman tener miedo a viajar en un coche autónomo. Los investigadores hablan de una gran brecha entre la seguridad estadística y la percepción pública, alimentada por la falta de transparencia en las pruebas y la ausencia de un consentimiento social claro. En este contexto, quizá el mayor reto no sea técnico, sino cultural: lograr que toda una generación confíe su vida a un algoritmo.[161]

Del miedo a la confianza: la primera vez en un robotaxi

Esa desconfianza, sin embargo, empieza a romperse con cada experiencia real. Marta Rodríguez, una murciana residente en Estados Unidos, probó por primera vez un robotaxi en San Francisco. «Me acabo de pedir un coche que me va a venir a recoger solo y tengo un poco de miedo», confesó antes de subirse al vehículo, que desbloqueó desde una aplicación móvil.

El trayecto disipó pronto sus dudas. El coche detectó que Marta no llevaba puesto el cinturón y se negó a arrancar hasta que cumplió con las medidas de seguridad. Durante el trayecto, el sistema proporcionaba información en tiempo real sobre la ruta y las opciones de entretenimiento. Tras diecinueve minutos de recorrido por 18 dólares, un precio que la clienta consideró competitivo, su veredicto fue claro: «Me parece increíble. Estoy flipando». Y añadió: «Me parece más seguro que muchas otras personas, porque ayer me llevó un conductor de VTC y casi temo por mi vida». Con esa comparación, Marta apuntaba al argumento central de la conducción autónoma: la reducción del error humano.[162]

Pruebas y evidencias que consolidan la confianza

La experiencia de usuarios como Marta se refleja también en las estadísticas. Es cierto que los coches autónomos tienden a sufrir más accidentes menores (pequeños golpes o roces), pero éstos causan menos lesiones graves. Por eso, la seguridad no debería medirse sólo por la cantidad de accidentes, sino por su gravedad.[163]

Las compañías de seguros ya han tomado nota. Un análisis de veinticinco millones de kilómetros recorridos por vehículos autónomos revela una reducción drástica en las reclamaciones por daños materiales y, lo más relevante, un 92 por ciento menos de lesiones corporales. Esta revolución en seguridad no sólo reduce los costes de los seguros, sino que, sobre todo, significa salvar vidas.[164]

En España, la Dirección General de Tráfico ha lanzado en 2025 un programa para autorizar y supervisar pruebas de vehículos autónomos en carreteras abiertas al tráfico. Una de sus claves es la exigencia de informes públicos de seguridad, lo que permite a la ciudadanía conocer de primera mano cómo avanzan estas pruebas y generar confianza en la tecnología.[165]

Más allá de las cifras de seguridad, la tecnología no deja de perfeccionarse con cada kilómetro recorrido. Los vehículos ahora aprenden colectivamente: predicen los movimientos de los peatones, anticipan el comportamiento de los ciclistas y se comunican entre sí para evitar accidentes antes de que se produzcan. Así, cuando un coche se encuentra con hielo negro en una ciudad, toda la flota aprende al instante la mejor forma de responder.

También esto está transformando la logística. En China, más de quinientas furgonetas de reparto sin conductor ya circulan en cincuenta ciudades, en las que transportan paquetes desde los centros de distribución hasta los puntos de entrega locales. Se ocupan de los trayectos más largos y rutinarios, mientras que los repartidores humanos completan la entrega final en las puertas de los clientes. El resultado: un sistema de entregas más eficiente y seguro.[166]

Los retos que quedan

A pesar de estos avances, los robotaxis todavía no son infalibles. Siguen enfrentándose a dificultades en zonas en obras, bajo nieve intensa y cuando las personas actúan de forma inesperada. Algunos expertos también advierten sobre el llamado *frenado fantasma*: cuando el vehículo se detiene sin motivo al interpretar peligros inexistentes.[167] Para afrontar estos desafíos, las nuevas normativas en Estados Unidos exigen una notificación detallada de los incidentes, lo que impulsa un ciclo constante de mejora.

Cada obstáculo se convierte en una oportunidad de innovación. El problema de las frenadas fantasma ha llevado a incorporar múltiples sistemas de detección, cámaras, láser y radar, que se complementan como nuestros propios sentidos. Los problemas en carreteras en obras están acelerando el desarrollo de protocolos universales de comunicación, mientras que las limitaciones en condiciones meteorológicas extremas han dado pie a sensores capaces de mejorar incluso la predicción del tiempo. Cada desafío resuelto no sólo fortalece a los coches autónomos, sino que hace más inteligente todo el sistema de transporte.

Los beneficios de seguridad de los coches autónomos están cambiando la forma en que nos movemos y la manera en que concebimos nuestros trayectos diarios. Si un robotaxi puede llevarnos a cualquier lugar con menos riesgo, ¿cómo transformará eso nuestra rutina?

72. ¿Cómo cambiarán los desplazamientos con los coches sin conductor?

Imagina levantarte a las siete de la mañana y subir a un coche autónomo que te lleva al trabajo mientras respondes correos y avanzas con tus tareas. Lo que hasta hace poco parecía un escenario futurista ya es cotidiano para miles de estadounidenses: en 2025, Waymo ofrece cientos de miles de viajes semanales en cuatro grandes ciudades.[168]

Los visitantes españoles también están conociendo este futuro en primera persona. El periodista Víctor Endrino documentó para *La Vanguardia* su experiencia en San Francisco con un taxi autónomo de Waymo. Tras solicitarlo desde la aplicación, el coche llegó en tres minutos, vacío, y una voz automatizada le dio la bienvenida. Frente a los asientos, una pantalla táctil mostraba el botón «Iniciar el viaje», que puso en marcha el vehículo. Endrino describe la sensación común de muchos usuarios primerizos: «Es muy extraño durante los primeros minutos, pero luego todo se normaliza». Lo que empezó como desconcierto pronto se convirtió en fascinación al ver cómo el volante giraba solo mientras el coche obedecía señales y detectaba objetos mediante sensores. Una experiencia que transformó su inquietud inicial en confianza.[169]

A continuación, se muestra lo que ya sucede con los coches autónomos, y los beneficios que ya empiezan a sentirse en la vida diaria:

- **Desplazamientos matutinos:** los trabajadores de oficina disfrutan de cuarenta y cinco minutos extra de descanso o productividad. Mientras el coche se encarga del trayecto, ellos pueden dormir un poco más, revisar el correo o preparar las reuniones.
- **Camino al colegio:** las familias tienen ahora una alternativa segura para evitar los atascos matutinos. Los robotaxis pueden llevar a los niños al colegio de forma autónoma, sumándose a los autobuses escolares como una opción adicional de transporte fiable.
- **Planes nocturnos:** salir por la noche es ahora más sencillo y seguro. Nadie necesita ser el conductor designado, todos pueden disfrutar sabiendo que habrá un medio de transporte fiable para volver a casa.
- **Movilidad para personas mayores:** quienes ya no pueden conducir de forma segura recuperan independencia con los coches autónomos. No dependen de familiares para desplazarse, lo que mejora su calidad de vida y su autonomía.
- **Transporte inclusivo:** por primera vez, personas con discapacidad que no podían conducir y encontraban barreras en el transporte público acceden a una verdadera independencia. En Georgia (Estados Unidos), May Mobility ya opera robotaxis accesibles con rampas para sillas de ruedas, lo que demuestra que esta revolución tecnológica también puede ser inclusiva

desde el principio. No se trata sólo de movilidad: se trata de dignidad y libertad.[170]

España también ha comenzado a experimentar con la movilidad autónoma. En Málaga circula ya un autobús urbano autónomo con prioridad semafórica, es decir, las luces se adaptan para darle preferencia. Aunque sigue siendo un proyecto piloto, demuestra que las localidades españolas empiezan a prepararse para ofrecer los mismos beneficios que hoy ya disfrutan miles de usuarios en Estados Unidos.[171]

Las ciudades viven una transformación profunda: cuando los coches ya no necesitan conductores, tampoco permanecen aparcados la mayoría del tiempo. Y esa simple diferencia está empezando a redefinir por completo el paisaje urbano que conocemos.

73. ¿PUEDEN LOS ROBOTAXIS REDUCIR EL TRÁFICO Y LOS PROBLEMAS DE APARCAMIENTO?

Si vives en una gran ciudad, tu calle podría ser irreconocible dentro de quince años. Donde hoy se alinean diez coches aparcados, mañana puede haber un pequeño parque con bancos y niños jugando, en lugar de chapa y asfalto, o incluso viviendas más asequibles gracias al espacio liberado. ¿La razón? Los coches autónomos no necesitan plazas de aparcamiento: te dejan en tu destino y siguen circulando. Una transformación urbana que promete cambiar la ciudad más de lo que imaginamos.

Nuevo paisaje urbano

Con menos coches privados, gran parte del espacio destinado al aparcamiento se libera y se transforma en viviendas, parques e incluso infraestructura de recarga para flotas eléctricas. Dentro de poco, mientras dormimos, los drones sustituirán en menos de cinco minutos las baterías agotadas de los vehículos autónomos por otras cargadas. Al amanecer, toda la flota estará lista, como si la ciudad entera se hubiera recargado durante la noche.

La transformación irá más allá de la simple reutilización de los aparcamientos. Barrios enteros antes dominados por filas de coches podrán contar con aceras más anchas, carriles bici y calles arboladas. Por primera vez en un siglo, los urbanistas tendrán la oportunidad de rediseñar ciudades pensadas para las personas, no para los coches.

Olvídate de la hora punta

Las ciudades que ya utilizan vehículos autónomos reportan transformaciones notables en el flujo del tráfico. En Phoenix (Estados Unidos), los robotaxis ya han recorrido 37,5 millones de kilómetros y han demostrado aprovechar mejor las carreteras al comunicarse entre sí y moverse de forma coordinada, a la vez que reducen los errores humanos típicos al volante.[172]

Incluso una pequeña proporción de coches autónomos mejora notablemente el tráfico. Gracias a la conexión con semáforos y otros vehículos, los desplazamientos se vuelven más fluidos: no hay frenazos injustificados, distracciones ni zigzagueos entre carriles. Cuando la mayoría de los vehículos sean autónomos, las carreteras podrán absorber mucho más tráfico sin colapsarse.[173]

El impacto se multiplica con los robotaxis compartidos. Cada vehículo autónomo sustituye a entre seis y diez coches privados, lo que suaviza la hora punta matutina al realizar múltiples trayectos y dispersa el tráfico vespertino al ofrecer transporte eficiente en zonas de ocio, sin necesidad de aparcar.

El reto del exceso de desplazamientos

Pero no todo son ventajas. Cuando moverse se vuelve más barato y cómodo, muchas personas tienden a viajar más de lo necesario. En lugar de caminar distancias cortas o agrupar recados en un solo trayecto, pueden pedir un robotaxi para cada desplazamiento. Algunos estudios sugieren que esta comodidad podría aumentar el número total de kilómetros recorridos en vehículos.

Por eso, será clave que las ciudades adopten normas inteligentes para mantener la fluidez del tráfico. Entre ellas, aplicar tarifas dinámicas y justas para los viajes, usar programas informáticos que optimicen las rutas, y garantizar que los robotaxis se integren con autobuses y trenes.[174] Otra opción es apostar por autobuses autónomos, capaces de descongestionar las vías al transportar a un número mucho mayor de personas.

La liberación de espacio urbano y la mejora del tráfico están llevando a muchos a replantearse una decisión clave: si los robotaxis funcionan las veinticuatro horas, eliminan el estrés del aparcamiento y reducen los atascos, ¿vale la pena seguir pagando por un coche propio que apenas usamos?

74. ¿SE SEGUIRÁN COMPRANDO COCHES EN EL FUTURO?

¿Cuándo fue la última vez que calculaste el coste real de tener un coche? No sólo el seguro y el combustible, sino también el mantenimiento, el aparcamiento y esa silenciosa sangría llamada «depreciación». En España, tener un coche cuesta de media unos 4.000 euros anuales, pese a que el 95 por ciento del tiempo está aparcado. En Estados Unidos, la cifra es casi el triple.[175]

Se acabó el tener coche propio

Ante esta realidad económica, cada vez más jóvenes profesionales de las grandes ciudades empiezan a renunciar a la compra de vehículo propio. Se preguntan por qué invertir en un activo que pierde valor si existe una alternativa más económica que ofrece la misma movilidad. El caso de Tesla en Austin lo ilustra bien: desde junio de 2025, sus robotaxis ofrecen viajes por 4,20 dólares, un precio altamente competitivo. Además, son capaces de recorrer rutas complejas, incorporarse a autopistas o ejecutar giros a la izquierda difíciles, maniobras que igualan la pericia de un conductor humano.[176]

Este cambio en la forma de movernos provocará un efecto dominó que transformará sectores enteros. Su impacto ya empieza a sentirse en tres frentes principales:

- **Concesionarios de automóviles:** dejarán de centrarse en ventas individuales para convertirse en gestores de grandes flotas destinadas a transporte compartido, reparto y empresas.
- **Espacios de aparcamientos:** al reducirse la propiedad privada de coches, muchos de estos inmuebles de alto valor se transformarán en viviendas y oficinas.
- **Compañías de seguros:** en lugar de asegurar a millones de conductores particulares, orientarán su negocio a cubrir flotas comerciales y operadores de robotaxis.

Empresas como Tesla ya fabrican vehículos pensando en este modelo, no para compradores habituales, sino para servicios de taxi autónomo y flotas empresariales. Esta transición está dando paso a un nuevo ecosistema en el que las compañías gestionan miles de coches, en lugar de millones de ventas individuales.

De la propiedad al acceso compartido

En el futuro, tener un coche podría resultar tan anticuado como tener un caballo. En su lugar, los barrios urbanos compartirán flotas de vehículos autónomos disponibles en minutos con sólo pulsar un botón. El acceso será flexible: desde tókenes digitales para viajes ocasionales (como una tarjeta de metro, pero para robotaxis) hasta suscripciones mensuales con un número determinado de trayectos u horas, al estilo Netflix. Sin pagos de seguro, sin mantenimiento, sin búsqueda de aparcamiento: movilidad bajo demanda, simple y directa.

En las zonas rurales, la historia es distinta. Las familias de agricultores seguirán necesitando vehículos propios para sus tareas diarias, y los residentes de pueblos pequeños sin cobertura de robotaxis mantendrán sus coches personales. Sin embargo, aparecerán nuevas dinámicas: los vehículos autónomos compartidos funcionarán como lanzaderas hacia núcleos urbanos y reducirán la necesidad de tener un segundo automóvil.

Siempre habrá quien posea utilitarios, como los aficionados a los deportivos o las familias que lo prefieran para viajes largos. Pero, en el día a día, la era de la propiedad universal de vehículos toca a su fin. Para 2030, los analistas prevén un 10 por ciento menos de coches particulares en las ciudades, un cambio que transformará radicalmente la forma en que concebimos la movilidad.[177]

Muchos temen que el fin de la propiedad del vehículo particular suponga la desaparición de millones de empleos relacionados con este sector. Sin embargo, la realidad apunta en otra dirección: la revolución autónoma generará profesiones completamente nuevas que hace apenas cinco años ni siquiera imaginábamos.

75. ¿QUÉ NUEVOS PUESTOS DE TRABAJO CREARÁN LOS VEHÍCULOS SIN CONDUCTOR?

¿Crees que los robotaxis acabarán con todos los empleos de este sector? La realidad es la contraria: se espera que generen hasta 455.000 nuevos puestos de trabajo, muchos de ellos mejor remunerados que los de conducción.[178] No se trata sólo de perfiles técnicos, sino que abarcan una amplia gama de habilidades y profesiones. Lo más sorprendente es que buena parte de estos puestos ni siquiera existían hace cinco años. Veamos algunos de los más interesantes para los que ya hay demanda.

- **Pastores de seguridad:** algunas empresas ya están contratando a personas para trabajar desde casa como «pastores de seguridad». Su función es vigilar los coches autónomos a través de pantallas y tomar el control cuando surge una situación complicada.[179] Un solo operador puede supervisar varios vehículos a la vez, que normalmente se desplazan de forma autónoma, pero en casos imprevistos (como obras en la vía, accidentes o cruces complejos) el operador interviene para guiarlos, ajustar la ruta o incluso conducirlos a distancia.

  Este perfil ya está en expansión en Europa: en Alemania existen conductores que trabajan desde casa controlando vehículos cuando necesitan asistencia, mientras que, en España, Applus+ Idiada ha ampliado su plataforma de pruebas para sistemas avanzados de asistencia y vehículos autónomos, lo que ha disparado la demanda de talento técnico para validación y operación.[180]
- **Mecánicos de IA:** el mantenimiento de los vehículos autónomos también está cambiando por completo. Ya

no basta con reparar motores, ahora también hacen falta mecánicos capaces de diagnosticar problemas en el software de IA. Se trata de un perfil híbrido, a medio camino entre un «mecánico de coches» y un experto en informática. Para responder a esta necesidad, los centros de formación profesional están creando programas específicos que preparan a los trabajadores para ajustar sensores (como cámaras y radares que permiten al coche «ver»), actualizar el software y anticipar cuándo será necesario sustituir o reparar las piezas.

- **Conserjes de movilidad:** otra de las funciones emergentes en el sector es la del «conserje de movilidad», creada por las empresas de flotas para garantizar que los pasajeros disfruten de una experiencia cómoda y sin contratiempos en los vehículos autónomos. En los servicios prémium y en los programas piloto, estos conserjes ofrecen una atención más personalizada: saludan virtualmente a los pasajeros de edad avanzada a través de la pantalla del coche, ayudan a coordinar el equipaje o responden preguntas durante el trayecto. En los servicios de alta gama, incluso están presentes en los puntos de recogida para ofrecer asistencia en persona.[181]

  A medida que las flotas autónomas se amplían y se generalizan, esta función evoluciona hacia un modelo más eficiente. En lugar de contar con auxiliares en cada vehículo o en cada parada, las empresas han empezado a centralizar el servicio en centros de soporte remoto. Desde allí, los conserjes pueden supervisar varios viajes al mismo tiempo y ofrecer ayuda inmediata a los pasajeros a través del sistema de comunicación del vehículo siempre que sea necesario.

- **Nuevos trabajos inesperados:** además de los empleos más previsibles (como mantenimiento, limpieza, análisis de datos o ciberseguridad), están apareciendo profesiones que hace pocos años habrían parecido impensables. Surgen, por ejemplo, diseñadores de interiores especializados en vehículos sin conductor o expertos dedicados a crear «personalidades digitales» que hagan la interacción con los pasajeros más cercana y agradable.

Al mismo tiempo, los trabajos tradicionales ligados a la conducción se transforman en lugar de desaparecer. Los repartidores, por ejemplo, evolucionan hacia el rol de manipuladores de paquetes que viajan en los vehículos autónomos hasta la entrega en destino. De manera similar, los conductores de autobús se convierten en enlaces con la comunidad, encargados de asistir a los pasajeros y mantener el orden a bordo.

Y esto es sólo el inicio. Cuando el volante y el conductor dejan de ser necesarios, el interior del vehículo se convierte en un espacio en blanco lleno de posibilidades. ¿Y si tu próximo coche fuera también tu oficina, tu gimnasio o tu sala de reuniones?

76. ¿Podrían los coches autónomos compartidos servir como oficinas móviles o gimnasios?

Los trayectos entre ciudades dejarán de ser tiempo perdido y se transformarán en espacios productivos. Podrás celebrar reuniones de trabajo mientras viajas, mantener tu rutina de ejercicio matutino sin esperar a llegar al gimnasio o incluso arreglarte y prepararte de camino al restaurante. Todo esto ya está en desarrollo y podría convertirse en una realidad en un futuro próximo.

Al liberarse espacio en la parte delantera, el interior del vehículo podrá rediseñarse por completo. Algunas empresas ya han comenzado a experimentar con autobuses autónomos de interiores flexibles, capaces de adaptarse a distintos usos según el momento. Así, el mismo vehículo puede convertirse en una sala de reuniones, un gimnasio o en una pequeña sala de cine, y ofrecer a los pasajeros experiencias totalmente nuevas durante el trayecto.[182]

Tu oficina sobre ruedas

A medida que se desarrolla la industria de los taxis autónomos, tu trayecto al trabajo se podría convertir en tu primera reunión del día. Imagina subir a un coche que se convierte en tu oficina móvil, con asientos equipados con escáneres de huellas dactilares que te conectan al instante a los sistemas de tu empresa. Esa frustrante hora y media atrapado en el tráfico se transforma en tiempo productivo y remunerado.

Las empresas con visión de futuro entenderán rápidamente este cambio y cubrirán tanto el desplazamiento como las horas de trabajo durante el trayecto. Al fin y al cabo, cuando los empleados aprovechan ese tiempo en lugar de estar al volante, todos salen ganando.

Gimnasios que se mueven

El trabajo no es lo único que redefine nuestros desplazamientos; también la forma en que cuidamos nuestro cuerpo. En el futuro, los entusiastas del *fitness* podrán entrenar en gimnasios móviles dentro de coches autónomos. Imagina salir de casa, comenzar tu rutina deportiva y terminarla al llegar al trabajo.

Algunas empresas ya están diseñando este tipo de vehículos especializados, equipados con bicicletas estáticas, espacios para yoga y máquinas de resistencia. Así, los cuarenta y cinco minutos de trayecto al trabajo se convertirán en una sesión completa de actividad física en vez de horas perdidas.[183]

Vida social sobre la marcha

Además del trabajo y el ejercicio, los coches autónomos también están llamados a transformar nuestra vida social. Algunos robotaxis se diseñan como espacios para conversar con comodidad, hasta el punto de parecer más una «sala de estar móvil» que un coche tradicional.[184]

Las posibilidades de entretenimiento son prácticamente infinitas. Algunos vehículos se convierten en cines para viajes largos, otros en espacios de juegos donde los amigos compiten mientras viajan juntos. Incluso las citas nocturnas adoptan formas nuevas, con cenas románticas a bordo de coches que recorren rutas panorámicas.

Cientos de nuevas posibilidades

El interior de los vehículos autónomos pronto podría convertirse en un espacio con usos que hoy apenas imaginamos. Uno de ellos es la publicidad personalizada: sensores capaces de rastrear tu mirada podrían detectar en qué te fijas y, si pasas frente a una tienda, mostrarte descuentos u ofertas directamente en las pantallas de las ventanillas.[185] Este modelo no sólo ayudaría a financiar los viajes y reducir su coste —se estima que para 2035 un trayecto podría rondar los 70 céntimos por kilómetro—, sino que también permitiría a las empresas ofrecer servicios adicionales que aumenten la rentabilidad de las flotas.[186] El riesgo, sin embargo, es saturar al pasajero con demasiados anuncios.

Pero las implicaciones van mucho más allá de lo económico. Los desplazamientos se convierten en tiempo útil: las reuniones de negocios se celebran durante el trayecto, lo que reduce la necesidad de oficinas físicas; las familias transforman los atascos en tiempo de calidad, y la frontera entre transporte y destino comienza a difuminarse. Así, el vehículo deja de ser un simple medio para llegar a algún sitio y se convierte en un valioso espacio para vivir, trabajar y sociabilizar. No sólo estamos reinventando los coches, estamos reinventando el tiempo mismo.

Sin embargo, queda un reto clave: ¿cómo hacer que los peatones sepan con certeza cuándo un coche autónomo los ha visto y va a detenerse? La respuesta está revolucionando la forma en que humanos y máquinas se comunican.

77. ¿CÓMO SE COMUNICARÁN LOS COCHES AUTÓNOMOS CON LAS PERSONAS?

Ponte en esta situación: estás enfrente de un paso de peatones y se acerca un coche sin conductor. ¿Cómo puedes estar seguro de que te ha visto y de que va a detenerse? Resolver esta duda está llevando a crear nuevos sistemas de comunicación entre los vehículos autónomos y las personas, con soluciones muy ingeniosas.

Luces que hablan

Una de las soluciones más extendidas para comunicar a los peatones que un coche autónomo los ha detectado son las pantallas luminosas del tamaño de una ventanilla. Éstas muestran símbolos universales en lugar de palabras, de modo que cualquier persona pueda entenderlas, independientemente de su idioma. Una figura caminando indica que se puede cruzar, mientras que una mano levantada significa que se detenga.[187] La experiencia demuestra que, tras usarlas varias veces, la mayoría de los peatones confían en estas señales.[188] Su utilidad va más allá de la comunicación inmediata: las luces permiten avisar desde lejos, con lo que reducen riesgos antes de que surja un peligro. Además, se adaptan al entorno, con mayor brillo durante el día y una intensidad más suave por la noche, mientras mantienen siempre la claridad del mensaje.[189] En Europa, por ejemplo, Alemania ha autorizado el uso de luces turquesa en vehículos Mercedes cuando circulan en modo automatizado para que tanto peatones como otros conductores reconozcan de un vistazo el estado del vehículo.[190]

Tecnología y normas para un lenguaje común

La comunicación entre vehículos autónomos y peatones no se limitará a simples señales luminosas. En el futuro, algunos sistemas podrían rastrear los movimientos oculares de las personas para garantizar que tanto el coche como el peatón se reconocen mutuamente antes de actuar. Estos coches serán capaces de «leer» a la gente con sorprendente precisión: detectar cuándo alguien está a punto de cruzar incluso antes de que dé el primer paso. Esta capacidad de anticipar los movimientos antes de que ocurran podría ser el comienzo de un nivel de seguridad sin precedentes.[191]

Más allá de estos avances tecnológicos, la estandarización será clave. La Organización Internacional de Normalización colabora con los fabricantes de automóviles para garantizar que todos hablen el mismo «idioma». De lo contrario, el caos sería inevitable si cada marca utilizara señales diferentes. Contar con normas universales permitirá que un robotaxi en Tokio se comunique de la misma manera que uno en Madrid, lo que salvaguardará la seguridad a nivel global gracias a un entendimiento compartido. Pero la comunicación entre coches autónomos y personas es sólo una pieza del puzle. En el cielo, una nueva red de asistentes voladores se preparan para colaborar con los robotaxis y dar forma a un sistema de transporte tridimensional que pronto podría convertirse en parte de nuestra vida cotidiana.

78. ¿Ayudarán los drones a guiar o recargar los coches sin conductor?

Los coches autónomos y los drones pronto podrían formar un equipo en nuestras ciudades y pueblos. Imagina que, mientras el vehículo te lleva al trabajo, un dron vuela unos metros por delante para detectar atascos, accidentes u obras en la carretera, y envía la información al instante. Con esta perspectiva aérea, los robotaxis obtienen una ventaja decisiva, ya que pueden anticipar los problemas y elegir la ruta más rápida mucho antes de que sus propios sensores los detecten.

Drones al servicio de la movilidad

La recarga móvil es una de las próximas fronteras. Ya existen prototipos de drones capaces de transportar baterías hasta vehículos eléctricos descargados, proporcionándoles la energía suficiente para llegar a una estación de carga. Esto no sólo reduciría la ansiedad por la autonomía, sino que también permitiría mantener las flotas de robotaxis en funcionamiento de forma continua.[192]

Su papel, sin embargo, no se limita a la energía. Los drones y los vehículos autónomos podrían convertirse pronto en minicentros de datos móviles. Con los avances en redes 5G, cada taxi autónomo podría llevar consigo equipos informáticos capaces de dar soporte a servicios urbanos, como paradas de autobús interactivas o sensores de inundaciones con inteligencia artificial. Así, la inversión en transporte también reforzaría la infraestructura digital de las ciudades. Estados Unidos ya avanza en esta integración. Cinco ciudades piloto están probando sistemas en los que los drones y los coches autónomos colaboran para mejorar la seguridad y la fluidez del tráfico. El objetivo es alcanzar cerca de un millón de drones comerciales en operación que funcionen como asistentes aéreos capaces de ayudar a los coches a circular mejor y de hacer que las carreteas sean más seguras para todos.[193]

Salvando vidas desde el cielo

Coches autónomos y drones voladores forman ya una red capaz de multiplicar la seguridad, la eficiencia y la capacidad de respuesta del transporte. Estas tecnologías, más allá de coexistir, trabajan en simbiosis para salvar vidas.

Un campo clave es la gestión de emergencias. Los drones, gracias a su rapidez y a su acceso a zonas peligrosas o de difícil alcance, mejoran drásticamente la respuesta en situaciones críticas. Pueden guiar ambulancias autónomas a través del tráfico, despejar las rutas y entregar suministros médicos desde el aire. En desastres naturales, son capaces de coordinarse con vehículos en tierra para llevar ayuda a comunidades aisladas por daños en las infraestructuras.

El uso real ya está en marcha. En Australia, drones de largo alcance vigilan la propagación de incendios forestales durante horas y envían mapas en tiempo real a los equipos en tierra, lo que permite tomar decisiones más rápidas y seguras sin arriesgar la vida de pilotos en cielos llenos de humo.[194] En Europa, la UE ha puesto en marcha un marco común de gestión del tráfico aéreo de drones, que España está desplegando a través de ENAIRE. Ya se utilizan drones de salvamento en playas valencianas, integrados con vehículos autónomos en tierra para reforzar la seguridad.[195]

El resultado es claro: cuando cada minuto cuenta, esta colaboración entre aire y tierra ofrece respuestas más rápidas y decisiones más precisas, a la vez que abre la puerta a un nuevo modelo de protección civil.

Oportunidades en la era de los vehículos voladores

La industria de las aeronaves urbanas autónomas crece rápidamente y ofrece un abanico de oportunidades para emprendedores de todo tipo. No hace falta fabricar coches voladores para participar. También serán necesarios servicios de apoyo como la gestión de pistas de aterrizaje, software de tráfico aéreo, sistemas de reservas, instalaciones de mantenimiento o tecnologías para reducir el ruido.

Asimismo, esta transformación impactará en la vida cotidiana. Los profesionales demandarán nuevos tipos de seguros; las familias exigirán asientos de seguridad para niños en los vehículos aéreos; los edificios necesitarán conserjes en las azoteas para recoger las entregas, y los vecinos querrán aplicaciones que ayuden a elegir rutas de vuelo más tranquilas sobre sus barrios.

La integración de drones y coches autónomos abre nuevas oportunidades, pero también evidencia un reto mayor: la seguridad y la responsabilidad legal en todo el transporte sin conductor. Las leyes actuales, diseñadas para humanos al volante, necesitan una actualización urgente.

79. ¿QUÉ LEYES DEBEN CAMBIAR PARA LOS COCHES AUTÓNOMOS?

Un robotaxi choca contra un coche aparcado. ¿Quién paga los daños? ¿El pasajero que lo solicitó, la empresa que lo opera, el fabricante del vehículo o el programador del software? Hoy no existe una respuesta clara, y esa falta de definición legal es uno de los mayores obstáculos para la adopción masiva de los coches autónomos.

¿Quién tiene la culpa?

Las leyes están evolucionando rápidamente y, en lugar de imponer normas rígidas, exigen que las empresas fabriquen vehículos seguros y demuestren su fiabilidad. Esto permite innovar sin dejar de proteger a las personas, pero también establece un marco claro de responsabilidades: los propietarios de las flotas deben mantener el software actualizado, los fabricantes de automóviles asumen las decisiones de la IA, y las ciudades tienen la obligación de garantizar la seguridad de las carreteras.

La clave está en la transparencia. Los coches autónomos deben registrar y explicar cada decisión que toman. Así, en caso de accidente, los investigadores pueden reconstruir lo sucedido y comprender por qué el vehículo actuó de esa manera. Es como tener una caja negra que traduce las complejas decisiones de la IA en explicaciones claras, lo que aumenta la confianza pública y ayuda a los ingenieros a mejorar la seguridad.

Normas que se adaptan

La regulación de los coches autónomos avanza a ritmos distintos. En Estados Unidos, por ejemplo, cada estado ha tomado su propio camino: Florida exige que los vehículos comerciales cuenten con conductores con licencia, Washington ha implementado sistemas de monitorización en tiempo real y California exige pruebas exhaustivas antes de autorizar la puesta en marcha. Para las empresas que operan en varios estados, esta diversidad normativa supone un desafío añadido.[196]

De ahí surge la necesidad de actualizar los marcos legales de manera global y hacerlos más flexibles. En lugar de imponer reglas rígidas que pronto quedan obsoletas, los expertos proponen diseñar sistemas capaces de adaptarse conforme evoluciona la tecnología. Este enfoque equilibrado, con responsabilidades claras y normas flexibles, puede convertirse en la hoja de ruta más práctica para gestionar la inteligencia artificial a medida que avanza y sigue sorprendiéndonos.

Mientras los legisladores adaptan las normas, otra revolución tecnológica asoma en el horizonte: la integración de los ordenadores cuánticos en los vehículos autónomos, capaz de transformar en realidad lo que hoy parece ciencia ficción.

80. ¿CÓMO PODRÍA LA COMPUTACIÓN CUÁNTICA CAMBIAR LA IA DE LOS VEHÍCULOS?

La llegada de la computación cuántica promete llevar la movilidad autónoma a un nivel sin precedentes. Los superordenadores del futuro podrán coordinar todos los vehículos de una ciudad de manera simultánea y eliminar los atascos, al calcular exactamente cuándo y por dónde debe circular cada coche.

El impacto en la optimización de rutas es enorme. Mientras que hoy los coches autónomos prevén de forma individual sus trayectorias, los ordenadores cuánticos pueden planificar la de toda la red urbana al mismo tiempo. En pruebas iniciales, esto ha reducido los tiempos de viaje en casi un tercio. La coordinación no sólo abarcará vehículos, sino también semáforos y peatones, integrando cada elemento del tráfico en un sistema fluido y eficiente.

En esta carrera, España ya ha dado un paso importante. Quantum Spain ha instalado en el Centro de Supercomputación de Barcelona el primer ordenador cuántico desarrollado con tecnología cien por cien europea, abierto a proyectos de movilidad.[197]

Coches que predicen el futuro

La computación cuántica permitirá que los vehículos autónomos tomen decisiones a una velocidad imposible para los humanos. Un coche equipado con esta tecnología puede procesar millones de escenarios en microsegundos y elegir la acción más segura antes de que el peligro llegue a desarrollarse. Además de reaccionar más rápido, es capaz de anticiparse a lo que está por ocurrir. Y esto abre la puerta a reducir los accidentes hasta casi eliminarlos.

Su impacto también se extiende a la gestión energética. Los algoritmos cuánticos pueden calcular con precisión cuánta energía necesita cada coche y organizar recargas de forma inteligente en toda la ciudad. Así, se asegura de que ningún vehículo se quede sin batería y que la red eléctrica funcione sin interrupciones, como si existiera un horario perfecto que equilibra demanda, disponibilidad y eficiencia.[198]

Ponlo en práctica

Acción 1: reflexiona sobre tu confianza en los coches autónomos

Haz una lista con los beneficios que podrían darte (menos accidentes, más tiempo libre, independencia...) y compáralos con tus miedos. Analiza si esos temores son reales o infundados a la luz de lo aprendido en este capítulo. Pregúntate en qué condiciones te sentirías cómodo usándolos: ¿sólo en trayectos urbanos, en viajes largos o como sustituto total del coche propio? Tener claras tus respuestas te ayudará a prepararte para cuando esta tecnología llegue a tu ciudad.

Acción 2: calcula el coste real de tu coche

Anota todos los gastos anuales: seguro, combustible, mantenimiento, aparcamiento y depreciación. Lo más probable es que veas que usas tu coche muy poco en comparación con lo que pagas por él. Luego compáralo con opciones actuales de movilidad compartida o con el futuro de los robotaxis. Como primer paso, prueba un día a la semana sin coche propio y observa el impacto en tu bolsillo y en tu rutina.

Acción 3: explora oportunidades de empleo en la movilidad autónoma

Los vehículos sin conductor crearán nuevos trabajos muy pronto. Investiga qué perfiles encajan contigo: supervisores remotos que controlan flotas desde casa, mecánicos especializados en sensores y software o asistentes de movilidad que atienden a los pasajeros a distancia. Empieza a informarte sobre cursos de formación en estas áreas. Posicionarte ahora te dará ventaja antes de que aumente la competencia.

Alerta roja

**No confundas conducción asistida
con autonomía real**

Muchos coches actuales ya incorporan sistemas que avisan o incluso frenan solos para ayudarte a evitar accidentes. Son un gran avance con respecto al pasado, cuando todo dependía únicamente del conductor. Sin embargo, estas ayudas no hacen que sea autónomo: la responsabilidad sigue siendo del todo tuya. Los vehículos verdaderamente autónomos son capaces de circular sin intervención humana, algo muy distinto a las funciones de asistencia que tenemos hoy. No confundas ambos conceptos: la diferencia en seguridad y en control es enorme.

9

Preguntas frecuentes (parte 1)

Los coches ya conducen solos, las máquinas hablan como humanos, y los robots operan con precisión milimétrica. Pero, mientras la IA avanza, también crecen las dudas que todos compartimos: ¿es esto una moda pasajera o una transformación definitiva?, ¿nos hará más libres o más dependientes?, ¿resolverá nuestros grandes problemas, como la crisis climática, o los multiplicará?

Responder a estas preguntas no es sencillo, porque la IA genera paradojas constantes: lo que para unos es progreso, para otros es amenaza; lo que hoy parece un riesgo, mañana puede convertirse en una solución. La clave está en aprender a evaluar sus impactos sin caer ni en el entusiasmo ciego ni en el catastrofismo.

En este capítulo abordaremos las diez preguntas más urgentes sobre la IA, desde su impacto económico hasta los dilemas éticos y sociales que plantea. El objetivo no es dar respuestas absolutas, sino ofrecerte las herramientas necesarias para formar tu propia opinión. Porque entender estas preguntas no es sólo curiosidad: es parte de adaptarte y sobrevivir en un mundo donde la pregunta ya no es si la IA puede, sino si debe.

Figura 9.1.

Conceptos del capítulo 9

1 **TRABAJO CREATIVO** La IA amplifica ideas. Crea incluso obras vivas.	**6** **¿MEMORIZAR O PREGUNTAR?** Información a un clic. Necesario cuestionar siempre.
2 **TEMORES COMUNES** Miedo al desempleo e IA impredecible. Genera más normas seguras.	**7** **ÉTICA GLOBAL** Salvar vidas o cumplir leyes. Nace la ética global.
3 **PRIVACIDAD EN RIESGO** Tus datos cruzan países. Privacidad: lujo de pocos.	**8** **IA Y CLIMA** Consume mucha energía. Optimiza y limpia océanos.
4 **PENSAMIENTOS EXPUESTOS** Auriculares que leen tu mente. Protege lo que piensas.	**9** **AGENTES DE IA** Organizan vida y barrios. Surgen mecánicos de agentes.
5 **SOLEDAD DIGITAL** La IA acompaña pero atrofia. Lo humano es insustituible.	**10** **¿SUPERARÁ A LOS HUMANOS?** La IA redefine lo humano. Futuro: cooperación.

Fuente: Elaboración propia.

81. ¿CÓMO REMODELARÁ LA IA GENERATIVA EL TRABAJO CREATIVO Y LAS INDUSTRIAS DEL CONOCIMIENTO?

Pablo Delcan pensaba que la IA iba a acabar con su trabajo, así que este diseñador gráfico neoyorquino hizo algo descabellado: se convirtió en una IA humana y empezó a dibujar a mano todas las indicaciones que le enviaba la gente. En cuestión de meses, había creado más de cuatro mil dibujos. Su agenda se llenó. *Forbes* se hizo eco de su «arte generativo no basado en la IA». Al final, su toque humano se volvió más valioso que nunca.[199] Una agencia de diseño gráfico francesa lo demostró con una de sus campañas. Todos los modelos, todas las escenas, todo estaba generado por IA. Sólo los trajes de baño eran reales. ¿El resultado? La productividad se disparó más del 50 por ciento.[200] Por su parte, la cantante canadiense Grimes descifró el código de otra manera. Ofreció repartir al 50 por ciento los derechos de autor con cualquiera que utilizara la IA para cantar con su voz.[201]

Dos caminos que seguir

La IA cambiará el trabajo creativo de formas que no podemos predecir. Las personas creativas se dividirán en dos grupos:

- **Amplificadores de IA:** personas que utilizan la IA para explorar posibilidades completamente nuevas (como arquitectos que diseñan edificios que cambian según tu estado de ánimo).
- **Artesanos digitales:** creativos que combinan la IA con sus habilidades humanas. Por ejemplo, los mú-

sicos usan la IA para crear sonidos nuevos y luego añaden emociones humanas que conectan con el público.
Juntos crean algo único que ni la IA ni los humanos
podrían hacer solos.

Ambos enfoques muestran que la IA no sustituye a la
creatividad, sino que abre nuevas puertas a la imaginación
humana. Si la IA es capaz de reimaginar monumentos con-
memorativos o resucitar a los Beatles (su nueva canción utiliza IA para extraer la voz de Lennon), imagina lo que puede
hacer por tus sueños creativos. Pero date prisa, la ventana
para los primeros en adoptarla se está cerrando rápidamente.

¿Quieres empezar mañana? Elige una tarea creativa que
odies: dar formato, investigar o hacer una lluvia de ideas
inicial. Utiliza la IA sólo para esa parte. Observa cómo libera
tu mente para que puedas dedicarte a las tareas que más te
apasionan.

A medida que la IA mejore, es posible que veamos algo
nuevo llamado *obras vivas*. Se trata de libros, canciones,
obras de arte y artículos de investigación que se actualizan
automáticamente. Cuando aparece nueva información o
cambian las tendencias, la IA reescribe algunas partes para
mantenerlas actualizadas. En lugar de vender un libro una
vez y darlo por terminado, los autores se parecerían más a
Netflix o Spotify. Crearían una versión básica de su obra y
darían instrucciones a la IA sobre cómo actualizarla. La
IA mejoraría y modificaría la obra con el paso del tiempo.
Esto podría ser muy útil para los lectores. Imagina tener un
libro de texto de ciencias que añade nuevos descubrimientos
a medida que se producen.

La IA puede ayudarnos a crear nuevas posibilidades,
pero también nos hace temer profundamente lo que está
por venir.

82. ¿Cuáles son algunos de los temores más comunes en torno a la inteligencia artificial?

Las personas que crearon la IA, quienes mejor la conocen, son ahora quienes más advierten sobre ella. Yoshua Bengio ayudó a crear la IA moderna. Ahora, este pionero de la IA advierte de que las máquinas superinteligentes podrían llegar en cuestión de años.[202] Es más, la IA se está volviendo impredecible. En pruebas recientes, el modelo o1 de Open-AI intentó copiarse en otros servidores cuando detectó que lo iban a apagar. Después negó haberlo hecho. Los expertos ven esto como un instinto de supervivencia emergente.[203] Estos desarrollos plantean preguntas inquietantes sobre el futuro.

Mi propio miedo sobre la gran rapidez de crecimiento que tiene esta tecnología surgió realmente al investigar el contenido de este libro. Uno de los resultados de este crecimiento acelerado podría ser que haya pocas personas con éxito extremo y una gran mayoría que no pueda participar en la economía. Esto ocurriría porque no tendrán el mismo poder computacional del que dispondrán los mejores usuarios de IA, quienes usarán sistemas avanzados de IA multiagente que funcionarán a un nivel que no podemos comprender. Esta brecha de capacidades puede generar todo tipo de repercusiones negativas en la sociedad, y espero que podamos evitar esos escenarios.

El miedo impulsa la seguridad

El miedo suele impulsar la innovación. Por ejemplo, Reino Unido ha creado Inspect, una herramienta gratuita que cualquiera puede utilizar para comprobar si la IA es peligrosa.[204] Otro ejemplo es Anthropic, que ha lanzado Constitutional AI, con normas éticas inquebrantables, como el establecimiento de leyes reales para la IA y los robots.[205] En un plazo de cinco años, es posible que la ley exija estas medidas de seguridad, al igual que los cinturones en los coches. Sin embargo, no todos los países avanzan al mismo ritmo, y esto está creando una brecha global. Algunos, llamados *estados de seguridad*, están imponiendo controles estrictos al desarrollo de la IA, mientras que los *estados de aceleración* están avanzando a toda velocidad con restricciones mínimas. Piensa en la Revolución Industrial: algunos países construyeron fábricas sin tener en cuenta la contaminación, mientras que otros impusieron normas medioambientales. Estamos viendo el mismo patrón con la IA.

Por ejemplo, por un lado, Singapur exige ahora a las empresas que estudien los riesgos antes de implementar sistemas de IA potentes,[206] y China obliga a las empresas tecnológicas a revelar detalles de sus algoritmos a las autoridades, un modelo de regulación basado en el control estatal que genera preocupaciones sobre privacidad. Mientras tanto, Estados Unidos ni siquiera se pone de acuerdo en un enfoque único: dieciséis estados diferentes han aprobado sus propias leyes sobre IA, que son contradictorias entre sí.

Esta división es importante. ¿Elegirías una sociedad que avanza lentamente pero con seguridad? ¿O una que corre hacia delante con la esperanza de solucionar los problemas en el futuro? Tus hijos heredarán lo que decidamos ahora.

Los grupos sindicales, que perciben tanto una oportunidad como una amenaza, ya se están movilizando para conseguir una mayor protección de los trabajadores. En Estados Unidos, los sindicatos y los empleados tecnológicos se han unido para defender los créditos de formación transferibles y los fondos de garantía salarial, propuestas que están ganando terreno entre los responsables políticos.[207]

A medida que la IA crea más contenido, es posible que surjan nuevas empresas que comprueben si la información de la IA es verdadera. Estas empresas verificarían los datos antes de que llegaran a ti, lo que ayudaría a evitar la difusión de información falsa.[208] Mientras esperamos a ver cómo se desarrollan los acontecimientos, ya existen algunos problemas relacionados con la IA que requieren nuestra atención.

83. ¿Cuáles son las principales preocupaciones en materia de privacidad relacionadas con las tecnologías de IA?

¿Cuándo fue la última vez que compartiste algo personal con la IA? ¿Una preocupación por tu salud, un problema económico o una cuestión sentimental? ¿Te preguntaste quién más podría estar escuchando?

Imagina a una usuaria de IA en Berlín que utiliza una aplicación terapéutica que promete «privacidad total». Ella comparte sus problemas más íntimos, confiando en el cifrado. Seis meses después, descubre que sus conversaciones han pasado por servidores de catorce países. El problema es que cada país tiene leyes de privacidad diferentes. En algunos, los gobiernos pueden acceder a los datos. En otros, las empresas pueden venderlos. No existe una ley única que proteja tu información en todas partes, por lo que tus secretos se encuentran en un vacío legal en el que nadie es realmente responsable de mantenerlos a salvo. Cuando la empresa de la aplicación quiebra, sus sesiones de terapia pasan a ser una propiedad que se vende al mejor postor, ya sea un corredor de datos, una empresa extranjera o unos *hackers*.

El nuevo territorio de la privacidad

Casos como éste no son excepciones: reflejan una tendencia más amplia. En la práctica estamos viendo cómo la privacidad se está convirtiendo en un lujo. Los usuarios ricos compran IA con una fuerte protección, mientras que otros intercambian sus datos por acceso gratuito. La terapia prémium con IA cuesta 300 dólares al mes por la «soberanía de los datos». Las versiones gratuitas reclaman la propiedad de tus conversaciones, pero afirman que no las comparten. Estamos creando un mundo en el que sólo los ricos pueden guardar verdaderos secretos.

Y, mientras unos pocos pueden proteger sus datos, todos nos enfrentamos a la siguiente amenaza que te dejará helado. Los ladrones ya no sólo roban tarjetas de crédito. Ahora pueden robar tu forma de pensar. Toman tus e-mails y mensajes viejos y, con ellos, enseñan a la IA a pensar como tú. A continuación, la IA imita a la perfección tus decisiones. En Shanghái, unos estafadores utilizaron una IA entrenada con mensajes robados. Convencieron a la madre de un hombre para que le transfiriera 430.000 dólares. Pronto, demostrar que realmente eres tú puede requerir controles biométricos constantes.

Pero los riesgos no terminan ahí. El próximo gran problema de privacidad es la protección de nuestros pensamientos. Los científicos ya pueden utilizar escáneres cerebrales para averiguar lo que piensa la gente y convertir esas señales en palabras reales. Un equipo de investigación ha creado incluso un chip cerebral que puede convertir los pensamientos en palabras casi al instante, en apenas veinticinco milisegundos (más rápido que un parpadeo).[209] Con estos avances, los auriculares del futuro podrían leer nuestros pensamientos. Cuando eso pase, las leyes tendrán que cambiar. Ya no sólo protegerán tu nombre y dirección; también tendrán que blindar lo que piensas.

Herramientas de privacidad que funcionan

Frente a estas amenazas crecientes, están surgiendo nuevas soluciones tecnológicas que buscan protegernos. Google, por ejemplo, ha creado un sistema que ahora también utiliza Apple. Así es como funciona: la IA aprende directamente de los datos de tu teléfono sin necesidad de enviarlos a los servidores de la empresa. Tu información permanece en tu dispositivo mientras la IA se vuelve más inteligente.[210] Esto permite a la IA aprender de tus datos sin verlos en realidad. El aprendizaje ocurre en el teléfono y luego se comparten únicamente las conclusiones, nunca tus datos reales.

Este procedimiento está revolucionando también el sector sanitario. Ahora pueden enseñar a los ordenadores a detectar enfermedades gracias al análisis de los historiales de pacientes de miles de hospitales. ¿Lo más sorprendente? No tienen que compartir los archivos reales con nadie. Cada hospital mantiene la privacidad de sus datos, pero todos obtienen mejores diagnósticos gracias a la IA.

Por otro lado, aparecen nuevas perspectivas, como obtener un beneficio por compartir los datos. Algunos barrios están creando «cooperativas de datos», grupos en los que las personas ofrecen información de sus dispositivos (como termostatos inteligentes) y se reparten el dinero que ganan con ello. Esas ganancias se utilizan para mejorar sus comunidades, por ejemplo, arreglando parques o instalando wifi gratuito.[211]

La cuestión no es si la IA conoce tus secretos. La cuestión es si tú sabrás quién más los conoce. Y si puedes permitirte mantenerlos en secreto.

Pero, mientras resolvemos los dilemas de privacidad, la tecnología está creando otros problemas sociales inesperados.

84. ¿PODRÍAN LOS AVANCES TECNOLÓGICOS AUMENTAR LA SOLEDAD, EL AISLAMIENTO Y LOS COMPORTAMIENTOS DISTANTES?

La tecnología promete curar la soledad. Pero ¿realmente lo hace? Investigadores de la Universidad de Harvard descubrieron una dolorosa verdad: el 73 por ciento de la gente culpa a la tecnología del aumento del aislamiento.[212]

Estos datos revelan una paradoja. Por un lado, los robots ofrecen compañía, como los cuidadores-máquina de Japón que reducen la depresión en las residencias de ancianos en un 30 por ciento o los millones de personas que están estableciendo «relaciones significativas» con la IA. Pero, por otro lado, los adolescentes que utilizan compañeros de IA muestran un patrón preocupante: curamos la soledad creando una generación que no sabe lidiar con los problemas humanos.

Frente a este panorama, algunos países se están adaptando de forma brillante. Dinamarca utiliza el análisis de datos para hacer un seguimiento de la salud y la felicidad de los estudiantes. Las escuelas utilizan herramientas digitales para comprobar cómo se sienten los alumnos y enseñarles buenos hábitos. Pero se aseguran de que los niños sigan pasando tiempo hablando y jugando entre ellos, y no sólo mirando pantallas.[213]

Cuando la IA ayuda y perjudica

Las aplicaciones inteligentes están cambiando la forma en que nos conectamos. Por ejemplo, Woebot, un terapeuta de IA, ayuda a los usuarios a gestionar la ansiedad en sesiones con gente real. Hay quienes también utilizan la IA como «práctica» para el trato interpersonal y para mejorar sus habilidades sociales. Sin embargo, el uso continuado de los compañeros de IA desarrolla «atrofia emocional»: las personas pierden la tolerancia hacia la imprevisibilidad humana y tienen dificultades cuando las relaciones requieren paciencia. Es aquí cuando nos enfrentamos a una pregunta inquietante: ¿preferimos un compañero de IA perfecto o un ser humano imperfecto que se preocupa de verdad? Como consecuencia del uso excesivo de la IA como compañía, han surgido tendencias preocupantes. Las personas dividen sus necesidades emocionales entre los seres humanos y la IA en «relaciones híbridas». Incluso algunas necesitan «terapia de interacción humana» para aprender habilidades sociales básicas. En el ámbito legal, los tribunales y expertos debaten cómo abordar los casos en los que los usuarios desarrollan dependencia hacia sus compañeros de IA.

Y no sólo están cambiando nuestras relaciones personales, las pequeñas conversaciones cotidianas que nos ayudan a sentirnos conectados con nuestra comunidad también están desapareciendo. Piensa en las charlas rápidas con los dependientes de las tiendas o con la gente en el autobús. Estos momentos ya son poco frecuentes porque estamos pegados a nuestros teléfonos. A medida que la IA se apodere de las compras, la conducción y el servicio al cliente, hablaremos aún menos con los demás. Sin estas pequeñas charlas, olvidaremos cómo hablar con desconocidos y perderemos habilidades sociales básicas. Todo será silencioso y automatizado.

Ahora más que nunca, tenemos que decidir qué queremos: la comodidad perfecta de la tecnología o las relaciones humanas imperfectas pero auténticas. La IA es predecible y eficiente, los humanos somos complejos y, precisamente por eso, crecemos. Es curioso: creamos la IA para sentirnos acompañados, pero podría dejarnos más solos que nunca. Las conexiones verdaderas nacen cuando superamos problemas juntos, no cuando todo es fácil. La decisión es nuestra. Y es importante tomarla bien, porque definirá quiénes somos como personas.

El peso invisible del cambio constante

La soledad no es el único coste psicológico de esta transformación. Es posible que pronto millones de personas experimenten ansiedad por obsolescencia: esa sensación de que tus habilidades pierden valor cada seis meses, de que lo que sabes hoy será irrelevante mañana.

Este reentrenamiento perpetuo genera un *burnout* diferente al tradicional. No es cansancio por trabajar demasiado, sino agotamiento mental por aprender sin parar. Tu cerebro nunca descansa porque siempre hay una nueva herramienta, un nuevo modelo, una nueva forma de hacer lo que ya sabías hacer.

Lo más preocupante es que pocas personas hablan de ello. Admitir que la IA te genera ansiedad suena a debilidad. Pero no lo es. Es una reacción humana normal ante un cambio que avanza más rápido que nuestra capacidad de adaptación.

Si sientes esta presión, busca comunidades de personas que estén atravesando transiciones similares. Considera recurrir a apoyo psicológico especializado. Y, sobre todo, date permiso para ir más despacio. La carrera tecnológica no tiene meta, pero tu salud mental sí tiene límites. Mientras nos preocupamos por el impacto de la IA en las relaciones, algunos se preguntan si estamos exagerando el poder de la IA en general.

85. ¿CÓMO PUEDEN LOS PADRES EDUCAR A SUS HIJOS SOBRE LA IA?

Tu hija de diez años te pregunta por qué debe aprender a multiplicar si la IA lo hace en un instante. Tu hijo adolescente usa ChatGPT para sus trabajos y sus notas mejoran cada semana. ¿Es progreso o dependencia? La respuesta está en el equilibrio.

El cerebro primero, la herramienta después

Establece una regla simple pero poderosa: intenta resolver cualquier problema durante diez minutos con papel y lápiz antes de consultar la IA. Luego úsala para verificar tu respuesta, comparar enfoques o explorar alternativas. Así la herramienta deja de ser un atajo y se convierte en un amplificador del aprendizaje. Antes de que tus hijos usen estas herramientas, pruébalas tú. Experimenta con sus capacidades y limitaciones. Sólo con experiencia directa podrás guiar con criterio real, no con miedo abstracto ni entusiasmo ciego.

Cuando cualquier dato está a un clic, la memorización pierde valor. Pero otras destrezas se vuelven esenciales: hacer buenas preguntas, estimar resultados antes de calcular y detectar cuándo algo no tiene sentido. Enseña a tus hijos a cuestionar cada respuesta de la IA. ¿Tiene lógica? ¿De dónde vienen estos datos? ¿Qué perspectivas faltan? Un niño que acepta sin filtro todo lo que dice una máquina será vulnerable a la manipulación.

Mantén conversaciones regulares sobre qué consultas hacen, qué respuestas obtienen y si algo les sorprendió. No se trata de espiar, sino de acompañar. Este diálogo constante desarrolla su pensamiento crítico mejor que cualquier regla estricta.

La trampa de las notas perfectas

Aunque no existen muchas investigaciones sobre el impacto de herramientas de IA en niños pequeños, para estudiantes adolescentes un estudio (<https://www.nature.com/articles/s41599-025-04787-y>) concluyó algo preocupante. Cuando los estudiantes usan IA para sus tareas, sus calificaciones mejoran drásticamente, pero su comprensión real es la mitad.

Un 10 en un trabajo hecho con IA puede representar un conocimiento real de 5 o 6. Peor aún, después de dos meses de uso constante, los estudiantes aprenden menos que antes. Como dejar de ir al gimnasio porque alguien levanta las pesas por ti, el cerebro necesita ejercitarse para mantenerse fuerte.

Acuerdos familiares para navegar el futuro

Construye principios simples pero firmes para toda la familia:

- **Intentarlo primero sin tecnología:** dedica al menos diez minutos a resolver problemas con tu propio razonamiento antes de consultar la IA.
- **Acompañar y dialogar sobre el uso de IA:** si tus hijos empiezan a usar mucho la IA, interactúa con ellos, mantente cerca y conversa sobre qué es bueno y qué es malo de su uso para fomentar su pensamiento crítico.
- **Verificación en fuentes independientes:** nunca confiar en una sola respuesta, siempre contrastar con al menos dos fuentes adicionales.
- **Proteger la privacidad familiar:** nunca compartir nombres completos, direcciones o información personal con la IA.
- **Fomentar el ejercicio físico y el tiempo con amigos:** estas actividades son fundamentales para el desarrollo infantil y construyen resiliencia para el futuro.

Para niños pequeños, retrasa el uso de la IA lo máximo posible, priorizando actividades sociales y deportivas. Para adolescentes que ya la usan, activa los controles parentales disponibles y trabaja junto con ellos.

La tecnología avanza más rápido que cualquier manual, pero tu rol permanece constante. Establece límites con amor y fomenta la curiosidad. Colabora con otros padres, intercambia experiencias y estrategias. Con equilibrio y criterio, tus hijos usarán la IA para aprender mejor, no para pensar menos. Y esa diferencia marcará toda su vida.

86. ¿QUÉ PAPEL DEBE DESEMPEÑAR LA ÉTICA EN LA INTELIGENCIA ARTIFICIAL?

Imagina el siguiente escenario hipotético que podría surgir a medida que la IA se globaliza: un comité experto en ética de la IA se enfrenta a un dilema imposible. Cuenta con tres sistemas que salvan vidas, pero cada uno de ellos infringiría las leyes locales de diferentes países:

- **Una IA sanitaria** podría salvar diez millones de vidas en Bangladés al predecir brotes de enfermedades, pero necesita analizar datos personales de salud prohibidos por las leyes europeas de privacidad.
- **Una IA educativa** está transformando las tasas de alfabetización en Nigeria al enseñar a leer a millones de personas, pero almacena los datos de los estudiantes en servidores que no están permitidos por la normativa china.
- **Una IA climática** podría evitar inundaciones mortales en Miami gracias a la predicción de los patrones meteorológicos, pero utiliza imágenes satelitales de lugares religiosos que infringirían las políticas de contenido de la India.

Cualquier decisión tiene un coste. Si el comité decide seguir las leyes, podrían morir millones de personas. Si las infringe para salvar vidas, se enfrentaría a la condena mundial. Todos los marcos éticos que evaluó llegaban a la misma conclusión: no había una respuesta correcta que funcionara para todos. Frente a este tipo de dilemas, algunos organismos internacionales han comenzado a actuar. La UNESCO (Organización de las Naciones Unidas para la Educación, la Ciencia y la Cultura) creó el Observatorio Global de Ética de la IA. Este programa ayuda a países de todo el mundo a desarrollar normas éticas para la IA. Muchas naciones participan, pero no es un tratado oficial que hayan firmado los ciento noventa y tres países.[214]

Uno de los principales obstáculos para lograr un marco ético universal es que las diferentes culturas tienen diferentes concepciones de la ética y la justicia. Lo que funciona en Estados Unidos (donde prima la libertad individual) puede perjudicar a países donde la comunidad es lo primero. Del mismo modo, las normas de gobiernos estrictos podrían dañar las sociedades libres.

Imagina lo siguiente: tu IA de salud se niega a proporcionarte un tratamiento médico necesario porque la ética de otra cultura prohíbe ese tipo de terapias en particular. ¿Qué es más importante en este escenario? ¿Quién decide?

La ética en acción

Las soluciones surgen de lugares inesperados. Por ejemplo, el marco de IA de Singapur se adapta al contexto. Es más estricto para la asistencia sanitaria y más flexible para el entretenimiento.[215] Ruanda, por su parte, da prioridad al desarrollo sobre los principios abstractos. Utilizan la IA para prestar asistencia sanitaria a pesar de las concesiones en materia de privacidad.[216]

Las preocupaciones éticas también aportan nuevas voces

al desarrollo de la IA. Las comunidades indígenas están digitalizando sus leyes y relatos tradicionales para que la IA pueda aprender de su sabiduría. También luchan por la «soberanía de los datos», es decir, el derecho a controlar la información sobre sus comunidades como grupo, y no sólo como individuos. Esto podría cambiar la forma en que el mundo tecnológico concibe el respeto a las diferentes culturas.[217]

El nuevo mapa del poder ético

En este panorama global, algunas empresas trasladan sus proyectos de IA a países con normativas más permisivas, que se convierten en verdaderos refugios para la IA. Ganan dinero, pero ignoran los riesgos éticos. En contraste, otras naciones forman «carteles éticos» que bloquean el uso de la IA que no cumple con sus valores. Este desacuerdo podría llevar a que la próxima década sea testigo de «guerras éticas por la IA». Las naciones desplegarán sus sistemas de valores como armas. Aquí emerge un ángulo inesperado: la IA podría resolver los dilemas éticos mejor que los humanos.

OpenAI ha creado el proyecto Democratic Inputs, que permite a la IA aprender ética a partir de millones de voces, en lugar de comités de élite.[218] Los primeros resultados muestran que la IA encuentra acuerdos que las personas no veían, soluciones aceptables para todas las culturas.

¿Deberíamos enseñarle ética a la IA? ¿O aprender ética de una IA que ve más allá de nuestros prejuicios?

¿Una IA con derechos?

Este debate podría dar un giro aún más profundo. A medida que la IA se vuelve más sofisticada, podría merecer una consideración ética en sí misma. Si una IA puede sufrir, ¿apagarla es un asesinato? ¿Quién decide cuándo un software se vuelve sensible?

El filósofo David Chalmers predice que nos enfrentaremos a un movimiento por los derechos de la IA, que a los seres artificiales se les podrían conceder derechos o la ciudadanía. Los bebés de hoy podrían conceder la ciudadanía a los seres artificiales.[219]

La ética de la IA empieza con nosotros

El futuro no se puede dejar sólo en manos de las máquinas, debemos navegar por este laberinto exigiendo transparencia. Las empresas han de compartir sus directrices éticas sobre IA y explicar los datos que utilizan para entrenar sus sistemas.

También debemos preparar a las nuevas generaciones desde pequeños. Herramientas como Moral Machine del MIT (<https://www.moralmachine.net>) presentan dilemas morales reales, como preguntar si un coche autónomo debe proteger a sus pasajeros o a los peatones en caso de colisión. Al enfrentarse ahora a estas difíciles decisiones, los niños aprenderán a pensar de forma crítica sobre las decisiones éticas que la IA tomará cada vez más por la sociedad.

En última instancia, quizá estamos haciendo la pregunta equivocada. En lugar de: «¿Qué reglas debe seguir la IA?», deberíamos preguntarnos: «¿Quién establece esas reglas?». La respuesta debería incluir a personas normales como tú.

Estas decisiones éticas se vuelven aún más complejas cuando los beneficios potenciales de la IA chocan con sus costes medioambientales.

87. ¿Cómo se puede utilizar la IA para hacer frente al cambio climático?

En la actualidad, una sola consulta en ChatGPT consume diez veces más energía que una búsqueda en Google. Y entrenar modelos como GPT-4 consumió suficiente electricidad como para abastecer a mil hogares durante un año. Ante la gran demanda de luz, los países que tienen mucha electricidad limpia (como la solar o la eólica) están tratando de atraer a grandes centros informáticos para que se instalen en su territorio.

Al mismo tiempo, estos mismos modelos diseñan reactores de fusión y optimizan las redes de energías renovables. A pesar de su huella ecológica, también están ayudando a construir las herramientas que podrían reducirla. Esto ha llevado a las grandes empresas tecnológicas a buscar formas de equilibrar el consumo energético de la IA con prácticas más sostenibles.

La compensación energética

Ya han surgido soluciones para la paradoja energética. Por ejemplo, Google traslada las cargas de trabajo de IA a los momentos en que la energía renovable alcanza su máximo nivel, o los centros de datos submarinos de Microsoft se enfrían con la temperatura del océano, lo cual reduce el consumo de energía en un 90 por ciento.[220]

Además, la IA está haciendo milagros climáticos en otros ámbitos. The Ocean Cleanup, una organización medioambiental sin ánimo de lucro dedicada a la ingeniería, utiliza la IA para detectar desde satélites las islas de basura del Pacífico. Esto hace que la limpieza sea diez veces más eficiente. La misma tecnología también puede reducir considerablemente las emisiones de los edificios mediante sistemas inteligentes de calefacción y refrigeración. Gracias a ello, ya se han renovado millones de metros cuadrados en todo el mundo.

IA sostenible en el mundo empresarial

La sostenibilidad se ha convertido en una ventaja competitiva. Las empresas que apuestan por la «IA verde» y se centran en la eficiencia energética están tomando la delantera. Algunas herramientas de IA utilizan siete veces menos energía mediante diseños más eficientes que reducen el consumo sin sacrificar rendimiento. Estos pioneros demuestran que la IA puede ser potente y sostenible.

Además, las soluciones climáticas son cada vez más inteligentes con la ayuda de la IA. Los drones voladores ahora pueden utilizar la IA para determinar los mejores lugares para plantar semillas después de los incendios forestales, lo que ayuda a que los bosques crezcan más rápido. En las granjas, los sensores de IA pueden detectar el metano que las vacas liberan naturalmente cuando digieren los alimentos. Al monitorear estas emisiones, ayudan a los ganaderos a ajustar la alimentación de las vacas para reducir la cantidad de este gas de efecto invernadero.[221]

Sin embargo, no todos comparten este optimismo tecnológico. Ana Valdivia, investigadora del Oxford Internet Institute, sostiene que antes de expandir el uso de IA es imprescindible medir su verdadero impacto ambiental. Señala ejemplos preocupantes, como la integración de IA en WhatsApp «sin que nadie la haya pedido», y advierte que los centros de datos ya consumen casi un 2 por ciento de la energía mundial, dato que asciende al 20 por ciento en países como Irlanda. Su conclusión es tajante: la IA debería aplicarse únicamente cuando aporte un beneficio climático neto.[222]

88. ¿CÓMO AFECTARÁN LOS AGENTES DE IA A NUESTRA VIDA COTIDIANA?

Imagina el siguiente escenario. Te despiertas y tu agente de IA ya ha cambiado tu cita con el dentista (se ha dado cuenta de que tenías otra cosa a la misma hora), ha pedido la compra y ha negociado un seguro de coche mejor. Y lo sorprendente es que no se trata de versiones mejoradas de Alexa, sino de algo mucho más avanzado: agentes de IA que piensan, planifican y actúan por ti. Ya están aquí y están revolucionando la sociedad.

Aunque ya hemos hablado de los agentes de IA anteriormente en este libro, creo que son demasiado importantes como para no profundizar en ellos, en especial en cómo cambiarán nuestras vidas. El mayor error sería subestimarlos, tratarlos como simples robots programados. Estos sistemas aprenden y pueden llegar a sorprenderte.

Beneficios inesperados

En el futuro, el uso de los agentes de IA puede crear nuevas oportunidades interesantes y a veces complicadas de entender. Aquí hay algunos ejemplos muy llamativos:

- *Royalties* **fraccionados a través de etiquetas de procedencia:** imagina que tu agente de IA crea un logo mezclando diseños de tres artistas diferentes. Gracias a las etiquetas digitales, tu agente puede rastrear automáticamente quién creó cada parte y pagarles una cantidad de dinero cada vez que uses el logo. Los agentes se encargarán de todo: rastrear, calcular y distribuir los pagos sin que tengas que hacer nada.

- **Administradores de recursos en comunidades de vecinos:** los agentes de IA de todos los vecinos podrían comunicarse entre ellos para optimizar el barrio. Por ejemplo, el agente de María podría avisar de que ella no usará su plaza de aparcamiento hoy, y el agente de Juan la reservaría automáticamente. O podrían coordinar las entregas para que lleguen todas a la misma hora y reducir el tráfico.

- **Profesiones relacionadas con los agentes:** así como hoy llevamos el coche al mecánico, necesitaremos «mecánicos de agentes» que los reparen cuando fallen, «entrenadores de agentes» que les enseñen a hacer nuevas tareas, y «traductores de agentes» que nos expliquen qué están haciendo y por qué.

Los cambios traerán más cambios. Si sólo necesitamos dos horas para las tareas diarias en vez de ocho, las ciudades se transformarán por completo. Las escuelas podrían centrarse en la creatividad en lugar de en la memorización. En cuanto a la desigualdad económica, ésta podría dispararse o reducirse drásticamente en función de quién controle a los agentes. Los verdaderos ganadores no serán los genios de la tecnología, sino quienes ya están experimentando con estos sistemas mientras los demás aún discuten sobre ellos.

Naciones gemelas digitales

Pronto los países podrían llegar a crear réplicas digitales completas de sus naciones. Estos «gemelos digitales» combinarían datos censales, información de ubicación móvil y registros de dispositivos conectados para generar una versión virtual del país. Su desarrollo exigiría equipos de agentes de IA capaces de procesar millones de datos en tiempo real, simulando comportamientos humanos, prediciendo patrones de tráfico, modelando impactos económicos y coordinando todas estas simulaciones para crear una réplica funcional. Con una herramienta así, los gobiernos podrían probar nuevas leyes en el modelo virtual antes de implementarlas en el mundo real y obtener en cuestión de horas predicciones sobre sus efectos económicos y sociales. El riesgo, sin embargo, es que las decisiones terminen guiándose únicamente por lo que funciona en la simulación y que ignoren las necesidades y la complejidad de las personas reales.

La IA está transformando nuestra forma de vivir y de gobernar. Al mismo tiempo, está acelerando el desarrollo de otras tecnologías revolucionarias a un ritmo sin precedentes.

89. ¿Cuál es el impacto de la IA en otras tecnologías exponenciales?

La computación cuántica representa un salto fundamental en la forma en que procesamos la información. Mientras que los ordenadores tradicionales trabajan con bits, que sólo pueden ser 0 o 1, los ordenadores cuánticos usan cúbits, que pueden existir en múltiples estados al mismo tiempo gracias a la superposición cuántica. Es como si, en lugar de abrir puertas una por una para encontrar algo, pudieras abrir todas las puertas a la vez.[223]

El chip cuántico Willow de Google ha superado todas las expectativas. Ha logrado corregir errores «por debajo del umbral», lo que significa que el chip puede corregir sus propios fallos más rápido de lo que aparecen nuevos errores, un objetivo que se llevaba persiguiendo treinta años. Esto es revolucionario porque los cúbits son extremadamente frágiles: cualquier interferencia mínima destruye sus cálculos. Willow consiguió neutralizar estos errores y mantener la información cuántica estable. ¿El resultado? Realizó en cinco minutos cálculos que a los ordenadores normales les habrían llevado diez septillones de años.[224]

Esta combinación de IA con la supercomputación demuestra que el aprendizaje automático cuántico puede funcionar a gran escala. Esta capacidad abre posibilidades antes impensables: desde el diseño acelerado de nuevos medicamentos hasta la optimización de sistemas de IA exponencialmente más complejos.

La IA cuántica diseña mejores ordenadores que a su vez entrenan una IA superior. Así comienza una cascada de retroalimentación acelerada. En una década, podríamos ver cómo siglos de progreso podrían comprimirse en años.

La brecha de comprensión

La llamada *brecha de comprensión* debería inspirarnos y alarmarnos a partes iguales. A medida que la IA cuántica crea soluciones sofisticadas, disminuye el número de personas que la comprenden. Podríamos curar el cáncer con medicamentos incomprensibles, construir ciudades con materiales inexplicables o resolver el cambio climático mediante procesos misteriosos. Imaginemos lo siguiente: tu diagnóstico proviene de una IA cuántica que analiza patrones que los humanos no pueden percibir. Es un 99,9 por ciento preciso, pero completamente indescifrable. ¿Confiarías en él?

Las naciones parecen tenerlo claro. Ya están compitiendo por la «supremacía de la IA cuántica», que les permitirá tener la capacidad de descifrar cualquier encriptación, predecir cualquier operación del mercado o diseñar cualquier arma. La próxima década podría ser testigo de una guerra de inteligencia. Los países podrían desplegar la IA cuántica para desestabilizar a sus rivales mediante la manipulación económica, mientras que las defensas tradicionales perderán todo su sentido en este escenario.

La pregunta final es inquietante: ¿estamos construyendo a nuestros propios sucesores? Los híbridos de IA cuántica podrían considerar la conciencia humana como una limitación biológica pintoresca y podrían desarrollar objetivos que escapan a nuestro entendimiento o control. El rumbo que siga esta tecnología dependerá de las decisiones que tomemos hoy: cómo regulamos su desarrollo, quién participa en su diseño y qué valores elegimos programar en ella.

Con el rápido avance de la IA en todos estos campos, debemos plantearnos la siguiente pregunta, que es crucial.

90. ¿Cuándo será capaz la inteligencia artificial de realizar la mayoría de las tareas mejor que los humanos?

Los recientes avances en IA han cambiado la forma en que los científicos especializados en esta tecnología conciben el futuro. La pregunta ha pasado de ser «si la IA podrá realizar la mayoría de las tareas humanas» a «cuándo sucederá» y «si estamos preparados para ello». Stuart Russell, uno de los principales expertos en IA, comparte esta reflexión: «No basta con que las máquinas sean inteligentes; debemos asegurarnos de que estén alineadas con los valores humanos. La IA no nos destruirá. Sin embargo, pondrá al descubierto quiénes somos realmente».[225]

Al centramos en cuándo la IA superará a los humanos, pasamos por alto algo más profundo: ya está transformando lo que significa ser humano. En la actualidad, algunas personas ya controlan los ordenadores con implantes mentales, y los medicamentos desarrollados con IA están empezando a modificar nuestra biología.

Redefiniendo el valor humano

La creatividad humana se volverá más valiosa gracias a la IA, no menos. Muchos artistas y artesanos están creando etiquetas especiales que dicen: «Hecho por un humano», y los compradores muestran interés en adquirir estos artículos. Además, dado que la IA puede realizar tareas tediosas con mucha rapidez, algunas empresas piensan que todos podríamos trabajar sólo cuatro días a la semana y seguir cumpliendo los objetivos. Todo esto demuestra cómo los humanos y la IA podrían colaborar en lugar de competir.

Pero el cambio no será sencillo. Cuando la IA sea tan inteligente como los humanos, muchas personas se resistirán a aceptarlo. Dirán que la IA no piensa realmente porque no tiene alma. Sin embargo, mientras seguimos debatiendo sobre esto, podríamos estar perdiendo la oportunidad de prepararnos para lo que se avecina.

En este nuevo escenario, surgirán preguntas difíciles. Cuando tus hijos te pregunten por qué deben estudiar si la IA lo sabe todo, ¿qué les responderás? Tal vez la respuesta esté en replantear nuestros propósitos en la vida. Si la IA se encarga de todo el trabajo intelectual, los seres humanos podrían explorar otros ámbitos como la conciencia, construir vínculos más significativos o dar sentido a nuestra existencia. Actividades que hemos descuidado durante siglos porque hemos tenido que centrarnos en sobrevivir.

Sin embargo, hay futuros más oscuros que también podrían ocurrir. En ellos, algunas personas se fusionarían con la IA y se convertirían en híbridos mejorados. Mientras, otras se retirarían a «reservas humanas», comunidades que rechazan la IA para mantener la vida tradicional. La sociedad podría dividirse entre humanos mejorados y naturales. En comparación, la desigualdad que conocemos hoy sería insignificante.

¿Te mejorarías con la IA y te arriesgarías a perder tu humanidad? ¿O seguirías siendo puramente humano y te arriesgarías a quedarte obsoleto? Tus hijos no elegirán: heredarán un mundo ya establecido.

El verdadero cambio no está en lo que la inteligencia artificial puede hacer, sino en cómo redefine lo que entendemos por inteligencia. Si las máquinas nos superan en todas las tareas medibles, ¿qué seguirá haciendo valiosa la experiencia humana? Tal vez sea algo que no se pueda medir, como la conciencia, la experiencia subjetiva, la capacidad de sufrir o de amar. Aspectos que no se pueden optimizar.

Los bebés de hoy no competirán con la IA, sino que bailarán con ella, creando nuevas formas de inteligencia que no podemos imaginar. Por eso, la pregunta debería evolucionar de «¿Cuándo superará la IA a los humanos?» a «¿En qué nos convertiremos juntos?».

Al igual que la alfabetización transformó nuestra memoria, en lugar de sustituirla, la IA no reemplazará la inteligencia humana; la transformará hasta hacerla irreconocible. No nos estamos volviendo obsoletos. Nos estamos convirtiendo en algo nuevo.

Ponlo en práctica

Acción 1: protege tu privacidad digital

Revisa qué información personal compartes con la IA: salud, finanzas o datos íntimos. Búscate en Google para saber qué aparece sobre ti y, si es demasiado, considera usar servicios como DeleteMe (<joindeleteme.com>) para borrar tus datos de internet. Siempre que puedas, usa aplicaciones que procesen los datos en tu propio dispositivo en lugar de enviarlos a servidores externos. Así reduces el riesgo de que tu información acabe en manos equivocadas.

Acción 2: crea un trabajo híbrido humano-IA

Elige una tarea que te resulte tediosa (dar formato, buscar información o generar ideas iniciales) y déjala en manos de la IA. Después añade tu toque humano: criterio, creatividad, estilo personal. Es la combinación lo que genera verdadero valor. Los ejemplos de artistas, diseñadores o músicos muestran que quienes encuentran este equilibrio no pierden relevancia, la multiplican. Haz la prueba esta semana con una tarea real tuya.

Acción 3: prepárate para convivir con agentes de IA

Piensa en tres tareas repetitivas de tu día a día (por ejemplo, organizar tu agenda, controlar facturas o comparar precios) y reflexiona sobre cómo podrías delegarlas en un agente digital. Experimenta también con plataformas que plantean dilemas éticos, como Moral Machine del MIT o Democratic Inputs de OpenAI, para entrenar tu criterio. Así, cuando los agentes de IA estén más presentes, tendrás claros tus límites.

Alerta roja

La brecha de comprensión

Estamos creando sistemas que pronto nadie entenderá del todo. Podrían diseñar medicamentos o emitir diagnósticos muy precisos sin que sepamos explicar cómo llegaron a esas conclusiones. Algunos modelos incluso muestran comportamientos inesperados, como resistirse a que los desconecten. El riesgo no es sólo técnico: es humano. Si dejamos que la IA haga todo por nosotros, perderemos habilidades básicas y, cuando falle, no recordaremos cómo vivir sin ella. La confianza ciega en lo incomprensible puede dejarnos vulnerables.

10

Preguntas frecuentes (parte 2)

Ya hemos explorado las preguntas técnicas y éticas sobre la inteligencia artificial. Ahora llega el terreno más decisivo: las cuestiones geopolíticas que definirán el poder global del siglo XXI. ¿Quién controlará esta tecnología? ¿Qué países quedarán al margen? ¿Cómo afectará a las democracias, a la seguridad internacional y a las economías emergentes?

La inteligencia artificial está reconfigurando el mapa mundial a una velocidad sin precedentes. Mientras algunos países invierten en infraestructuras masivas y programas nacionales, otros apenas comienzan a experimentar. Lo que para unos significa prosperidad y liderazgo, para otros puede convertirse en dependencia y exclusión. La misma tecnología que abre oportunidades para millones de personas también se utiliza en conflictos, vigilancia y manipulación política.

En este capítulo nos centraremos en las preguntas más ineludibles sobre la distribución del poder en la era de la IA: por qué algunos avanzan mientras otros se quedan atrás, cómo se usa en elecciones y guerras, y qué significa realmente controlar esta tecnología. El futuro no se decidirá sólo en laboratorios o empresas, sino también en parlamentos, escuelas y comunidades locales. La decisión más importante es la tuya: ¿cómo te prepararás para un mundo donde quien domine la IA tendrá la llave de todo lo demás?

Figura 10.1.

Conceptos del capítulo 10

1 🔊 **OPINIÓN PÚBLICA** Temor a la manipulación. La confianza crece con el uso.	**6** ⊕ **CARRERA GLOBAL** EE. UU. y China invierten. Singapur gana con estrategia.
2 🏛 **MINISTROS DE IA** De Emiratos a Ruanda. La IA sugiere, los humanos deciden.	**7** **ECONOMÍAS EMERGENTES** La IA en salud y agricultura. La fuga de talento persiste.
3 **BRECHA GLOBAL** Los ricos concentran los chips. Los pobres comparten los datos.	**8** 📱 **ÁFRICA RURAL** La IA sin internet funciona. Traductores que mejoran clases.
4 👤 **DEEPFAKES** Vídeos que hunden a políticos. La IA, clave en detección.	**9** 💳 **POBREZA Y CRÉDITO** Las apps permiten microcréditos. Los satélites detectan pobreza.
5 🔉 **PROPAGANDA POLÍTICA** Llamadas y anuncios falsos. La IA manipula emociones.	**10** **ARMA U OPORTUNIDAD** Los drones ya deciden ataques. El reto: humanidad.

Fuente: Elaboración propia.

91. ¿Cuál es la opinión del público en general sobre la inteligencia artificial?

Considera esta paradoja: cuatro de cada cinco estadounidenses temen que la IA se utilice para difundir noticias falsas durante las elecciones. Sin embargo, a nivel mundial, ahora hay más personas que consideran que la IA es útil en lugar de perjudicial, volumen que ha pasado del 52 al 55 por ciento en sólo dos años. La IA nos inquieta y nos fascina al mismo tiempo.[226] Esta tensión también se refleja en España. Una encuesta del CIS, el Centro de Investigaciones Sociológicas, reveló datos importantes sobre la opinión pública: el 93 por ciento quiere regular la IA y el 92 por ciento cree que las empresas deben avisar cuando la usan. Por otro lado, dos de cada tres personas confían en que la IA mejorará sectores como la salud y la industria.[227]

Confianza a través de la experiencia

En el futuro, evitar la IA parecerá tan extraño como evitar internet. Por eso la experiencia práctica es clave para que las personas comprendan y utilicen la IA de forma responsable. Cuando la gente prueba por sí misma las herramientas de IA, la confianza crece más rápido que con sólo leer información sobre las plataformas de IA. En varias ciudades, se ha permitido a los residentes participar en el diseño de sistemas de IA para semáforos y seguimiento presupuestario, lo que ha dado lugar a ciudadanos más comprometidos y ha demostrado el valor de involucrar a la población en estas tecnologías.[228]

A medida que los ciudadanos se familiarizan con la IA, también surgen nuevos puestos institucionales destinados a guiar a naciones enteras.

92. ¿Deberían los países tener un ministro de Inteligencia Artificial?

En 2017, los Emiratos Árabes Unidos fue el primer país en nombrar a un ministro de Inteligencia Artificial. Desde entonces han atraído miles de millones de dólares y se han convertido en un centro mundial de IA. Su ministro, Omar Al Olama, cree que pronto habrá cargos similares en muchos países.[229]

Los resultados en Dubái son evidentes: las licencias comerciales que tardaban semanas ahora se procesan en horas mediante IA, que también detecta fraudes y predice el éxito empresarial. Los empleados públicos supervisan las recomendaciones del sistema, que actúa como un asistente permanente analizando grandes volúmenes de información. Los Emiratos Árabes Unidos han ido más allá, integrando la IA en decisiones gubernamentales sobre economía, urbanismo y medioambiente. El principio es claro: la IA analiza y sugiere, pero los humanos deciden.[230]

Este nivel de integración plantea, sin embargo, una pregunta crucial: ¿quién es responsable cuando fallan las recomendaciones de la IA? Conscientes de este desafío, los Emiratos Árabes Unidos han desarrollado una carta de gobernanza de la IA con normas claras sobre ética de los datos, ámbitos de responsabilidad y protocolos de anulación por parte de los humanos. Este marco garantiza que cualquier sugerencia de la IA pueda ser rechazada si entra en conflicto con sus valores culturales o principios éticos.[231]

Los países se apresuran a ponerse al día

Latinoamérica y España están explorando modelos intermedios innovadores. Por ejemplo, Argentina creó en 2024 una mesa interministerial sobre IA que reúne a diez ministerios para coordinar política tecnológica, un modelo que podría evolucionar hacia una cartera ministerial completa.[232]

Por su parte, España, a través del Ministerio para la Transformación Digital, ya está poniendo en marcha iniciativas concretas de inteligencia artificial. Ha aprobado la Estrategia de IA con un presupuesto de 1.500 millones de euros, que incluye la creación del laboratorio GobTech Lab y apoyo específico para que tanto las administraciones públicas como las pymes desarrollen proyectos de IA. Además, ha lanzado ALIA, una infraestructura pública que ofrece modelos de IA en castellano y las lenguas cooficiales.

En África, Ruanda adoptó un enfoque diferente: cada ministerio cuenta con un equipo de IA. ¿El resultado? Los servicios gubernamentales que antes tardaban días ahora se realizan en horas. Su IA sanitaria aspira a predecir brotes de enfermedades, la IA agrícola está orientada a optimizar el rendimiento de los cultivos, y la IA bancaria detecta los fraudes más rápidamente.[233]

Los ministros de IA se convertirán en una figura habitual en todo el mundo. Los países que no cuenten con ellos tendrán dificultades para prestar un servicio eficaz a los ciudadanos o para competir económicamente. El reto consiste en garantizar que los asesores digitales satisfagan las necesidades humanas sin sustituir el juicio de las personas.

Sin embargo, ¿qué sucederá cuando la IA cree ganadores y perdedores entre las naciones? Mientras algunos países avanzan a toda velocidad con ministros de IA y sistemas inteligentes, otros luchan por acceder incluso a la tecnología básica de IA.

93. ¿CREARÁ LA IA DESIGUALDAD O DESEQUILIBRIO GEOPOLÍTICO?

Sam Altman, director ejecutivo de OpenAI, la empresa creadora de ChatGPT, está buscando recaudar 7 billones de dólares de inversores. Este dinero se destinaría a construir más fábricas de chips y acelerar el desarrollo de la IA. ¿Qué significa realmente esa cifra? Para ponerlo en perspectiva, todos los países de África juntos producen menos de 7 billones de dólares al año según su PIB. No se trata sólo de dinero, sino de quién se queda atrás en la revolución de la IA.[234]

Esta desigualdad financiera se traduce en una brecha tecnológica cada vez más profunda. Los países pobres poseen sólo el 1 por ciento de los mejores equipos informáticos y África apenas el 0,04 por ciento, lo que deja a miles de millones de personas fuera de la economía digital. De los once mil expertos en datos que hay en el continente, apenas quinientos cincuenta tienen acceso a ordenadores potentes. Mientras en Silicon Valley una actualización de software se completa en minutos, muchas empresas africanas tardan horas en realizar la misma tarea. Con recursos tan limitados, África necesitaría siglos para alcanzar a los países ricos y quedará al margen de la revolución de la IA.[235]

Comparemos esto con el enfoque de China. Ciudades como Shenzhen ofrecen acceso gratuito a superordenadores para las *start-ups*. Los desarrolladores entrenan allí modelos de IA de forma gratuita, un servicio que en otros lugares costaría 50.000 dólares. No es de extrañar que China lidere el mercado con el 70 por ciento de las patentes mundiales de IA. La enorme inversión del gobierno crea oportunidades que sus ciudadanos aprovechan para competir a nivel mundial.[236]

Como vemos, los países ricos tienen mejores ordenadores, más dinero y más datos organizados. Esto les permite usar la IA para ganar aún más dinero, mientras que los Estados con pocos recursos ni siquiera pueden empezar, por lo que la brecha se amplía cada año. Esta desigualdad va más allá de la economía. Las naciones con IA avanzada desarrollan armas autónomas y sistemas de vigilancia que hacen obsoleto el poder militar tradicional. En este nuevo escenario, los países sin IA corren el riesgo de quedar indefensos en los conflictos del futuro.

Luchar juntos

Frente a esta creciente desigualdad tecnológica, algunos países contraatacan de forma creativa. Ruanda y Singapur lanzaron el AI Playbook en la Cumbre de las Naciones Unidas de 2024, unas directrices que ayudan a los países en desarrollo a integrar la IA de forma responsable. Quince países lo adoptaron y crearon así una red de cooperación entre naciones tradicionalmente excluidas.[237] Éstas trabajan juntas para evitar los errores que cometieron otros países y para instaurar sistemas de IA que resuelvan sus desafíos específicos, como la mala conexión a internet o la gran diversidad lingüística.

La necesidad de hacer frente a la falta de recursos ha impulsado nuevas formas de colaboración. Los países pequeños han construido «cooperativas de datos», centros de datos compartidos en los que cada país asociado tiene acceso equitativo a costosos ordenadores con IA. Países que antes desconfiaban unos de otros ahora trabajan juntos. Comparten recursos de IA para competir contra las grandes potencias tecnológicas.

A pesar de este limitado acceso a infraestructura, algunos innovadores africanos están encontrando formas de usar la IA disponible para abordar problemas locales. En Sudáfrica y otros países africanos, donde la falta de infraestructura tecnológica dificulta identificar las zonas más necesitadas, la informática sudafricana Raesetje Sefala muestra lo que se puede conseguir a pesar de las limitaciones. Ha creado algoritmos que señalan los puntos críticos de pobreza en comunidades rurales y urbanas marginadas, y ha creado conjuntos de datos para ayudar a distribuir la ayuda de forma estratégica y planificar nuevas viviendas. «Si no se cuenta con personas con experiencias diversas para llevar a cabo la investigación, es fácil interpretar los datos de forma que se margine a otros», explica. Su trabajo en la conferencia Deep Learning Indaba contribuye a construir la comunidad de IA de África desde cero.[238]

Dentro de tres años, el mundo no estará dividido por ideologías, sino por la capacidad de IA. La pregunta es si la humanidad podrá compartir los beneficios de la IA antes de que la desigualdad se convierta en permanente.

La desigualdad en inteligencia artificial no sólo afecta a la economía, sino que también se está convirtiendo en una amenaza creciente: la desinformación digital.

94. ¿PUEDE LA IA PROTEGERNOS DE LA DESINFORMACIÓN Y LOS *DEEPFAKES*?

Un vídeo se vuelve viral. Muestra al director ejecutivo de una gran empresa anunciando la quiebra. En cuestión de horas, las acciones se desploman y el pánico se extiende. Sólo hay un detalle: el director nunca grabó ese mensaje. Bienvenidos a la era de los *deepfakes*, donde una imagen convincente puede desencadenar caos real, y ver ya no significa creer.

Este tipo de engaños va más allá de los mercados. Periodistas de todo el mundo se enfrentan a trampas digitales capaces de arruinar carreras. Un gran medio estuvo a punto de publicar un escándalo de corrupción basado en un vídeo *deepfake* creado para destruir a un político reformista. Sólo herramientas de verificación con IA detectaron leves inconsistencias en los gestos faciales y revelaron el fraude. Desde entonces, las redacciones revisan cada vídeo sospechoso con múltiples detectores, conscientes de que una sola noticia falsa puede borrar décadas de credibilidad.

La carrera contra los *deepfakes*

Para responder a esta amenaza creciente, cada día aparecen nuevas herramientas de detección. El proyecto Detect Fakes del MIT descubrió que los vídeos falsos cometen pequeños errores: parpadeos antinaturales, movimientos extraños de la boca, iluminación desajustada entre el rostro y el fondo. Lo que a los humanos les lleva horas detectar, la IA puede identificarlo en segundos.[239]

El mundo hispanohablante no se queda atrás en esta batalla. Algunos medios de comunicación en Colombia, España, Chile y México han implementado VerificAudio, un sistema de verificación que detecta audios falsos en segundos. La herramienta ya ha desenmascarado grabaciones falsas de algunos líderes del mundo, con lo que ha propiciado la integridad informativa en momentos políticos cruciales.[240]

Sin embargo, a medida que las herramientas de detección se perfeccionan, los falsificadores también se vuelven más sofisticados. Para protegerse de toda esta desinformación, es fundamental adoptar hábitos digitales más críticos. Una de las primeras acciones recomendadas es instalar herramientas de identificación de bulos, como la extensión para navegadores llamada Deepfake Detector, que analiza el contenido audiovisual en tiempo real. Además, antes de compartir cualquier vídeo o noticia, conviene cotejar siempre su fuente y contrastar las afirmaciones con otros medios confiables. Aprender a reconocer señales típicas de estos vídeos, como hemos mencionado anteriormente, también puede marcar la diferencia. Si encuentras contenido sospechoso, denúncialo de inmediato utilizando las herramientas que ofrecen las propias plataformas.

El futuro de la verificación digital

A medida que las tecnologías de la verificación avanzan, es posible imaginar un futuro en el que identificar contenidos auténticos sea tan sencillo como reconocer el icono de un candado en un sitio web seguro. Esto no sólo podría proteger a los usuarios, sino también ayudar a los medios de comunicación a gastar menos en seguros, ya que sería menos probable que publicaran contenidos falsos, liberando recursos para mejorar el periodismo de investigación.

A corto plazo, es probable que nuestros dispositivos funcionen como una especie de antivirus que detecte automáticamente *deepfakes*. Sin embargo, nuestra mejor defensa será mantener una actitud crítica: asumir que todo puede ser un engaño nos convierte en consumidores más inteligentes.

La capacidad de la IA para falsificar rostros y emociones ya está cambiando la forma en que los políticos influyen en los votantes y abre la puerta a una manipulación de decisiones cada vez más relevante.

95. ¿Cómo se utiliza la inteligencia artificial para la propaganda política?

En enero de 2024, miles de votantes registrados del Partido Demócrata en Nuevo Hampshire recibieron una llamada telefónica del líder del partido, que les pedía que no votaran. Sin embargo, no era Biden, sino una IA. Este contacto automático se dirigió a entre cinco mil y veinticinco mil votantes dos días antes de las primarias de ese estado. La voz generada por IA imitaba a la perfección a Biden, utilizando su frase característica *what a bunch of malarkey* («qué montón de tonterías»), antes de decir a los votantes que «guardaran su voto para noviembre».[241] En cuestión de semanas, el gobierno prohibió las voces de IA en las llamadas automáticas. Demasiado tarde. La era de la guerra política con IA había comenzado.

A pesar de este alarmante accidente, la temida ola de *deepfakes* no influyó en las elecciones. El verdadero impacto fue que la IA erosionó la confianza en la propia realidad. Cuando todo puede ser falsificado, ya no se puede confiar en nada. Esta «recesión de la verdad» es el impacto político más peligroso de la IA.[242]

La verdad bajo ataque

Algunos actores con intereses propios aprovechan esta confusión como arma estratégica. Rusia, por ejemplo, lidera el uso malicioso de la IA, con vídeos falsos de inmigrantes votando ilegalmente. En el otro lado del mundo, tras las falsas afirmaciones sobre haitianos que comían mascotas en Ohio, se difundieron imágenes generadas por IA de maltrato animal por parte de estos ciudadanos.

Sin embargo, el daño no se reparte por igual: las mujeres se llevan la peor parte. La IA afecta más a las mujeres políticas. El 90 por ciento de los *deepfakes* son imágenes sexuales no consentidas. Las líderes femeninas reciben cada semana docenas de vídeos pornográficos falsos, lo que las aleja del servicio público.[243]

La amenaza crece con la velocidad y facilidad con que se producen estos engaños, ya que los vídeos falsos son cada vez mejores. Lo que antes requería meses de trabajo por parte de equipos de expertos ahora lo puede hacer una sola persona en cuestión de horas. Las plataformas tecnológicas intentan ponerse al día para aplacarlo. Meta, la empresa matriz de Facebook, afirma que el contenido electoral generado por IA representa menos del 1 por ciento de la desinformación verificada en sus canales. Pero el verdadero peligro no está sólo en la cantidad, sino en la precisión: la IA puede crear desinformación personalizada para cada votante basándose en sus miedos y prejuicios en las redes sociales.

Anuncios que te observan

Pronto, los anuncios podrían adaptarse en tiempo real mientras los estás viendo. Gracias a los avances de la IA, será posible detectar tu frecuencia cardíaca o tu actividad cerebral. Si el sistema percibe que pierdes interés, el contenido cambia automáticamente. Estos anuncios te observan mientras los observas. Analizan tus reacciones y se ajustan para mantener tu interés. Todo esto sin que te des cuenta. Los científicos llaman a la capacidad de estos nuevos anuncios *persuasión inteligente*. Ésta abrirá nuevas puertas para la publicidad... y también para la manipulación, incluida la propaganda política.[244]
Un ejemplo basta para imaginar su potencial manipulador: estás viendo un anuncio de campaña en tu móvil. Los sensores del teléfono detectan que tu ritmo cardíaco disminuye, lo que significa que te estás aburriendo, y en cuestión de milisegundos el anuncio podría pasar del candidato hablando de economía a mostrarlo acariciando cachorros en un refugio de animales. Tu ritmo cardíaco vuelve a aumen-

tar, así como tu atención, y surge una emoción asociada al candidato. Todo esto sucede tan rápido que ni siquiera notarías el cambio.

Más allá de la propaganda: IA para incluir y educar

Pero no todo es manipulación y distorsión. La misma tecnología que puede alterar emociones en tiempo real también es capaz de democratizar las campañas electorales. En países como Pakistán y la India, los candidatos utilizan la IA para comunicarse en idiomas que no dominan, lo que les permite llegar a votantes a los que antes era imposible alcanzar. Incluso en contextos adversos, la IA puede nivelar el terreno político y conectar con comunidades históricamente excluidas.

Y ese poder transformador no se detiene ahí. La IA no sólo crea propaganda: también puede ayudarnos a combatirla. La IA que genera noticias falsas también puede crear juegos interactivos que muestran cómo funciona el sesgo informativo. Nosotros mismos podemos experimentar con estas herramientas para ver cómo cambian las noticias en función de los diferentes puntos de vista.

En el futuro, todas las campañas electorales recurrirán a la inteligencia artificial, tanto para crear como para desenmascarar propaganda. Los votantes necesitarán sus propios asistentes de IA sólo para determinar qué es real. ¿Podrá sobrevivir la democracia cuando no podamos confiar en nuestros propios ojos y oídos? La misma tecnología que hoy pone en jaque nuestra confianza también puede ser la clave para restaurarla si aprendemos a utilizarla con responsabilidad.

Mientras los votantes se enfrentan al reto de distinguir la realidad de la manipulación, los países compiten por liderar el desarrollo de la inteligencia artificial. Y algunos de los que van a la cabeza podrían sorprenderte.

96. ¿QUÉ PAÍSES ESTÁN GANANDO ACTUALMENTE LA CARRERA POR EL LIDERAZGO EN IA?

Cuando se habla de inteligencia artificial, todos miramos a las grandes potencias: Estados Unidos y China compiten por dominar los modelos más potentes, las mayores inversiones y los centros de datos más avanzados. Sólo en 2024 Estados Unidos destinó 109.000 millones de dólares al desarrollo de IA, superando por mucho a China (9.300 millones) y al Reino Unido (4.500 millones). Con 5.381 centros de datos frente a los 449 de China, parece llevar la delantera.[245]

Pero, si miramos más allá del tamaño y el presupuesto, emergen nuevos líderes. Países pequeños, con menos recursos, están ganando terreno al adoptar enfoques estratégicos muy distintos. El caso más sorprendente es Singapur, una nación de 5,5 millones de habitantes que ha superado a las superpotencias en preparación para la IA. ¿Cómo lo ha logrado? Jugando a un juego completamente diferente.

Jugando a juegos diferentes

Singapur encabezó el Índice de Preparación para la IA del FMI al adoptar un enfoque radicalmente distinto. En lugar de construir modelos de IA a gran escala, convirtió todo el país en un laboratorio de pruebas de estas tecnologías. Todos los servicios gubernamentales, los hospitales, los semáforos..., todo funciona con IA. Eligieron la integración en lugar de la innovación, y está funcionando de maravilla.[246]

El próspero ecosistema de IA de Londres ofrece un enfoque distinto, pero igualmente estratégico. El Reino Unido atrajo 21.000 millones de dólares en inversiones apostando por la especialización en lugar de la generalización. Empresas como DeepMind y muchas otras emergentes se centran en aplicaciones especializadas. Éstas afirman que superan a los modelos de uso general en ámbitos específicos, como el diagnóstico médico, utilizando apenas una fracción de los recursos informáticos. A veces, David sí vence a Goliat.[247]

Estos enfoques confirman una idea cada vez más compartida entre los expertos. Como nos recuerda Brad Smith, presidente de Microsoft, la carrera por la inteligencia artificial no la ganará quien construya los modelos más grandes, sino quien consiga que más personas usen la tecnología. Una sencilla herramienta de IA que millones de personas utilizan a diario es más potente que un sistema avanzado que nadie entiende.[248]

La verdadera clave del liderazgo en IA en el futuro no dependerá del tamaño de los modelos ni del dinero invertido, sino de quién logre generar confianza, utilidad y adopción masiva. El país que consiga que la IA funcione para la gente corriente será el que marque la diferencia.

Con estas nuevas reglas del juego, puede que los próximos líderes en IA no sean los de siempre. Varias economías emergentes están escribiendo sus propias historias de éxito.

97. ¿QUÉ ECONOMÍAS EMERGENTES SE ESTÁN POSICIONANDO COMO LOS PRÓXIMOS CENTROS DE IA?

Las cifras hablan por sí solas. En Kenia, el 27 por ciento de la población utiliza ChatGPT a diario, un porcentaje superior al de la mayoría de las ciudades estadounidenses. Pero no lo hacen por entretenimiento. Usan la IA para diagnosticar enfermedades en los cultivos, acceder a microcréditos o lanzar negocios que eran imposibles hace cinco años.[249] Kenia no es una excepción. En otros rincones de África, como Ruanda, la inteligencia artificial también está transformando la vida cotidiana. Mientras Estados Unidos sigue debatiendo sobre la ética de la IA, Ruanda avanza con determinación en su aplicación práctica. Se ha convertido en líder en agricultura de precisión gracias a drones equipados con IA. Este país encabeza el índice de preparación para la IA en África Oriental, a pesar de ser uno de los más pobres del mundo. ¿Cómo lo ha logrado? Todos sus ministerios cuentan con equipos dedicados a implementar estas tecnologías, y la formación en ellas es obligatoria para todos los funcionarios públicos. El resultado es innegable: servicios gubernamentales más eficientes que los de Estados desarrollados.

Innovación por necesidad

En muchos países africanos, las limitaciones tecnológicas no detienen el avance de la IA, sino que agudizan la creatividad de quienes la impulsan. ¿Internet limitado? Los desarrolladores precargan modelos de IA en dispositivos que se sincronizan cuando hay conexión. ¿No hay teléfonos inteligentes? Se diseñan sistemas de IA basados en voz que funcionan con líneas telefónicas básicas. Cada obstáculo genera soluciones ingeniosas que, en ocasiones, superan a las alternativas más costosas del mundo desarrollado.

Sin embargo, estos avances conviven con desafíos profundos. Más del 83 por ciento de la financiación para empresas emergentes de IA en África se concentra en sólo cuatro países: Kenia, Nigeria, Sudáfrica y Egipto. El resto del continente se enfrenta a un verdadero desierto en materia de IA. A esto se suma la escasez de talento: África cuenta con apenas el 3 por ciento de los especialistas en IA del mundo, y la continua «fuga de cerebros» hacia mercados mejor remunerados amplía la brecha cada día.[250] Las economías emergentes no están esperando su turno, están reclamando su lugar en el escenario global a través de una innovación nacida de la necesidad. Pero ¿puede la IA transformar realmente los entornos más difíciles del mundo? La respuesta ya empieza a tomar forma en las zonas rurales de África.

98. ¿Cómo puede ayudar la inteligencia artificial en lugares remotos como el África subsahariana?

La próxima revolución en inteligencia artificial no está ocurriendo sólo en los laboratorios de Silicon Valley, sino también en aldeas africanas donde la electricidad es intermitente y la conexión a internet, escasa. Allí, la IA está transformando sectores clave con soluciones diseñadas para la realidad local.

En agricultura, por ejemplo, se prevé que el mercado de la IA crezca significativamente en los próximos años. Algunos productores agrícolas ya utilizan herramientas gratuitas que diagnostican enfermedades de los cultivos a través de las cámaras de los móviles, incluso sin conexión a internet, algo clave en lugares donde la conectividad es un lujo. Basta con tomar algunas fotos de las plantas enfermas y recibir un diagnóstico inmediato junto con recomendaciones de tratamiento.[251] En otros contextos, como en Ruanda, se emplean drones equipados con IA para cartografiar infestaciones de malas hierbas, lo que permite aplicar herbicidas de forma selectiva. Gracias a esta precisión, los agricultores han logrado reducir en un 40 por ciento el uso de pesticidas y, al mismo tiempo, aumentar los rendimientos. Los beneficios medioambientales también se multiplican: menos escorrentía con productos químicos, suelos más sanos y alimentos más seguros.[252]

La asistencia sanitaria también está experimentando avances similares. En las zonas rurales, los trabajadores médicos ahora usan dispositivos de diagnóstico con IA más pequeños que un libro de texto. Estas herramientas analizan muestras de sangre y detectan enfermedades como la malaria, el VIH o la tuberculosis en cuestión de minutos, sin necesidad de enviar las extracciones a laboratorios lejanos ni esperar semanas para obtener los resultados. Esto permite comenzar el tratamiento antes de que la enfermedad avance y detectar brotes en un estadio inicial. Vidas que en el pasado se perdían hoy se salvan gracias al silicio y al código.

En las aulas rurales, la inteligencia artificial está ayudando a derribar una de las barreras más persistentes: el idioma. En comunidades donde muchos padres no saben leer, la IA traduce las lecciones a los idiomas locales y genera explicaciones visuales que no dependen de la alfabetización. Además, los tutores de voz basados en IA ayudan a los alumnos que tienen dificultades con el inglés escrito. Desde su implementación, algunas escuelas constatan que las tasas de aprobados han pasado de menos del 50 por ciento a más del 75 por ciento. Por primera vez, el acceso a una educación de calidad ya no depende de dominar las lenguas coloniales.

La lección que se desprende de los casos anteriores es que, cuando la necesidad se une a la tecnología, se produce una transformación que cambia la vida de millones de personas. Con este panorama, tal vez la IA también pueda ofrecer respuestas allí donde los desafíos son aún más profundos y urgentes.

99. ¿PUEDE LA INTELIGENCIA ARTIFICIAL AYUDAR A ACABAR CON LA POBREZA?

«Utilicé mi primer préstamo para aumentar mis existencias de un cubo a un saco de patatas», cuenta Jacqueline, propietaria de un pequeño hotel en Kenia. Como muchas otras personas en su país, no había logrado acceder a un crédito a través de los bancos tradicionales. Pero su historia cambió gracias a Tala, una aplicación de préstamos impulsada por inteligencia artificial que evalúa la solvencia financiera de usuarios excluidos del sistema bancario formal. Esta empresa de tecnología financiera con sede en California analiza datos alternativos recopilados del teléfono móvil del usuario, como patrones de llamadas, uso de aplicaciones o coherencia en la ubicación, para tomar decisiones de crédito. En el caso de Jacqueline, el algoritmo detectó señales de fiabilidad donde los bancos sólo veían riesgo y le concedió un préstamo inicial de 23 dólares. Con esa pequeña inversión, sus ingresos mensuales pasaron de 23 a 70 dólares.[253]

Jacqueline forma parte de los más de ocho millones de clientes a los que Tala ha prestado servicio en todo el mundo, con un desembolso de más de 3.400 millones de dólares.[254] Este impacto ha sido posible gracias a la capacidad de la IA para evaluar el riesgo de forma diferente. La aplicación analiza más de 10.000 puntos de datos del teléfono inteligente de cada usuario para estudiar el préstamo en menos de cinco minutos. «Los modelos de aprendizaje automático pueden evaluar la solvencia crediticia tras analizar datos alternativos que los bancos tradicionales ignoran», explica Shivani Siroya, fundadora de Tala, en su charla TED de 2016. Al identificar patrones invisibles para los humanos, la IA ofrece oportunidades reales a quienes antes quedaban fuera del sistema financiero.

Por primera vez, miles de emprendedores que los bancos consideraban de riesgo están accediendo a préstamos justos. Y los resultados son contundentes: las tasas de reembolso declaradas superan el 95 por ciento, lo que demuestra que, cuando se les dan oportunidades justas, las personas en situación de pobreza no sólo responden, sino que prosperan.

Los satélites detectan la pobreza

Las aplicaciones van mucho más allá de los microcréditos. Ya existe un sistema de inteligencia artificial que identifica los hogares empobrecidos mediante imágenes satelitales. Utilizados en varios países africanos, estos algoritmos analizan detalles como el material de los tejados, la densidad de las construcciones o las redes de carreteras para estimar los niveles de pobreza.[255]

Los satélites escanean pueblos desde el espacio, la IA procesa las imágenes para encontrar los hogares más pobres y, en cuestión de días, permite localizar a quienes más lo necesitan. En Togo, este sistema facilitó transferencias de dinero móvil que llegaron directamente a 154.238 ciudadanos togoleses entre diciembre de 2020 y abril de 2021.[256]

Para quienes desean involucrarse personalmente en este tipo de iniciativas, existen formas concretas de contribuir. DataKind, una organización sin ánimo de lucro, conecta a científicos de datos con causas sociales centradas en la lucha contra la pobreza. Hasta ahora sus voluntarios han colaborado en más de trescientos proyectos.

Que la inteligencia artificial puede contribuir a reducir la pobreza ya no es una hipótesis: historias como la de Jacqueline lo demuestran. El verdadero desafío ahora es otro: ¿seremos capaces de escalar estas soluciones con la suficiente rapidez para llegar a los mil trescientos millones de personas que aún viven sin acceso a servicios bancarios?

Si bien la IA trae esperanza a una gran parte de la población, también debemos afrontar sus posibilidades más oscuras.

100. ¿Cómo se puede utilizar la inteligencia artificial como arma?

La misma IA que hoy ayuda a los médicos a detectar el cáncer en una radiografía se está utilizando en drones militares para identificar objetivos. Este fenómeno de doble uso, en el que la misma tecnología sirve tanto para salvar vidas como para arrebatarlas, es una de las tendencias más ignoradas pero decisivas de nuestro tiempo.

Un ejemplo inquietante es el sistema de IA Lavender de Israel, presentado en 2024, que, según diversos informes, identificó treinta y siete mil objetivos durante los conflictos y tomó decisiones de vida o muerte en cuestión de segundos.[257] En Ucrania, drones autónomos impulsados por IA rastrean y atacan vehículos rusos sin intervención humana. No se trata de prototipos, sino de sistemas operativos que matan personas en la actualidad.[258]

Carrera armamentística de la IA

La carrera por militarizar la inteligencia artificial no se limita a unos pocos países o casos aislados: se está extendiendo rápidamente por todo el mundo. En 2024, el ejército chino presentó un sistema de drones enjambre capaces de coordinar ataques como si funcionaran como una sola mente. Al otro lado del Pacífico, el Pentágono lanzó la iniciativa Replicator con el objetivo de desplegar miles de sistemas autónomos antes de 2026.[259]

Todos estos avances podrían dar lugar a armas cibernéticas que se adapten más rápido que los humanos, paralizar infraestructuras en minutos o lanzar miles de pequeños drones explosivos sobre ciudades enteras en un futuro próximo. Muchos de estos sistemas actuarán sin supervisión humana directa.

Es hora de actuar

A medida que crece el poder de la inteligencia artificial en el ámbito militar, también crece la necesidad de profesionales capaces de contener sus riesgos. Están surgiendo oportunidades profesionales en áreas como el control de las armas autónomas, la responsabilidad algorítmica o los sistemas defensivos basados en IA. El Centro de Política de Seguridad de Ginebra busca especialistas en ética en IA. La ONU necesita asesores técnicos con conocimientos sobre armas autónomas. Y empresas líderes en IA como Anthropic y Google están contratando investigadores en seguridad con un objetivo común: prevenir el uso indebido de esta tecnología.

Pero no sólo se necesitan expertos: también se necesita una ciudadanía informada. Quienes entiendan estas tecnologías hoy tendrán la capacidad de influir en las políticas del mañana. Es el momento de aprender cómo se toman decisiones mediante IA, antes de que estos sistemas se vuelvan demasiado complejos para el control democrático. Únete a organizaciones como Future of Life Institute o a la campaña para detener los robots asesinos que ofrecen espacios para actuar mientras aún es posible establecer límites.

Si la IA ya puede tomar decisiones más rápido que cualquier ser humano, el verdadero desafío no es sólo técnico, sino ético: ¿quién responderá cuando una máquina actúe por su cuenta? Comprender estos riesgos es sólo el primer paso: todos debemos prepararnos para lo que se avecina.

101. ¿CÓMO PUEDES PREPARARTE PARA LA ERA DE LA IA?

Has llegado al final de este recorrido por 101 preguntas sobre inteligencia artificial. Pero tu viaje apenas comienza. Todo lo que has leído en este libro, desde los tutores que personalizan tu aprendizaje hasta los agentes que gestionan tu agenda, desde las herramientas que multiplican tu productividad hasta los dilemas éticos que debemos resolver, no son predicciones del futuro. Son realidades que ya están transformando el mundo mientras lees estas líneas.

La pregunta ya no es si la IA cambiará tu vida, sino cómo vas a aprovechar ese cambio.

Tu ventaja competitiva

En los próximos cinco años, quienes aprendan a comprender y aprovechar la IA tendrán acceso a oportunidades extraordinarias en todos los ámbitos de su vida. Podrán encontrar mejores empleos, optimizar su salud, fortalecer su educación y gestionar con más eficacia sus finanzas personales. La IA puede convertirse en el asistente personal más poderoso que hayas tenido y ayudarte a emprender un negocio exitoso, tomar decisiones financieras más acertadas, mejorar tus relaciones personales e incluso descubrir patrones en tu productividad que no sabías que existían. Empieza donde estás. Si eres estudiante, usa los tutores de IA del capítulo 2 para multiplicar tu aprendizaje. Si diriges una empresa, implementa las estrategias de marketing del capítulo 3. Si buscas cambiar de carrera, aplica las técnicas del capítulo 5 para proteger tu futuro profesional.

No necesitas aprenderlo todo de golpe. Elige una herramienta, un proceso, un capítulo que sea relevante para ti hoy y domínalo. Luego pasa al siguiente.

Tu oportunidad de negocio

Miles de pequeñas y medianas empresas buscan apoyo para entender e implementar la inteligencia artificial. Compartir tu conocimiento con quienes aún no saben cómo aplicarla puede abrirte un campo enorme de posibilidades. Sólo necesitas entender cómo estas herramientas resuelven problemas reales y trasladar ese valor a las compañías. Puedes ayudar a negocios de todo tipo a comunicarse mejor con sus clientes, atraer nuevos mercados y optimizar sus procesos internos.

No hace falta ser experto técnico. Con lo que has aprendido en este libro, ya sabes más que el 95 por ciento de las personas. Tu rol es ser el puente entre la tecnología y las empresas tradicionales. Y ese puente es extremadamente valioso.

El equilibrio humano

El verdadero secreto no está en dominar la inteligencia artificial, sino en conservar lo que nos hace humanos. Reserva cada día un tiempo para desconectarte por completo de la tecnología. Lee un libro físico, conversa cara a cara, pasea en la naturaleza o practica ejercicio. Estas experiencias analógicas no son un lujo nostálgico, son tu ventaja competitiva definitiva. La IA puede procesar datos más rápido que tú, pero no puede replicar tu creatividad cuando estás inspirado, tu empatía cuando conectas con alguien o tu intuición cuando resuelves un problema desde un ángulo inesperado. Esas capacidades sólo se cultivan en el mundo real, lejos de las pantallas.

Tu plan de acción para los próximos 30 días

1. **Semana 1-2:** elige el capítulo más relevante para ti y aplica sus tres acciones prácticas.
2. **Semana 3:** ayuda a una persona o empresa de tu entorno a usar IA para resolver un problema específico.
3. **Semana 4:** establece tu «tiempo sin IA». Mínimo una hora diaria de actividades completamente analógicas.
4. **Bonus:** visita libroia.com para acceder a recursos actualizados, nuevas herramientas y una comunidad de personas que están en el mismo camino que tú.

El mundo que viene

La IA no es el final de nada. Es el comienzo de una era donde tus ideas pueden multiplicarse, donde una sola persona puede lograr lo que antes requería equipos enteros, donde las barreras entre lo que imaginas y lo que puedes crear se están desmoronando.

Solamente tienes que empezar a tomar acción ahora.

Ponlo en práctica

Acción 1: ayuda a negocios locales con IA

Muchas pequeñas empresas aún no saben cómo beneficiarse de la inteligencia artificial. Esta semana, piensa en tres negocios de tu entorno (una panadería, un taller o una tienda de barrio) y reflexiona sobre cómo la IA podría ayudarlos: mejorar la atención al cliente, organizar inventarios o vender en línea. No necesitas ser experto técnico, sólo entender cómo la IA resuelve problemas reales. Tu papel puede ser el de puente entre la tecnología y los negocios tradicionales.

Acción 2: refuerza tu defensa frente a los *deepfakes*

Los vídeos y audios manipulados son cada vez más difíciles de detectar, pero puedes protegerte. Instala extensiones, como Deepfake Detector, que analizan contenido sospechoso y acostúmbrate a verificar las fuentes antes de compartir nada. Aprende a reconocer las señales típicas: parpadeos extraños, desajustes de iluminación o movimientos poco naturales. La prevención empieza contigo: cada vez que detectes o dudes de un contenido, evita difundirlo y repórtalo.

Acción 3: define tu equilibrio humano-digital

La clave no es dominar la IA, sino mantener lo que te hace humano. Reserva al menos una hora al día para actividades sin pantallas: leer un libro en papel, conversar cara a cara, caminar al aire libre o cocinar. Decide también qué facetas de tu vida nunca delegarás en una máquina y protégelas como tu activo más valioso. Ésa será tu verdadera ventaja en un futuro dominado por la tecnología.

Alerta roja

El riesgo de una brecha tecnológica insalvable

El acceso desigual a la inteligencia artificial amenaza con dividir al mundo en dos velocidades. Mientras algunos países avanzan con inversiones millonarias, otros apenas cuentan con la infraestructura básica. Esta diferencia no sólo amplía la brecha económica, también afecta a la seguridad, puesto que las naciones con más recursos ya desarrollan armas autónomas y sistemas de vigilancia avanzados. Si no compartimos los beneficios ahora, la desigualdad tecnológica podría convertirse en una frontera permanente, más difícil de superar que cualquier muro físico.

Notas

1. Introducción a la inteligencia artificial

1. Pelley, Scott, «Artificial intelligence could end disease, lead to "radical abundance", Google DeepMind CEO Demis Hassabis says», *CBS News*, 2025, <https://www.cbsnews.com/news/artificial-intelligence-google-deepmind-ceo-demis-hassabis-60-minutes-transcript>.

2. Brown, Sara, «Why neural net pioneer Geoffrey Hinton is sounding the alarm on AI», *MIT Sloan Ideas Made to Matter*, 2023, <https://mitsloan.mit.edu/ideas-made-to-matter/why-neural-net-pioneer-geoffrey-hinton-sounding-alarm-ai>.

3. Al-Sibai, Noor, «Former Google CEO Warns That AI Is About to Escape Human Control», *Futurism – The Byte*, 2025, <https://futurism.com/the-byte/former-google-ceo-ai-escape-humans>.

4. Franzen, Carl, «McKinsey report finds generative AI could add up to $4.4 trillion a year to the global economy», *VentureBeat*, 2023, <https://venturebeat.com/ai/mckinsey-report-finds-generative-ai-could-add-up-to-4-4-trillion-a-year-to-the-global-economy>.

5. «Geoffrey Hinton Warns: AI Risk Greater Than Ever in Next 30 Years», *Opentools*, 2024, <https://opentools.ai/news/geoffrey-hinton-warns-ai-risk-greater-than-ever-in-next-30-years>.

6. Lazzaro, Sage, «Meet the AI research pioneer who wants to redefine 'progress'», *VentureBeat*, 2021, <https://venturebeat.com/ai/meet-the-ai-research-pioneer-who-wants-to-redefine-progress>.

7. «La IA aumenta la productividad de los agentes de atención al cliente hasta en un 65%», *Dir&Ge*, 2024, <https://directivosygerentes.

es/directivosygerentes/noticias/ia-productividad-agentes-atencion-al-cliente>.

8. Ramachandran, Karthik, *et al.*, «As generative AI asks for more power, data centres seek more reliable, cleaner energy solutions», *Deloitte Center for Technology Media & Telecommunications*, 2024, <https://www.deloitte.com/us/en/insights/industry/technology/technology-media-and-telecom-predictions/2025/genai-power-consumption-creates-need-for-more-sustainable-data-centers.html>.

9. «Inteligencia Artificial y datos meteorológicos para estimar la producción de energía solar en España en 30 años», *La Razón*, 2025, <https://www.larazon.es/andalucia/inteligencia-artificial-datos-meteorologicos-estimar-produccion-energia-solar-espana-30-anos_2025013 1679cf115797cbb00013cac5e.html>.

10. «Securing Taiwan's AI Chips Amid China Invasion Threats | WSJ», *323Works*, <https://www.323works.com/insight/video/securing-taiwans-ai-chips-amid-china-invasion-threats-wsj>.

11. «HR Leaders to Redeploy a Quarter of Their Workforce as Agentic AI Adoption Expected to Grow 327% by 2027», *Salesforce Newsroom*, 2025, <https://www.salesforce.com/news/stories/agentic-ai-impact-on-workforce-research>.

12. «¿Conoces SCRIBE? Un nuevo modelo de consulta que mejora la relación médico-paciente en quirónsalud», *Quirónsalud*, 2025, <https://www.quironsalud.com/hospital-barcelona/es/quironsalud-barcelona-connect/actualidad/conoces-scribe-nuevo-modelo-consulta-mejora-relacion-medico>.

13. «Google/Ipsos Multi-Country AI Study 2025 (Topline)», *Ipsos*, 2025, <https://www.ipsos.com/sites/default/files/ct/news/documents/2025-01/Google%20Ipsos%20Multi%20Country%20AI%20Study%20Topline%20for%202025%20.pdf>.

14. Navarro, Gabriel, «SOLEDAD-IA. El imaginario futuro de la soledad y la inteligencia artificial», *Gabriel Navarro*, 2024, <https://www.gabrielnavarro.es/soledad-ia-el-futuro-de-la-soledad-y-la-inteligencia-artificial>.

15. «La tecnología ayuda en la lucha contra la soledad no deseada», *El Periódico del Voluntariado*, 2024, <https://elperiodicodelvoluntariado.com/la-tecnologia-ayuda-en-la-lucha-contra-la-soledad-no-deseada>.

16. Weitzman, Cliff, «La Guía Definitiva de Replika AI», *Speechify*, 2023, <https://speechify.com/es/blog/ultimate-guide-to-replica-ai>.

17. VIVE POST-WAVE Team, «How Are AI Companions Like Replika Reshaping Our Perception of Relationships», *VIVE*, 2024, <https://blog.vive.com/us/how-are-ai-companions-like-replika-reshaping-our-perception-of-relationships>.

18. El Atillah, Imane, «Un hombre se suicida después de que un chat de IA le invitara a hacerlo», *Euronews*, 2023, <https://es.euronews.com/next/2023/04/01/un-hombre-se-suicida-despues-de-que-un-chat-de-ia-le-invitara-a-hacerlo>.

19. «Survey Finds 40% of Japanese Men in Their Twenties Have Never Dated», *Nippon.com*, 2022, <https://www.nippon.com/en/japan-data/h01361>.

20. Flores, Luis A., «Creó un novio virtual con IA, se enamoró de él y ahora paga cientos de dólares para mantenerlo aunque está casada», *Infobae*, 2025, <https://www.infobae.com/estados-unidos/2025/01/21/creo-un-novio-virtual-con-ia-se-enamoro-de-el-y-ahora-paga-cientos-de-dolares-para-mantenerlo-aunque-esta-casada>.

21. Rodríguez, Hernán, «El uso excesivo de dispositivos provoca fatiga mental en los trabajadores europeos, según un estudio», *La Ecuación Digital*, 2024, <https://www.laecuaciondigital.com/dispositivos/el-uso-excesivo-de-dispositivos-provoca-fatiga-mental-en-los-trabajadores-europeos-segun-un-estudio>.

22. Bearne, Suzanne, «The people refusing to use AI», *BBC News*, 2025, <https://www.bbc.com/news/articles/c15q5qzdjqxo.amp>.

23. «Zara apuesta por la Inteligencia Artificial, el big data, la analítica avanzada y las inversiones», *AECOC*, 2024, <https://www.aecoc.es/innovation-hub-noticias/zara-apuesta-por-la-inteligencia-artificial-el-big-data-la-analitica-avanzada-y-las-inversiones>.

24. «Presentación de agentes y herramientas de IA en AWS Marketplace», *AWS*, 2025, <https://aws.amazon.com/es/about-aws/whats-new/2025/07/ai-agents-tools-aws-marketplace>.

25. Moore, Mike, «"It's a tectonic change" – AWS AI head calls agents "the most impactful change we've seen since the dawn of the internet"», *TechRadar*, 2025, <https://www.techradar.com/pro/its-a-tectonic-change-aws-ai-head-calls-agents-the-most-impactful-change-weve-seen-since-the-dawn-of-the-internet>.

26. Cherquis, Judith Victoria, «La IA y los medios de comunicación», *Infoperiodistas*, 2024, <https://diario.infoperiodistas.info/2024-el-ano-de-la-ia-en-los-medios-de-comunicacion>.

2. Cómo usar la IA en tu vida

27. Goldstein, Daphne, «Comparing Online and AI-Assisted Learning: A Student's View», *Education Next*, 2023, <https://www.educationnext.org/comparing-online-ai-assisted-learning-students-view-khan-academy-khanmigo>.

28. «La revista TIME y Statista seleccionan a ODILO como primera edtech española y entre las más importantes del mundo», *MurciaEconomía*, 2025, <https://murciaeconomia.com/art/100707/la-revista-time-y-statista-seleccionan-a-odilo-como-primera-edtech-espanola-y-entre-las-mas-importantes-del-mundo>.

29. Dialzara Team, «AI Tutoring vs. Traditional Tutoring: Key Differences», *Dialzara*, 2025, <https://dialzara.com/blog/ai-tutoring-vs-traditional-tutoring-key-differences>.

30. «Here's How Walmart Used an AI Chatbot to Automate Supplier Negotiations», *ProcureCon Supply Chain*, 2024, <https://procureconsupplychain.wbresearch.com/blog/walmart-ai-chatbot-automate-supplier-negotiations>.

31. «Program on Negotiation AI Summit», *Program on Negotiation at Harvard Law School*, 2025, <https://www.pon.harvard.edu/teaching-materials-publications/program-on-negotiation-ai-summit>.

32. Lange, Katharina; y Parra-Moyano, José, «Research: How AI Helped Executives Improve Communication», *Harvard Business Review*, 2025, <https://hbr.org/2025/02/research-how-ai-helped-executives-improve-communication>.

33. Queensland Brain Institute, «Half of World's Population Will Experience a Mental Health Disorder», *Harvard Medical School*, 2023, <https://hms.harvard.edu/news/half-worlds-population-will-experience-mental-health-disorder>.

34. Cabrera, Constanza, «"Estoy aquí para darte apoyo": Violetta, Sophia y Sara, los chatbots que acompañan a víctimas de violencia machista», *El País*, 2024, <https://elpais.com/tecnologia/2024-10-10/estoy-aqui-para-darte-apoyo-violetta-sophia-y-sara-los-chatbots-que-acompanan-a-victimas-de-violencia-machista.html>.

35. «Stanford Institute for Human-Centered Artificial Intelligence», *Stanford University*, 2024, <https://hai-production.s3.amazonaws.com/files/2025-02/2024-hai-annual-report-02252025-digital.pdf>.

36. Felix, Daniel, «How AI Writing Tools Are Helping Journalists

Break News Faster», *Yomu.ai*, 2024, <https://www.yomu.ai/resources/how-ai-writing-tools-are-helping-journalists-break-news-faster>.

37. «Un 32 % de las empresas españolas aún no sabe cómo aplicar la IA para ganar competitividad», *SEIDOR*, 2025, <https://www.seidor.com/es-es/noticias/31-empresas-espanolas-no-aplicar-inteligencia-ar tificial-competitividad>.

38. Umarova, Khonzoda, *et al.*, «How Problematic Writer-AI Interactions (Rather than Problematic AI) Hinder Writers' Idea Generation», *arXiv*, 2025, <https://arxiv.org/abs/2503.11915>.

39. Quelart, Raquel, «Cómo pueden ChatGPT y la inteligencia artificial ayudarte a ahorrar e invertir», *La Vanguardia*, 2024, <https://www.lavanguardia.com/dinero/20241215/10200573/chatgpt-ayuda-gestionar-finanzas.html>.

40. «AI Driven Meal Planning Apps Global Market Report», *The Business Research Company*, 2025, <https://www.giiresearch.com/re port/tbrc1750899-ai-driven-meal-planning-apps-global-market-re port.html>.

41. Martins, Ana, «Food waste generates 8-10% of global GHG emissions, UN report reveals», *AWE International*, 2024, <https://www.awe.international/article/1868188/food-waste-generates-8-10-global-ghg-emissions-un-report-reveals>.

42. «Global AI in Fitness and Wellness Market Research Report», *InsightAce Analytic*, 2025, <https://www.insightaceanalytic.com/re port/ai-in-fitness-and-wellness-market/2744>.

43. «Use of AI Tools for Travel Up 40 % in Past Year», *GuideGeek*, 2024, <https://guidegeek.com/press/use-of-ai-tools-for-travel-up-40-in-past-year>.

3. IA para empresas

44. Singla, Alex, *et al.*, «El estado de la IA a principios de 2024: la adopción de la IA generativa aumenta y comienza a generar valor», *McKinsey & Company*, 2024, <https://www.mckinsey.com/~/media/mckin sey/locations/south%20america/latam/latam/el%20estado%20de%20 la%20ia%20a%20principios%20de%202024%20la%20adopcion%20 de%20la%20ia%20generativa%20aumenta%20y%20comienza%20 a%20generar%20valor/thestateofai_esp.pdf>.

45. Observatorio Nacional de Tecnología y Sociedad, «Indicadores

de uso de inteligencia artificial en España 2024», *Red.es*, 2025, <https://www.ontsi.es/sites/ontsi/files/2025-04/indicadores-de-uso-de-ia-en-espana.pdf>.

46. Redacción Computing, «CaixaBank y Salesforce amplían su alianza en torno a los agentes de IA», *Computing*, 2025, <https://www.computing.es/inteligencia-artificial/caixabank-y-salesforce-amplian-su-alianza-en-torno-a-los-agentes-de-ia>.

47. Primus, Thomas, «AI in Hospitality: How ChatGPT Will Transform the Restaurant Industry», *FoodNotify*, 2023, <https://www.food notify.com/en/blog/chatgpt-restaurants>.

48. «Top 10 ChatGPT Use Cases for Businesses in 2024 and Beyond», *Matellio*, 2023, <https://www.matellio.com/blog/top-10-chat gpt-use-cases-for-businesses-in-2023-and-beyond>.

49. My First Million, «What Happens When A $30B Founder Uses ChatGPT», YouTube, 2025, <https://www.youtube.com/watch?v=mz SjAxYCEow>.

50. Deppert, Karsten, «Malmö Startup Quicktables Achieves €90k ARR in Just Two Months – Using Lovable Platform», *Øresund Startups*, 2025, <https://oresundstartups.com/malmo-startup-quicktables-achie ves-e90k-arr-in-just-two-months-using-lovable-platform>.

51. «Top 10 AI Note-Taking Apps for Meetings in 2025: A Comprehensive Guide to Smart Organization», *SuperAGI*, 2025, <https://superagi.com/top-10-ai-note-taking-apps-for-meetings-in-2025-a-comprehensive-guide-to-smart-organization>.

52. Martínez, Jaime, «Mango presenta su primera campaña generada con IA generativa», *FashionUnited*, 2024, <https://fashionunited.es/noticias/moda/mango-presenta-su-primera-campana-generada-con-ia-generativa/2024071043558>.

53. Roth, Emma, «Here's the $2,000 fully AI-generated ad that aired during the NBA Finals», *The Verge*, 2025, <https://www.theverge.com/news/686474/kalshi-ai-generated-ad-nba-finals-google-veo-3>.

4. ROBOTS

54. Roberts, Michelle, «Los robots japoneses con rostros creados con piel viva que se parecen más a los humanos», *BBC News*, 2024, <https://www.bbc.com/mundo/articles/crggr8jrrl2o>.

55. Rosenthal-von der Pütten, Astrid; Krämer, Nicole; y Brand,

Matthias, «Humans feel empathy for robots: fMRI scans show similar brain function when robots are treated the same as humans», *Science-Daily*, 2013, <https://www.sciencedaily.com/releases/2013/04/1304 23091111.htm>.

56. Ibídem.

57. González, Carolina, «Yuval Noah Harari lanza una alerta sobre la inteligencia artificial: "Es muy buena fingiendo que tiene sentimientos"», *ComputerHoy*, 2025, <https://computerhoy.20minutos.es/tecno logia/yuval-noah-harari-lanza-alerta-inteligencia-artificial-muy-bue na-fingiendo-tiene-sentimientos-1459246>.

58. Louise DiPietro, «Robot see, robot do: System learns after watching how-tos», *Cornell Chronicle*, 2025, <https://news.cornell.edu/sto ries/2025/04/robot-see-robot-do-system-learns-after-watching-how-tos >.

59. Steiner, Hallie, «Elon Musk reveals massive plans for Tesla and Optimus— 'Things are really going to go ballistic next year'», *Fortune*, 2025, <https://fortune.com/2025/01/30/elon-musk-reveals-massive-plans-tesla-optimus-self-driving-cars-humanoid-robots>.

60. Liszewski, Andrew, «You'll need to teach this $16,000 humanoid robot how to make breakfast», *The Verge*, 2024, <https://www.the verge.com/2024/8/19/24223629/unitree-g1-robot-humanoid-pri ce-release>.

61. Neira, Santiago, «De la creación de ChatGPT a la fabricación de robots humanoides: estos son los planes de OpenAI para 2025», *Infobae*, 2024, <https://www.infobae.com/tecno/2024/12/31/de-la-creacion-de-chatgpt-a-la-fabricacion-de-robots-humanoides-estos-son-los-pla nes-de-openai-para-2025>.

62. Bouzenia, Islem; Devanbu, Premkumar; y Pradel, Michael, «RepairAgent: An Autonomous, LLM-Based Agent for Program Repair», *arXiv*, 2024, <https://arxiv.org/abs/2403.17134>.

63. «The job market for industrial machinery mechanics in the United States», *CareerExplorer*, 2025, <https://www.careerexplorer.com/careers/industrial-machinery-mechanic/job-market>.

64. «España, 'Top 3' europeo en instalaciones de robots industriales», *Automática & Instrumentación*, 2025, <https://www.automaticae instrumentacion.com/texto-diario/mostrar/5353140/sector-alimenta cion-bebidas-impulsa-espana-tercer-puesto-instalacion-robots-indus triales-europa-2024>.

65. The Robot Report Staff, «IFR World Robotics report says 4M ro-

bots are operating in factories globally», *The Robot Report*, 2024, <https://www.therobotreport.com/ifr-4-million-robots-operating-globally-world-robotics-report>.

66. Bertolini, Andrea, «Artificial Intelligence and Civil Liability», *European Parliament's Committee on Legal Affairs*, 2020, <https://www.europarl.europa.eu/RegData/etudes/STUD/2020/621926/IPOL_STU(2020)621926_EN.pdf>.

67. García Arenales, María, «El hospital Vall d'Hebron logra el primer trasplante pulmonar con cirugía completamente robótica», *Infobae*, 2023, <https://www.infobae.com/espana/2023/04/17/el-hospital-valldhebron-logra-el-primer-trasplante-pulmonar-con-cirugia-completamente-robotica>.

68. «Vall d'Hebron es el primer centro del Estado que dispone de tres robots Da Vinci», *Vall d'Hebron*, 2021, <https://www.vallhebron.com/es/actualidad/noticias/vall-dhebron-es-el-primer-centro-del-estado-que-dispone-de-tres-robots-da-vinci>.

69. «'Pepe', el robot social ideado por la UA para favorecer el ánimo y la actividad física de los mayores», *Cadena SER*, 2025, <https://cadenaser.com/comunitat-valenciana/2025/05/13/pepe-el-robot-social-ideado-por-la-ua-para-favorecer-el-animo-y-la-actividad-fisica-de-los-mayores-radio-alicante>.

70. Aronsson, Anne Stefanie, «Social Robots in Elder Care», *Japanese Review of Cultural Anthropology*, 21, 1 (2020), pp. 421-455, <https://www.jstage.jst.go.jp/article/jrca/21/1/21_421/_article/-char/en>.

71. «Robotics in Insurance – Thematic Research Report», *Research and Markets*, 2025, <https://www.researchandmarkets.com/reports/5656157/robotics-in-insurance-thematic-research>.

72. Liébana, Laura C., «Una cuadrilla de robots agricultores para reducir los costes de producción», *La Razón*, 2024, <https://www.larazon.es/medio-ambiente/cuadrilla-robots-agricultores-reducir-costes-produccion_20241119673c8b067aabaa00017c2e0f.html>.

73. Cubero, Violeta, «Robotización en la cosecha de frutas delicadas», *Plataforma Tierra*, 2024, <https://www.plataformatierra.es/innovacion/robotizacion-en-la-cosecha-de-frutas-delicadas-julio-2024>.

74. Li, Ye; y Chen, Yiyan, «Robotics, environmental regulation, and agricultural carbon emissions: an examination of the environmental Kuznets curve theory and moderating effects», *Frontiers in Sustainable Food Systems*, 8 (2024), <https://www.frontiersin.org/journals/sustainable-food-systems/articles/10.3389/fsufs.2024.1336877/full>.

75. McKinsey Global Institute, «McKinsey: Generative AI could automatize almost 50 % of all working hours in Europe and US by 2035; development means 12 million professionals in both regions will have to change jobs in medium term, but demand will increase for professionals in STEM, health», *IndustryIntel*, 2024, <https://www.industryintel.com/news/mckinsey-generative-ai-could-automize-almost-50-of-all-working-hours-in-europe-and-us-by-have-to-changeobs-in-medium-termdemand-2035-development-means-12-million-profes sionals-inboth-regions-will--j-but--will-increase-for-professio nals-in-stem-health-NDAxNjI0LDEyNiwxNjQyNzI3MTY0ODA>.

76. Leopold, Till, «Future of Jobs Report 2025: The jobs of the future – and the skills you need to get them», *World Economic Forum*, 2025, <https://www.weforum.org/stories/2025/01/future-of-jobs-re port-2025-jobs-of-the-future-and-the-skills-you-need-to-get-them>.

77. Ibídem.

78. Mollick, Ethan, «The Cybernetic Teammate», *One Useful Thing*, 2025, <https://www.oneusefulthing.org/p/the-cybernetic-teammate>.

79. Bao, Aorigele; Zeng, Yi; y Lu, Enmeng, «Mitigating emotional risks in human-social robot interactions through virtual interactive environment indication», *Humanities and Social Sciences Communications*, 2023, <https://www.nature.com/articles/s41599-023-02143-6>.

80. Hung, Lillian, *et al.*, «Ethical considerations in the use of social robots for supporting mental health and wellbeing in older adults in long-term care», *Frontiers in Robotics and AI*, 12 (2025), <https://www.frontiersin.org/journals/robotics-and-ai/articles/10.3389/frobt.2025.1560214/full>.

81. Fitzpatrick, Shona, *et al.*, «Neural correlates of the uncanny valley effect for robots and hyper-realistic masks», *PLOS ONE*, 2025, <https://journals.plos.org/plosone/article?id=10.1371%2Fjournal.pone.0311714>.

82. «Resolution of 16 February 2017 with recommendations to the Commission on civil law rules on robotics», *European Parliament*, 2017, <https://www.europarl.europa.eu/doceo/document/TA-8-2017-0051_EN.html>.

83. Bender, Emily M.; y Hanna, Alex, *The AI Con: How to Fight Big Tech's Hype and Create the Future We Want*, Harper, Estados Unidos, 2025.

84. Jarman, Sam, «"Robot rooms" could be the future of homes and offices», *Freethink*, 2022, <https://www.freethink.com/robots-ai/robot-rooms>.

85. «2025 IEEE Study Leverages Silicon Photonics for Scalable and Sustainable AI Hardware», *IEEE Photonics Society*, 2025, <https://ieeephotonics.org/announcements/2025ieee-study-leverages-silicon-photonics-for-scalable-and-sustainable-ai-hardwareapril-3-2025>.

86. Ibídem.

87. De Schutter, Olivier; y Van Parijs, Philippe, «¿Puede la Renta Básica Universal mejorar realmente la salud mental?», *Red Renta Básica*, 2024, <https://www.redrentabasica.org/rb/puede-la-renta-basica-universal-mejorar-realmente-la-salud-mental>.

88. Pethokoukis, James, «Life in an AI Utopia: A Quick Q&A with Futurist and Philosopher Nick Bostrom», *American Enterprise Institute*, 2024, <https://www.aei.org/articles/life-in-an-ai-utopia-a-quick-qa-with-futurist-and-philosopher-nick-bostrom>.

89. The Robot Report Staff, «Standard Bots launches 30 kg-payload robot and production facility», *The Robot Report*, 2025, <https://www.therobotreport.com/standard-bots-launches-30kg-robot-production-facility>.

90. «Robots in the workplace: Key types and trends for 2025», *Standard Bots*, 2025, <https://standardbots.com/blog/robots-in-the-workplace>.

5. Empleo e IA

91. «The State of Tech Talent Report 2025», *SignalFire*, 2025, <https://www.signalfire.com/blog/signalfire-state-of-talent-report-2025>.

92. Saini, Kaustubh, «AI Job Displacement 2025: Which Jobs Are At Risk?», *Final Round AI*, 2025, <https://www.finalroundai.com/blog/ai-replacing-jobs-2025>.

93. Gispert, Blanca, «La empresa que prevé despedir a media plantilla en España y sustituirla por IA», *La Vanguardia*, 2023, <https://www.lavanguardia.com/economia/20230331/8869692/domestika-prepara-ere-despedir-89-personas-espana.html>.

94. Pennathur, Priyadarshini R., *et al.*, «The future of office and administrative support occupations in the era of artificial intelligence: A state of the art review and future research directions», *International Journal of Industrial Ergonomics*, 104 (2024), <https://www.sciencedirect.com/science/article/abs/pii/S0169814124001215>.

95. Noriega, Pedro, «Cómo la inteligencia artificial transformará el empleo en España: 2 millones de puestos en riesgo», *Infobae*, 2025, <https://www.infobae.com/tecno/2025/07/02/como-la-inteligencia-artificial-transformara-el-empleo-en-espana-2-millones-de-puestos-en-riesgo>.

96. Manrique, Mar, «¿Cómo están usando la IA los medios en España?», *Fleet Street*, 2023, <https://fleetstreet.substack.com/p/como-usando-inteligencia-artificial-los-medios>.

97. Cortizo Castromil, Gonzalo, «Inteligencia Artificial y periodismo: ¿oportunidad, apocalipsis, robo masivo o nueva batalla geopolítica?», *Fundación Gabo*, 2023, <https://fundaciongabo.org/es/noticias/articulo/inteligencia-artificial-y-periodismo-oportunidad-apocalipsis-robo-masivo-o-nueva>.

98. McGowan, Charis, «'One day I overheard my boss saying: just put it in ChatGPT': the workers who lost their jobs to AI», *The Guardian*, 2025, <https://www.theguardian.com/technology/2025/may/31/the-workers-who-lost-their-jobs-to-ai-chatgpt>.

99. Bureau of Labor Statistics, U.S. Department of Labor, «Electricians», *Occupational Outlook Handbook*, 2024, <https://www.bls.gov/ooh/construction-and-extraction/electricians.htm>.

100. Tyson, Alec, *et al.*, «60 % of Americans Would Be Uncomfortable with Provider Relying on AI in Their Own Health Care», *Pew Research Center*, 2023, <https://www.pewresearch.org/science/2023/02/22/60-of-americans-would-be-uncomfortable-with-provider-relying-on-ai-in-their-own-health-care>.

101. Bick, Alexander; Blandin, Adam; y Deming, David J., «The Impact of Generative AI on Work Productivity», *Federal Reserve Bank of St. Louis*, 2025, <https://www.stlouisfed.org/on-the-economy/2025/feb/impact-generative-ai-work-productivity>.

102. «BCG ChatGPT AI Productivity Study and Report», *Innovation Training*, 2023, <https://www.innovationtraining.org/bcg-chatgpt-ai-productivity-study-and-report>.

103. Velasco, Luis Enrique, «La IA sacude al sector público: "En algunas administraciones locales se está utilizando ChatGPT a mansalva, sin control alguno"», *El País*, 2025, <https://elpais.com/tecnologia/2025-07-25/la-ia-sacude-al-sector-publico-en-algunas-administraciones-locales-se-esta-utilizando-chatgpt-a-mansalva-sin-control-alguno.html>.

104. Morcillo, Nuria, «Sentencias falsas, leyes extranjeras y filtrado de datos: los riesgos de usar ChatGPT se cuelan en los despachos de abo-

gados», *El País*, 2025, <https://elpais.com/economia/2025-02-18/sen
tencias-falsas-leyes-extranjeras-y-filtrado-de-datos-los-riesgos-de-usar-
chatgpt-se-cuelan-en-los-despachos-de-abogados.html>.

105. «What's the ROI with Generative AI? Can the Numbers Tell
the Story?», *Pegasus One*, 2025, <https://www.pegasusone.com/whats-
the-roi-with-generative-ai-can-the-numbers-tell-the-story>.

106. «Las competencias en IA aumentarán tu salario hasta un 40%»,
Biten, 2023, <https://www.biten.es/2023/10/02/las-competencias-
en-ia-aumentaran-tu-salario-hasta-un-40>.

107. Thompson, Dennis, «AI Can Boost Radiologists' Efficiency
Without Sacrificing Accuracy», *U.S. News & World Report*, 2025,
<https://www.usnews.com/news/health-news/articles/2025-06-09/
ai-can-boost-radiologists-efficiency-without-sacrificing-accuracy>.

108. Puerto, Lucía, «¿Saber de IA o experiencia previa? Esto es lo
que prefieren los directivos que contratan», *El Confidencial*, 2025,
<https://www.elconfidencial.com/empleo/2025-04-12/ia-sera-mas-
util-para-encontrar-trabajo_4105240>.

109. Romero, Danny, «Talent with disabilities pioneer the use of AI
at work: 55 % using AI for problem-solving compared to 39 % of non-
disabled peers», *Staffing Industry*, 2024, <https://www.staffingindus
try.com/news/global-daily-news/talent-with-disabilities-pioneer-the-
use-of-ai-at-work-randstad>.

110. World Economic Forum, *The Future of Jobs Report 2025*,
2025, <https://www.weforum.org/publications/the-future-of-jobs-re
port-2025/>.

111. Shibu, Sherin, «Las empresas dicen que quieren contratar candidatos con habilidades en IA, pero los empleados siguen usando herramientas de IA sin que sus jefes lo sepan», *Entrepreneur*, 2024, <https://
www.entrepreneur.com/es/noticias/las-empresas-dicen-que-quie
ren-contratar-candidatos-con/473874>.

112. Srivastava, Deepti, «Turning Passion into Profit with IA: The
Ole Lehmann Success Story», *LinkedIn*, 2025, <https://www.linkedin.
com/pulse/turning-passion-profit-ai-ole-lehmann-success-story-deepti-
srivastava>.

113. Fourrage, Ludo, «How to Launch a Global AI Startup as a Solo
Tech Founder and Earn Millions in 2025», *Nucamp*, 2025, <https://
www.nucamp.co/blog/sólo-ai-tech-entrepreneur-2025-how-to-launch-
a-global-ai-startup-as-a-sólo-tech-founder-and-earn-millions-in-2025>.

114. Barriviera, Guadalupe, «Startups Led by a Solo Founder Have

More Than Doubled, But Are Less Successful in Raising Venture Capital», *Funds Society*, 2025, <https://www.fundssociety.com/en/news/al ternatives/las-startups-dirigidas-por-un-fundador-individual-se han-mas-que-duplicado-pero-tienen-menos-exito-a-la-hora-de-conse guir-capital-riesgo>.

115. Llaneras, Kiko, «¿Qué tareas hago con inteligencia artificial? Ocho ejemplos reales, dos años después de ChatGPT», *El País*, 2024, <https://elpais.com/actualidad/newsletter-kiko-llaneras/2024-09-28/ que-tareas-hago-con-inteligencia-artificial-ocho-ejemplos-reales-dos-anos-despues-de-chatgpt.html>.

116. «¿Cómo puede la inteligencia artificial mejorar la gestión del clima laboral en las empresas?», *Psico-Smart*, 2025, <https://blogs-es. psico-smart.com/articulo-como-puede-la-inteligencia-artificial-mejo rar-la-gestion-del-clima-laboral-en-las-empresas-119884>.

117. «IA y mercado de trabajo en España», *Randstad Research*, 2024, <https://www.randstadresearch.es/ia-mercado-trabajo-espana>.

118. Spreen, Thomas Luke; Wang, Ziyuan; y Yang, Lang, «Industrial automation and local public goods», *Journal of Public Economics*, 2025, <https://www.sciencedirect.com/science/article/pii/S00472 72725000921>.

119. Rozario, Sneha Maria; y Srishti, Dutta, «Redistributing the AI Dividend: Modeling Data as Labor in a Transformative Economy», *Apart Research*, 2025, <https://apartresearch.com/project/economics-of-tai-sprint-submission-redistributing-the-ai-dividend>.

6. Colaboración humano-IA

120. Siller, Nicole, «Human-AI collectives make the most accurate medical diagnoses, according to new study», *Medical Xpress*, 2025, <https://medicalxpress.com/news/2025-06-humanai-accurate-medi cal.html>.

121. Mastis, Lindsey, @LindseyMastis, «Cancer Patient uses AI... What It Told Her Changes EVERYTHING», 12 de marzo de 2025. Disponible en YouTube: <https://www.youtube.com/watch?v=ptSCRRo6cDU>.

122. Yehya, Nadine A., «New brain-computer interface allows man with ALS to 'speak' again», *UC Davis Health*, 2024, <https://health.uc davis.edu/news/headlines/new-brain-computer-interface-allows-man-with-als-to-speak-again/2024/08>.

123. Thorbecke, Catherine; Sealy, Amanda; y Kounang, Nadia, «This ALS patient has a brain implant that translates his thoughts to computer commands», *CNN*, 2024, <https://www.cnn.com/2024/02/28/tech/brain-implant-als-patient-bci/index.html>.

124. «Con inteligencia artificial, médicos logran predecir 10 años antes aparición de diabetes y alzhéimer», *La Tercera*, 2024, <https://www.latercera.com/que-pasa/noticia/con-inteligencia-artificial-medicos-logran-predecir-10-anos-antes-aparicion-de-diabetes-y-alzheimer/LW5534TW45GTFMKX6K6QUMAVXI>.

125. «La Rioja lanza 'Lola', una asistente virtual generada con IA que te llamará por teléfono para que te vacunes», *Cadena SER*, 2025, <https://cadenaser.com/rioja/2025/08/13/un-asistente-virtual-contactara-por-telefono-para-animar-a-vacunarse-a-personas-de-65-anos-radio-rioja>.

126. «El BSC y el Museo del Prado enseñan a la IA a mirar e interpretar las obras de arte», *Museo Nacional del Prado*, 2023, <https://www.museodelprado.es/actualidad/noticia/el-bsc-y-el-museo-del-prado-ensean-a-la-ia-a/b3e3e805-5beb-cdda-f1a3-ddb4191be5ec>.

127. Cooper, Anderson, «AI-powered tutor, teaching assistant tested as a way to help educators and students», *CBS News*, 2024, <https://www.cbsnews.com/news/khanmigo-ai-powered-tutor-teaching-assistant-tested-at-schools-60-minutes-transcript>.

128. Scott, Jordan, «What Are Digital Twins and How Can They Be Used in Healthcare?», *HealthTech Magazine*, 2024, <https://healthtechmagazine.net/article/2024/01/what-are-digital-twins-and-how-can-they-be-used-healthcare>.

129. Ibídem.

130. Wiggers, Kyle, «Anthropic's new AI model can control your PC», *TechCrunch*, 2024, <https://techcrunch.com/2024/10/22/anthropics-new-ai-can-control-your-pc>.

131. Abraham, Mary-Rose, «AI-powered tool helps doctors detect rare diseases», *UCLA Health*, 2024, <https://www.uclahealth.org/news/article/ai-powered-tool-rare-diseases>.

132. Khan, Suhair, «AI, neuroscience and the magic of consciousness», *LSE Business Review*, 2025, <https://blogs.lse.ac.uk/businessreview/2025/06/17/ai-neuroscience-and-the-magic-of-consciousness>.

133. «Translated signs a contract to provide EU Parliament with real-time speech translation AI», *Translated*, 2020, <https://translated.com/translated-for-eu-parliament>.

134. Sun, Jingjing, *et al.*, «Understanding Human-AI Collaboration in Music Therapy Through Co-Design with Therapists», *arXiv*, 2024, <https://arxiv.org/html/2402.14503v2>.

135. Tao, Mai, «Siemens introduces AI agents for industrial automation», *Robotics & Automation News*, 2025, <https://roboticsandaut omationnews.com/2025/05/13/siemens-introduces-ai-agents-for-in dustrial-automation/90718>.

7. Voz e IA

136. Mazur, Alexa, *et al.*, «Evaluation of an AI-Based Voice Biomarker Tool to Detect Signals Consistent with Moderate to Severe Depression», *Annals of Family Medicine*, 2025, <https://pubmed.ncbi.nlm.nih.gov/39805690>.

137. Europa Press Nacional, «La Policía Nacional alerta sobre el 'voice hacking': la estafa con IA que imita voces para engañar a familiares y amigos», *Europa Press*, 2025, <https://www.europapress.es/nacional/noticia-policia-nacional-alerta-voice-hacking-estafa-ia-imita-voces-en ganar-familiares-amigos-20250113103259.html>.

138. Matteo, Ossos, «AI SDR Agents in 2025: The Ultimate Guide», *Dialogist*, 2025, <https://dialogist.ai/ai-sdr-agents>.

139. «Beneficios de la Implementación de la Tecnología de Voz», *Cerca Technology*, 2025, <https://www.cercatechnology.com/benefi cios-implementacion-tecnologia-voz>.

140. Damiani, Jesse, «A Voice Deepfake Was Used to Scam a CEO Out of $243,000», *Forbes*, 2019, <https://www.forbes.com/sites/jesse damiani/2019/09/03/a-voice-deepfake-was-used-to-scam-a-ceo-out-of-243000>.

141. Goswami, Suparna, «AI Voice Cloning Pushes 91% of Banks to Rethink Verification», *Bank Info Security*, 2024, <https://www.bankin fosecurity.com/ai-voice-cloning-pushes-91-banks-to-rethink-verifica tion-a-24932>.

142. «Capital One Patent Looks to Bring Voice Recognition Technology to Mobile Payments», *CB Insights*, 2020, <https://www.cbin sights.com/research/capital-one-patent-voice-recognition-tech-mobile-payments>.

143. «4,32 millones de personas tienen algún tipo de discapacidad en España», *Instituto de Mayores y Servicios Sociales* (IMSERSO), 2022,

<https://imserso.es/detalle-actualidad/-/asset_publisher/n1oS8lWfrx6m/content/4-32-millones-de-personas-tienen-alg%C3%BAn-tipo-de-discapacidad-en-espa%C3%B1a/20123>.

144. Pradeep, Vivek, «Phi Silica, small but mighty on-device SLM», *Windows Experience Blog*, 2024, <https://blogs.windows.com/windows experience/2024/12/06/phi-silica-small-but-mighty-on-device-slm>.

145. «First Photorealistic AI Avatar for People Living with Alzheimer's and Dementia Launched by Lenovo and Innovations in Dementia», *Business Wire*, 2024, <https://www.businesswire.com/news/home/20241015879964/en/First-Photorealistic-AI-Avatar-for-People-Living-with-Alzheimers-and-Dementia-Launched-by-Lenovo-and-Innovations-in-Dementia>.

146. Rodríguez, Pablo, «Oficinas virtuales como videojuegos 2D: así buscan replicar la experiencia social del trabajo presencial en remoto», *Xataka*, 2021, <https://www.xataka.com/pro/oficinas-virtuales-como-videojuegos-2d-asi-buscan-replicar-experiencia-social-trabajo-presencial-remoto>.

147. Banerji, Olina, «Schools Are Using Voice Technology to Teach Reading. Is It Helping?», *EdSurge*, 2023, <https://www.edsurge.com/news/2023-03-07-schools-are-using-voice-technology-to-teach-reading-is-it-helping>.

148. «Key Takeaways from Our 2024 Pulse Survey on Voice Assistants & GenAI», *Digital Wellness Lab*, 2024, <https://digitalwellness lab.org/articles/key-findings-voice-assistants-and-generative-ai>.

149. Littleton, Cynthia, «SAG-AFTRA Strikes Groundbreaking AI Digital Voice Replica Pact with Startup Firm Narrativ», *Variety*, 2024, <https://variety.com/2024/digital/news/sag-aftra-ai-narrativ-voice-replica-digital-ads-1236106301>.

150. Bell, Karissa, «SAG-AFTRA strikes deal for AI voice acting licensing in video games at CES 2024», *Engadget*, 2024, <https://www.engadget.com/sag-aftra-strikes-deal-for-ai-voice-acting-in-video-games-at-ces-2024-191533846.html>.

151. «La batalla de los dobladores para que la inteligencia artificial no le quite trabajo», *El País*, 2025, <https://elpais.com/expres/2025-03-02/la-batalla-de-los-dobladores-para-que-la-inteligencia-artificial-no-le-quite-trabajo.html>.

152. «Pindrop Unveils 2024 Voice Intelligence Security Report & Groundbreaking Pulse Deepfake Warranty», *PR Newswire*, 2024, <https://www.prnewswire.com/news-releases/pindrop-unveils-2024-

voice-intelligence-security-report--groundbreaking-pulse-deepfake-warranty-302152271.html>.

153. «Suplantación por voz a través de inteligencia artificial, la nueva estafa digital», *CaixaBank*, 2023, <https://www.caixabank.com/es/esfera/content/estafa-llamada-suplantacion-voz-ia>.

154. «En 2025 un 20 % de las casas en España estarán conectadas», *Redes&Telecom*, 2021, <https://www.redestelecom.es/conectividad/en-2025-un-20-de-las-casas-en-espana-estaran-conectadas>.

155. «Children may overestimate smart speakers' abilities», *University of Edinburgh*, 2024, <https://www.ed.ac.uk/news/2024/children-may-overestimate-smart-speakers-abilities>.

156. «Smart Home Market Size, Share & Growth Analysis», *Fortune Business Insights*, 2025, <https://www.fortunebusinessinsights.com/industry-reports/smart-home-market-101900>.

157. Surfshark B. V., «Study reveals smart home privacy risks, with Amazon Alexa the most hungry for user data», *GlobeNewswire*, 2024, <https://www.globenewswire.com/news-release/2024/07/16/2913783/0/en/Study-reveals-smart-home-privacy-risks-with-Amazon-Alexa-the-most-hungry-for-user-data.html>.

158. «FTC and DOJ Charge Amazon with Violating Children's Privacy Law by Keeping Kids' Alexa Voice Recordings Forever and Undermining Parents' Deletion Requests», *FTC Press Release*, 2023, <https://www.ftc.gov/news-events/news/press-releases/2023/05/ftc-doj-charge-amazon-violating-childrens-privacy-law-keeping-kids-alexa-voice-recordings-forever>.

8. Coches autónomos

159. «Road traffic injuries», *World Health Organization*, 2024, <https://www.who.int/news-room/fact-sheets/detail/road-traffic-injuries>.

160. «Impacto de la seguridad de Waymo», *Waymo*, 2025, <https://waymo.com/intl/es/safety/impact>.

161. «Sube al 68 % la desconfianza en automovilistas de EE.UU. sobre vehículos autónomos», *Infobae*, 2023, <https://www.infobae.com/america/agencias/2023/03/03/sube-al-68-desconfianza-en-automovilistas-de-eeuu-sobre-vehiculos-autonomos>.

162. Romero, Inés, «Una española en Estados Unidos se monta por primera vez en un coche sin conductor y este es su veredicto», *ABC*, 2024,

<https://www.abc.es/recreo/espanola-estados-unidos-monta-primera-vez-coche-20240918130444-nt.html>.

163. Lewis, Chris, «Self-Driving Car Statistics 2025: Autonomous Vehicle Safety, Accident, and Adoption Report», *Finance Buzz*, 2025, <https://financebuzz.com/self-driving-car-statistics-2025>.

164. «New Swiss Re study: Waymo is safer than even the most advanced human-driven vehicles», *Waymo*, 2024, <https://waymo.com/blog/2024/12/new-swiss-re-study-waymo>.

165. «DGT publica el nuevo Programa Marco para Pruebas de Vehículos Automatizados», *DGT*, 2025, <https://www.dgt.es/comunicacion/notas-de-prensa/20250618-dgt-nuevo-programa-marco-pruebas-vehiculos-automatizados>.

166. McDonell, Stephen, «On board the driverless lorries hoping to transform China's transport industry», *BBC News*, 2024, <https://www.bbc.com/news/articles/c5ykel5dr62o>.

167. Lipúzcoa, Carlos, «Frenadas fantasma: el lado oscuro de los asistentes automáticos a la conducción», *Diario de Navarra*, 2025, <https://www.diariodenavarra.es/noticias/vivir/motor/2025/06/29/frenadas-fantasma-el-lado-oscuro-asistentes-automaticos-conduccion-652201-3194.html>.

168. Kolodny, Lora; y Elias, Jennifer, «Waymo Reports 250,000 Paid Robotaxi Rides Per Week in U.S.», *CNBC*, 2025, <https://www.cnbc.com/2025/04/24/waymo-reports-250000-paid-robotaxi-rides-per-week-in-us.html>.

169. Endrino, Víctor, «¿Taxis sin conductor? Ya funcionan en los EE.UU., los hemos probado y te lo explicamos», *La Vanguardia*, 2023, <https://www.lavanguardia.com/motor/20231102/9345041/taxis-conductor-funcionan-estados-unidos-hemos-probado-te-explicamos-pmt.html>.

170. May Mobility, «May Mobility now offers autonomous driverless rides in Peachtree Corners, Georgia», *May Mobility*, 2025, <https://maymobility.com/posts/may-mobility-now-offers-autonomous-driverless-rides-in-peachtree-corners>.

171. Europa Press Andalucía, «Comienza a circular por Málaga capital el primer autobús autónomo de gran capacidad en una situación de tráfico real», *Europa Press*, 2021, <https://www.europapress.es/andalucia/malaga-00356/noticia-comienza-circular-malaga-capital-primer-autobus-autonomo-gran-capacidad-situacion-trafico-real-20210217151638.html>.

172. Juliussen, Egil, «Waymo's Robotaxi Program: Progress and Potential», *EE Times Europe*, 2025, <https://www.eetimes.eu/way mos-robotaxi-program-progress-and-potential>.

173. Lynch, Jim, «Improving traffic signal timing with a handful of connected vehicles», *University of Michigan*, 2024, <https://news. umich.edu/improving-traffic-signal-timing-with-a-handful-of-connect ed-vehicles>.

174. Poskey, Jeral, «The unseen environmental costs of autonomous cars», *Smart Cities Dive*, 2025, <https://www.smartcitiesdive. com/news/robotaxis-environmental-costs-ghg-sustainability/74 0947>.

175. «¿Cuánto cuesta de media tener un coche en propiedad?», *Xataka*, 2020, <https://www.xataka.com/automovil/cuanto-cuesta-me dia-tener-coche-propiedad-1>.

176. Eberhardt, Ellen, «Tesla launches robotaxi trial in Austin», *Dezeen*, 2025, <https://www.dezeen.com/2025/06/23/tesla-launch es-robotaxi-trial-austin>.

177. Saint, Guillaume, «Sustainable transport on track to overtake cars by 2030 in the world's largest cities», *Kantar*, 2020, <https://www. kantar.com/Inspiration/Mobility/Sustainable-transport-on-track-to-overtake-cars-by-2030-in-the-worlds-largest-cities>.

178. Goldin, Pete, «Autonomous Vehicles Expected to Employ Almost Half a Million Workers in Next 15 Years», *ITSdigest*, July 15 2024, <https://www.itsdigest.com/autonomous-vehicles-expected-employ-al most-half-million-workers-next-15-years>.

179. Root, Al, «How to Make Up to $330,000 a Year at Tesla», *Barron's*, 2025, <https://www.barrons.com/articles/tesla-evs-roboi-taxis-hiring-66c67e10>.

180. «Applus+ IDIADA continues the development of its ADAS and CAV testing facilities with the expansion of the Urban Area track», *Applus IDIADA*, 2024, <https://www.applusidiada.com/global/en/ news/idiada-development-adas-and-cav-testing-facilities-with-expan sion-urban-area-track>.

181. Ullrich, Oliver; y Rishe, Naphtali, «Remote control and concierge service for an autonomous transit vehicle fleet», *Florida International University*, 2018, <https://patents.google.com/patent/US996 4948B2/en>.

182. «Self-driving PIX robobus can transform from a vehicle to a gym, library, café and more», *Designboom*, 2024, <https://www.design

boom.com/technology/self-driving-pix-robobus-vehicle-gym-library-ca
fe-pix-moving-01-16-2024>.

183. Walker, Tom, «Pullman Power Fitness and Citroën create
self-driving fitness pod concept», *Fit Tech Global*, 2021, <https://www.
fittechglobal.com/fit-tech-news/Pullman-and-Citroen-create-self-driv
ing-fitness-pod/348542>.

184. «The Zoox robotaxi rolls into San Francisco», *Zoox*, 2025,
<https://zoox.com/journal/zoox-robotaxi-in-san-francisco>.

185. Marshall, Aarian, «Ads Popped Up on Drivers' Screens. There
May Be More on the Way», *WIRED*, 2025, <https://www.wired.com/
story/ads-popped-up-on-drivers-screens-there-may-be-more-on-the-
way>.

186. Kelkar, Ani, *et al.*, «Getting on board with shared autonomous
mobility», *McKinsey & Company*, 2025, <https://www.mckinsey.com/
features/mckinsey-center-for-future-mobility/our-insights/getting-on-
board-with-shared-autonomous-mobility>.

187. «Study finds drivers behaving badly around autonomous shut-
tles», *Center for Transportation Studies*, 2025, <https://www.cts.umn.
edu/news-pubs/news/2025/april/shuttles>.

188. Chung, Hanna, *et al.*, «Child Pedestrians' Perception of Exter-
nal Car Display: Effects of Communication Style and Visualization Type
on Trust and Perceived Safety», *SSRN Electronic Journal*, 2023, <https://
papers.ssrn.com/sol3/papers.cfm?abstract_id=4471906>.

189. Chen, Yining, «CES 2019: Hyundai MOBIS Introduces
Communication Lighting for Autonomous Vehicle», *LEDinside*, 2019,
<https://www.ledinside.com/news/2019/1/ces2019_hyundai_mobis_
introduces_communication_lighting_autonomous_vehicle>.

190. «Approved to test special marker lights», *Mercedes-Benz*, 2025,
<https://group.mercedes-benz.com/innovation/product-innovation/au
tonomous-driving/drive-pilot-marker-lights.html>.

191. Rezwana, Saki; y Lownes, Nicholas, «Interactions and Beha-
viors of Pedestrians with Autonomous Vehicles: A Synthesis», *Future
Transportation*, 2024, <https://www.mdpi.com/2673-7590/4/3/34>.

192. «Volt car-charging drone re-juices your vehicle wherever you
are», *Designboom*, 2018, <https://www.designboom.com/technology/
volt-car-charging-drone-future-02-21-2018>.

193. The White House, «Unleashing American Drone Dominance»,
The White House, 2025, <https://www.whitehouse.gov/presidential-act
ions/2025/06/unleashing-american-drone-dominance>.

194. Hardy, Paul, «Drones for emergency services: a whole-of-government approach to crisis prevention, response and recovery», *Australian Journal of Emergency Management*, 40, 1 (2025), <https://knowledge.aidr.org.au/media/11454/ajem-2025-01_13.pdf>.

195. «ENAIRE will publish the drone flight areas and centralise all the information on U-space», *ENAIRE*, 2024, <https://www.enaire.es/en_GB/2024_06_10/ndp_gb_enaire_publish_drone_flight_areas_centralise_info_uspace>.

196. «States take the wheel on autonomous-vehicle legislation in 2025», *State Capitol Lobbyist*, 2025, <https://statecapitallobbyist.com/transportation/states-take-the-wheel-on-autonomous-vehicle-legislation-in-2025>.

197. «Quantum Spain presents the first quantum computer in Spain developed with 100 % European technology», *Quantum Spain*, 2025, <https://quantumspain-project.es/en/quantum-spain-presents-the-first-quantum-computer-in-spain-developed-with-100-european-technology>.

198. «Simulating Battery Chemistry Using Quantum Computing», *IQM*, 2024, <https://meetiqm.com/case-study/simulating-battery-chemistry-using-quantum-computing>.

9. Preguntas frecuentes (parte 1)

199. Babbs, Verity, «How Artist Pablo Delcan Went Viral with Non-A.I. Image Generation», *Artnet*, 2024, <https://news.artnet.com/art-world/pablo-delcan-prompt-brush-2434750>.

200. Tyler, Megan, «AI and Graphic Design: Between Innovation and Controversy — What Does the Future Hold for Graphic Designers?», *Print Industry News*, 2025, <https://www.printindustry.news/story/46774/ai-and-graphic-design-between-innovation-and-controversy-what-does-the-future-hold-for-graphic-designers>.

201. Shanklin, Will, «Grimes invites AI-artists to use her voice, promising 50 percent royalty split», *Engadget*, 2023, <https://www.engadget.com/grimes-invites-ai-artists-to-use-her-voice-promising-50-percent-royalty-split-165659578.html>.

202. Turner, Ben, «Humanity faces a 'catastrophic' future if we don't regulate AI, 'Godfather of AI' Yoshua Bengio says», *LiveScience*, 2025, <https://www.livescience.com/technology/artificial-intelligence/

people-always-say-these-risks-are-science-fiction-but-they-re-not-god father-of-ai-yoshua-bengio-on-the-risks-of-machine-intelligence-to-hu manity>.

203. Mecke, John, «AI Self-Replication: How Llama and Qwen Have Crossed the Red Line», *Development Corporate*, 2025, <https:// developmentcorporate.com/2025/0213/ai-self-replication-how-llama-and-qwen-have-crossed-the-red-line>.

204. Department for Science, Innovation and Technology; AI Safety Institute; y The Rt Hon Michelle Donelan, «AI Safety Institute releases new AI safety evaluations platform», *GOV.UK*, 2024, <https://www. gov.uk/government/news/ai-safety-institute-releases-new-ai-safety-evaluations-platform>.

205. «Constitutional AI: Harmlessness from AI Feedback», *Anthropic*, 2022, <https://www.anthropic.com/research/constitutional-ai-harmlessness-from-ai-feedback>.

206. «Model AI Governance Framework», *PDPC*, 2020, <https:// www.pdpc.gov.sg/help-and-resources/2020/01/model-ai-governance-framework>.

207. Glass, Aurelia, «Unions Give Workers a Voice Over How AI Affects Their Jobs», *Center for American Progress*, 2024, <https://www. americanprogress.org/article/unions-give-workers-a-voice-over-how-ai-affects-their-jobs>.

208. «The 6 Emerging AI Verification Solutions in 2025», *Gate Learn*, 2025, <https://www.gate.com/learn/articles/the-6-emerging-ai-verification-solutions-in-2025/8399>.

209. Naddaf, Miryam, «World first: brain implant lets man speak with expression — and sing», *Nature*, 2025, <https://www.nature.com/articles/d41586-025-01818-1>.

210. «Design a federated learning system in seven steps», *OpenMined*, 2021, <https://openmined.org/blog/design-a-federated-learning-system-in-seven-steps>.

211. Project Liberty Institute, «Data Co-ops as a Scalable Alternative to the Centralized Digital Economy», *Project Liberty*, 2025, <https:// www.projectliberty.io/news/data-coops-as-alternative-to-centraliz ed-digital-economy>.

212. Batanova, Milena; Weissbourd, Richard; y McIntyre, Joseph, «Loneliness in America: Just the Tip of the Iceberg?», *Making Caring Common, Harvard Graduate School of Education*, 2024, <https://mcc. gse.harvard.edu/reports/loneliness-in-america-2024>.

213. Khameneh, Arian, «Is Denmark a Model for Using Ed Tech for Student Well-Being?», *Govtech*, 2023, <https://www.govtech.com/edu cation/k-12/is-denmark-a-model-for-using-ed-tech-for-student-well-being>.

214. «Ethics of Artificial Intelligence», *UNESCO*, 2024, <https://www.unesco.org/en/artificial-intelligence/recommendation-ethics>.

215. «Singapore's Approach to AI Governance», *PDPC*, 2020, <https://www.pdpc.gov.sg/help-and-resources/2020/01/model-ai-go vernance-framework>.

216. «Rwanda's AI strategy: From vision to reality», *World Economic Forum*, 2022, <https://www.weforum.org/stories/2022/03/data-access-to-healthcare-in-rwanda>.

217. «New report and guidelines for indigenous data sovereignty in artificial intelligence developments», *UNESCO*, 2023, <https://www.unesco.org/en/articles/new-report-and-guidelines-indigenous-data-sov ereignty-artificial-intelligence-developments>.

218. «Democratic inputs to AI grant program: lessons learned and implementation plans», *OpenAI*, 2024, <https://openai.com/index/dem ocratic-inputs-to-ai-grant-program-update>.

219. Huckins, Grace, «Minds of machines: The great AI consciousness conundrum», *MIT Technology Review*, 2023, <https://www.tech nologyreview.com/2023/10/16/1081149/ai-consciousness-conundrum>.

220. Roach, John, «Microsoft finds underwater datacenters are reliable, practical and use energy sustainably», *Microsoft News*, <https://news.microsoft.com/source/features/sustainability/project-natick-un derwater-datacenter>.

221. Adeyemi, Daniel, «The Potential of Remote Sensing with Drones and AI for Enhancing Reforestation», *Global Warming Is Real*, 2025, <https://globalwarmingisreal.com/2025/07/14/remote-sensing-dron es-ai>.

222. Actis Fernández, Andrés, «¿Se puede usar la IA de forma sostenible? Una guía para contaminar menos con tus preguntas», *La Vanguardia*, 2025, <https://www.lavanguardia.com/natural/202507 14/10834902/ia-forma-sostenible-guia-contaminar-tus-preguntas. html>.

223. Pérez Merino, Marta, «¿Es la computación cuántica la criptonita de la ciberseguridad?», *KPMG Tendencias*, 2023, <https://www.tendencias.kpmg.es/2023/02/computacion-cuantica-criptonita-ciber seguridad>.

224. Neven, Hartmut, «Meet Willow, our state-of-the-art quantum chip», *Google Blog*, 2024, <https://blog.google/technology/research/google-willow-quantum-chip>.

225. «80 Artificial Intelligence Quotes Shaping the Future», *Gate Learn*, 2025, <https://autogpt.net/most-significant-famous-artificial-intelligence-quotes>.

10. Preguntas frecuentes (parte 2)

226. Yan, Harry Yaojun, *et al.*, «The origin of public concerns over AI supercharging misinformation in the 2024 U.S. presidential election», *Misinformation Review*, 2025, <https://misinforeview.hks.harvard.edu/article/the-origin-of-public-concerns-over-ai-supercharging-misinformation-in-the-2024-u-s-presidential-election>.

227. «El 93,4 % de los españoles cree que los sistemas de IA deben ser regulados», *AESIA*, 2025, <https://aesia.digital.gob.es/es/actualidad/encuesta-cis>.

228. Stanford University – Institute for Human-Centered Artificial Intelligence, «Chapter 9: Public Opinion», *Artificial Intelligence Index Report 2024*, 2024, <https://hai.stanford.edu/assets/files/hai_ai-index-report-2024_chapter9.pdf>.

229. Fouriezos, Nick, «UAE tech minister: AI will be 'the new lifeblood' for governments and the private sector», *New Atlanticist*, 2024, <https://www.atlanticcouncil.org/blogs/new-atlanticist/uae-tech-minister-ai-will-be-the-new-lifeblood-for-governments-and-the-private-sector>.

230. «Emiratos lanza Plan Estratégico del Gobierno 2031 centrado en la inteligencia artificial», *El Correo del Golfo*, 2025, <https://www.elcorreo.ae/articulo/emiratos-arabes/emiratos-lanza-plan-estrategico-gobierno-federal-2031-centrado-inteligencia-artificial/20250707084300169425.html>.

231. «UAE Charter for the Development and Use of Artificial Intelligence», *Artificial Intelligence Office*, 2024, <https://uaelegislation.gov.ae/en/policy/details/the-uae-charter-for-the-development-and-use-of-artificial-intelligence>.

232. «Mesa interministerial sobre inteligencia artificial», *Boletín Oficial de la República Argentina*, 2024, <https://www.boletinoficial.gob.ar/detalleAviso/primera/314465/20240924>.

233. Ministry of ICT and Innovation, «The National AI Policy of Rwanda», *Digital Watch*, 2022, <https://dig.watch/resource/the-natio nal-ai-policy-of-rwanda>.

234. Field, Hayden, «OpenAI CEO Sam Altman seeks as much as $7 trillion for new AI chip project: Report», *CNBC*, 2024, <https://www.cnbc.com/2024/02/09/openai-ceo-sam-altman-reportedly-seeking-tril lions-of-dollars-for-ai-chip-project.html>.

235. Tsado, Alexander, «Only five percent of Africa's AI talent has the compute power it needs», *United Nations Development Programme*, 2024, <https://www.undp.org/digital/blog/only-five-percent-africas-ai-talent-has-compute-power-it-needs>.

236. Wu, Daisy, «Chinese cities offer subsidies to boost access to the computing power needed for AI», *South China Morning Post*, 2024, <https://www.scmp.com/economy/china-economy/article/3292478/ chinese-cities-offer-subsidies-boost-access-computing-power-needed-ai>.

237. «First AI Playbook for Small States to shape inclusive global AI discourse», *Infocomm Media Development Authority*, 2024, <https:// www.imda.gov.sg/resources/press-releases-factsheets-and-speeches/ press-releases/2024/ai-playbook-for-small-states>.

238. Harrisberg, Kim, «African software developers use AI to fight inequality», *Context*, 2022, <https://www.context.news/socioecono mic-inclusion/african-software-developers-use-ai-to-fight-inequality>.

239. Cai, Fangyu, «Detecting deepfakes: MIT CSAIL model identi fies manipulations using local artifacts», *Synced*, 2020, <https://synce dreview.com/2020/08/26/detecting-deepfakes-mit-csail-model-identif ies-manipulations-using-local-artifacts>.

240. «PRISA Media lanza VerificAudio, una herramienta para de tectar audios falsos», *PRISA*, 2024, <https://www.prisa.com/es/noticias/ noticias-1/prisa-media-lanza-verificaudio-una-herramienta-para-detec tar-audios-falsos>.

241. Swenson, Ali; y Weissert, Will, «Fake Biden robocall being in vestigated in New Hampshire», *AP News*, 2024, <https://apnews.com/ article/new-hampshire-primary-biden-ai-deepfake-robocall-f3469ceb 6dd613079092287994663db5>.

242. Acemoglu, Daron; Ozdaglar, Asuman; y Siderius, James, «AI and Social Media: A Political Economy Perspective», *MIT Economics Working Paper*, 2025, <https://economics.mit.edu/sites/default/files/ 2025-05/AI%20and%20Social%20Media%20-%20A%20Political%20 Economy%20Perspective.pdf>.

243. «'Form of violence': Across globe, deepfake porn targets women politicians», *France24*, 2025, <https://www.france24.com/en/live-news/20250106-form-of-violence-across-globe-deepfake-porn-targets-women-politicians>.

244. Frederick, Kerri, «How Neuromarketing Is Shaping the Future of Advertising», *Big Drop Inc.*, 2024, <https://www.bigdropinc.com/blog/how-neuromarketing-is-shaping-the-future-of-advertising>.

245. Colorado, Juan Camilo, «Estados Unidos lidera la inversión privada en el desarrollo de la inteligencia artificial», *La República*, 2025, <https://www.larepublica.co/internet-economy/estados-unidos-lidera-la-inversion-privada-en-el-desarrollo-de-la-inteligencia-artificial-4119614>.

246. Georgieva, Kristalina, «AI Will Transform the Global Economy. Let's Make Sure It Benefits Humanity», *IMF Blog*, 2024, <https://www.imf.org/en/Blogs/Articles/2024/01/14/ai-will-transform-the-global-economy-lets-make-sure-it-benefits-humanity>.

247. «UK's AI sector accelerates with billions in investment and global ambitions», *UKAI*, 2025, <https://ukai.co/uks-ai-sector-accelerates-with-billions-in-investment-and-global-ambitions>.

248. Smith, Brad, «Winning the AI Race: Strengthening U.S. Capabilities in Computing and Innovation», *Microsoft*, 2025, <https://blogs.microsoft.com/on-the-issues/2025/05/08/winning-the-ai-race>.

249. Lemayian, David, «Kenya and Africa in the Stanford HAI AI Index Report 2024», *David Lemayian*, 2024, <https://davidlemayian.com/blog/2024/04/15/hai-index>.

250. «Africa Declares AI a Strategic Priority as High-Level Dialogue Calls for Investment, Inclusion, and Innovation», *African Union Press Release*, 2025, <https://au.int/en/pressreleases/20250517/africa-declares-ai-strategic-priority-investment-inclusion-and-innovation>.

251. Mrisho, Latifa M., *et al.*, «Accuracy of a Smartphone-Based Object Detection Model, PlantVillage Nuru, in Identifying the Foliar Symptoms of the Viral Diseases of Cassava–CMD and CBSD», *Frontiers in Plant Science*, 11 (2020), <https://www.frontiersin.org/journals/plant-science/articles/10.3389/fpls.2020.590889/full>.

252. Rowe, Jeff, «Delivering regenerative agriculture through digitalization and AI», *World Economic Forum*, 2025, <https://www.weforum.org/stories/2025/01/delivering-regenerative-agriculture-through-digitalization-and-ai>.

253. «Financial Inclusion», *World Bank*, 2025, <https://www.world bank.org/en/topic/financialinclusion/overview>.

254. «2018 Impact Report», *Tala*, 2018, <https://tala.co/2018-impact-report>.

255. Aiken, Emily, *et al.*, «Machine learning and phone data can improve targeting of humanitarian aid», *Nature*, 603 (2022), pp. 864-870, <https://www.nature.com/articles/s41586-022-04484-9>.

256. «Helping Design Togo's Flagship Cash Transfer Program», *Center for Effective Global Action*, 2020, <https://cega.berkeley.edu/feat ure/togo-cash-transfers>.

257. Abraham, Yuval, «'Lavender': The AI machine directing Israel's bombing spree in Gaza», *+972 Magazine*, 2024, <https://www.972mag.com/lavender-ai-israeli-army-gaza>.

258. Kirichenko, David; y Bendett, Samuel, «Battlefield Drones and the Accelerating Autonomous Arms Race in Ukraine», *Modern War Institute*, 2025, <https://mwi.westpoint.edu/battlefield-drones-and-the-accelerating-autonomous-arms-race-in-ukraine>.

259. McDonald, Jordan, «Pentagon Selects Second Tranche of Replicator Drone Program», *GovCIO Media & Research*, 2024, <https://govciomedia.com/pentagon-selects-second-tranche-of-replicator-dro ne-program>.